致敬改革开放四十周年

国务院参事室资助课题

三个村的四十年

乡土中国社会变迁调查

主　编：王卫民

副主编：卢晖临　彭涛

中国文史出版社

图书在版编目（CIP）数据

三个村的四十年：乡土中国社会变迁调查 / 王卫民主编 . — 北京：中国文史出版社，2018.11

ISBN 978 - 7 - 5205 - 0766 - 0

Ⅰ.①三…　Ⅱ.①王…　Ⅲ.①农村经济发展 – 调查研究 – 中国
Ⅳ.① F323

中国版本图书馆 CIP 数据核字（2018）第 258068 号

责任编辑：秦千里　窦忠如
装帧设计：敬德永业

出版发行：中国文史出版社
社　　址：北京市海淀区西八里庄 69 号院　　邮编：100142
电　　话：010 – 81136606　81136602　81136603（发行部）
传　　真：010 – 81136655
印　　装：北京市朝阳印刷有限责任公司
经　　销：全国新华书店
开　　本：889 × 1194　1/16
印　　张：18.25
字　　数：186 千字
版　　次：2019 年 1 月北京第 1 版
印　　次：2019 年 1 月第 1 次印刷
定　　价：68.00 元

浙江温州市珠岙村地理位置

安徽凤台县店集村地理位置

宁夏固原市河东村各队位置

北京大学社会学系课题组、实践团在温州珠岙村文化礼堂合影，2016 年 7 月

北京大学社会学系课题组在淮南店集村合影，2018 年 1 月

北京大学调研学生在淮南店集村整理访谈资料，2018 年 1 月

北京大学师生在固原河东村村民家中召开妇女小型座谈会，2016 年 7 月

北京大学学生在固原河东村调研，2016 年 7 月

在北京召开中国农村社会变迁跟踪研究课题研讨会，2015 年 12 月

序一 · 王卫民

国务院参事室副主任

改革开放以来的四十年，是中华民族五千年文明史上发展最快、变化最大的时期。数亿人口迁徙流动，工业化、城镇化步伐急剧加快，传统的乡土社会悄然瓦解，人们的生活方式、价值观念以及思维方式都发生了根本性的变化。中国共产党近百年以来的图变图强，从改革开放开始步入了快车道。

这一切变化是从农村开始的。改革开放最核心的内容是松绑赋权，赋予劳动者自主经营的权利、自由迁徙的权利。农民获得土地承包经营权后，精耕细作，精心安排作物结构，短时间内解决了吃饭问题。大量农村富余劳动力进城务工，成为中国工业化的最重要推手，"无限供给"的劳动力造就了"世界工厂"。富裕起来的农民开始追求最大的梦想：做个城里人！城镇化因此如火如荼。松绑赋权、告别短缺、推进工业化、城镇化，这是四十年快速发展的基本脉络，其主战场在农村。

要描绘中国社会四十年快速变迁的画卷，必须从农村入手。

20世纪80年代，我在北京大学师从费孝通先生攻读社会学研究生，其时费先生以其早期著作《江村经济》著称于国际社会学人类学界。费先生认为，当代中国是人类历史上变迁最为剧烈的社会，是社会学者最好的研究样本，希望学生们能写出新的"江村经济"。我毕业后一直在机关工作，终日忙于行政事务和官样文章，离先生的要求越来越远，但先生的教导一直未敢忘记，对社会变迁的观察和记录一直没有停顿。

本书记录的三个村庄，与我都有深厚的联系。

宁夏固原市彭堡乡河东村是我出生成长的地方。童年的记忆主要是短缺和饥饿。记忆最深刻的有两件事，一件是，一个同伴因为饥饿难耐，饱食了生产队喂牲口的油渣，肚胀而亡。另外一件，那时候乡村非常封闭寂寞，终日面朝黄土背朝天，生活没有一丝生气，偶尔有邮递员的摩托车或公社的拖拉机路过，孩子们争相追看，有一次一个同学由于追得太紧，衣服又太破烂，被卷进拖拉机的链轨，碾压成一团血肉。那时候乡亲们最大的理想就是想吃多少吃多少，想吃什么吃什么。现在回到村庄，吃自然不在话下，四通八达的硬化路，随处可见的小汽车，令人感慨不已。这个西海固的普通村庄，已经换了人间。这是改革开放伟大成就的最好注脚。

1985年，我在大学读书期间，到浙江温州市永嘉县江北乡做社会调查实习，结识了同龄的副乡长陈志斌同志。志斌好文喜墨，与我们自然亲近，此后几十年间，我们一直保持着密切联系。他一直在永嘉县从事党政领导工作，在后来的工作中，我们有机会或在北京、或在永嘉，经常一起谈论关注永嘉、江北的发展变化。每到永嘉，我总要到曾经住过一段时间的珠岙村看看，见证了这个村由稻田蛙声到机器轰鸣的蜕变。

2010年我到安徽淮南市挂职工作，选取凤台县店集村作为调研联系点，每到节假日，只身一人的我常到店集村居住，做了一些深入调查，交了很多农民朋友。店集的最大特点是绝大多数劳动力都在外务工，主要是长三角地区。因为务工，村里人吃上了饱饭，娶上了媳妇，买了轿车，住进了洋楼。也因为外出务工，不少人有了不光彩的犯罪记录。从店集，我看到了改革开放的巨大成就，也看到了发展的代价，体味到农民改变命运的悲壮和凄凉。店集的故事，充满了农民的智慧、勤劳、勇敢，演绎了人间的悲欢离合、命运的大起大落。四十年改革开放，由无数个店集村扮演主角，四十年改变了这些村庄沿袭数千年的生产方式和生活方式，这些村庄也造就了当代中国的发展繁荣。

这三个村分别位于我国东、中、西部，发展也呈现出梯度的特征，从不同的原点出发，今天的发展水平也不相同，但走过相似的路，经历了相同的发展变化。从社会学"代际变迁"的角度讲,最落后的河东村变化最大。有一种观点认为改革开放前的中国社会更公平、更均衡,三个村的案例说明,改革开放前的公平只是体现在大家都穷,但城里人和乡下人、富地方和穷地方,其社会地位、生活水平差异更大,更不均衡。

2010年我在安徽工作期间,曾经萌发写一部《三个村的三十年》,但做起来觉得仅凭一己之力难度太大。2014年底,国务院参事室设立了中国社会变迁课题组,联合北京大学社会学系开展三个村的跟踪研究。一方面开展学术意义上的社会变迁研究,另一方面根据政府的中心工作选取几个专题,开展对策研究。这个课题一直延续下来,至今已有4年,积累了上百万字的一手材料,也取得了预期中的学术研究和建言献策成果。

中国社会这四十年的变迁是一幅浩大的画卷,三个村的四十年只是画卷的一角。期望本书对记忆改革开放历史,认识改革开放意义,总结改革开放经验,进而坚定改革开放道路能有些许贡献。

2018年11月

序二^①・卢晖临

北京大学社会学系教授

从 2014 年底开始，北京大学社会学系承接了国务院参事室"中国农村社会变迁跟踪研究"这个课题，作为课题负责人，我想先向大家汇报课题的目的和研究内容。

课题最初设计的时候，有两个目的。第一个目的，是努力了解中国改革变迁的微观历史，试图通过三个中国农村社区变迁历史的记录，反映改革开放以来中国社会变迁的历程。王卫民副主任讲到，改革开放以来中国发生了巨大的变化，农业中国成为世界工厂，乡土中国变身城市中国，确实是"三千年未有之变局"。过去这三十多年的中国巨变，发端于农村，从农村那里获得持久的推动力，并反过来对整个中国社会产生深刻的影响。对于这一段波澜壮阔的历史，已经有很多人做出了自上而下的历史书写，但是立足基层农村，以扎实的田野资料，从自下而上的角度做出的观察和思考并不多见。

第二个目的，是近距离观察农民生活和农村社会变化，及时捕捉农村的新问题和新动向，为国家出台农村政策提供建立在第一手材料上的咨询意见。如果说过去三十年是中国社会的转型期，依赖的主要是摸着石头过

---

① 本文为 2015 年在课题研讨会上的汇报发言。

河的权宜之计和实践智慧的话，未来三十年，中国将进入一个方向选择和策略定型的时期。国家层面制定的任何政策，都将产生长远的影响。定型期的政策制定，不能再依赖权宜之计和实践智慧，而应当建立在对城乡社会历史和现实审慎调研的基础之上，特别是分析既往政策的实践效果，辨析过去和现在的联系，通过过去预判未来的发展趋势，及时调整既有政策和制定新政策，以对定型期的政府政策、方向和结果，有着更为系统的引导和掌握。

从学术的角度，我们还希望做到社区研究和制度分析的结合，这是我们的第三个目的。大家知道，社区研究和制度分析在20世纪60年代之后，出现了此消彼长的趋势，制度分析开始兴起，社区研究开始衰弱。但是实际上，这么多年，制度分析的发展和一些共识，正在呼唤社区研究。传统的制度分析，特别强调制度的限制性作用，即制度作为一种规则、框架，对于农民、地方政府等各个行动者的限制。但是对于这些行动者的选择，行动者根据自己的处境、根据自己的利益如何主动灵活地运用制度，甚至在这个过程中去变更制度，这方面的关注是不够的。所以在这种情境下，近年来，新制度主义社会学一个非常核心的概念，叫作"限制中的选择"，就充分认识到了行动者选择对于制度的重要作用。那么，怎么去捕捉这种行动者选择，这种微妙、精细的内容，我认为社区研究就提供了非常好的途径。这是从制度分析的角度来说。从社区研究角度来说，我们今天做社区研究，可能也没有办法完全回到20世纪30年代费孝通先生的做法。那个时代的社区，是一个相对独立、自主的存在。现在，村庄虽然有边界，但是各种各样的政治、经济、意识形态、文化力量穿透到社区，影响每一个农户、每一个人。所以今天，从社区研究的角度，我们呼唤制度分析。我们希望打通社区研究和制度分析的区隔。

课题关注的主要问题有四个方面：

第一，是农业生产方式的问题。农村经历改革之后，从过去的集体化生产走向小农生产方式，三十年过去，中国农村农业可以说又到了一个十字路口：我们中国是否可以像欧美一样走大规模城市化的道路；农村问题的解决是否就是农民的终结；土地流转制度和规模经营，能否解决中国农业问题；生产者联合是否应该立即提上日程；农民合作的条件和障碍是什么。

第二，是生活水平和生活方式的问题。这也是农民研究、农村研究一个传统的议题，我们关注土地可以为农民提供什么样的生活水平和生活方式；农民目前是什么样的收入和消费结构；衣食住行等生活消费自给程度有多高；城乡路网、信息高速公路的建设给农村生活带来了什么样的影响；农村是否可以成为年轻农民工的避风港和归宿；等等。

第三，是农村公共服务的提供问题。比如说农村公共服务提供的主体，是依靠行政组织还是交给专业化的社会组织；农村自身的作用如何体现；如何发挥乡规民约等通常被称作社会资本的因素的作用。

第四，是社会治理和乡村秩序问题。关注的具体问题有，当前农村社会矛盾存在的根源；地方政府和村委会扮演什么样的角色；民间还有什么样的化解矛盾的机制；民间组织的现状和作用；等等。

大家都知道我们过去做政策研究也好，学术研究也好，很多是打一枪换一个地方的研究，或者是针对专题的研究。但是这个课题是在全国东中西部各选取了一个村庄，对三个村庄做持续性的跟踪。这也是我们社会学界最杰出的代表，费孝通先生在20世纪30年代完成的《江村经济》的研究方式。这种方式的社区研究与流动性的研究相比，它的好处是能够提供长期跟踪观察前后比较的可能性，更重要的是，可以显示出社区研究的优势，我把它叫作整体主义的信念。它强调社区中的经济、政治、技术、法律、宗教等构成一个有意义的复合体，对于任何一个方面的深入理解，都只有放在总体的社区情境中，在与其他方面的关系中才能够达到。这一点，在结构主义大家列维-斯特劳斯，以及费老的作品中都有体现。我们不能单独就某一个现象研究某一个现象，必须把它放在某一个情境中去。而对于农村来说，乡村社会、村庄就是这样一个很重要的载体。

具体到课题，我们做的第一个工作就是撰写村史。为什么要做村史？我认为，村史对于我们了解这三个村庄的任何一个现实问题都是非常有必要的。譬如你今天去这三个村庄看看，地处东部的珠岙村童装业非常发达，但是我们不会仅从企业结构、技术水平和市场网络去研究它的童装业，而是首先去了解更复杂更多元的村庄历史。村史怎么写？我们倡导一种动态、多层次和多主体的写法。目前，放在大家面前的，是我们第一年努力的结果，它不是一个最终的版本，在第二年，我们将做更多更深入和细致的研究，将对不同层面和不同主体的研究都放进去。这些村史我们可以交给我们的村干部，我们的村民，让他们提意见，我们再去吸收大家的意见，去理解村庄里发生的事情。

关于课题就介绍到这里。今天，我报告的题目是"从遗弃的空间到希望的空间"，是对于三村初步研究后的一个不成熟的思考。

我们研究的重点是改革开放以来农村的变化。如果我们看这三个村庄的变迁起点，就会发现，它们和当时全国绝大多数村庄一样，都是"三位一体"的空间。三位一体，即生产、生活、社会交往高度重合，是传统村庄的一大特点。农民在村庄进行农业生产，也居住生活在村庄，并在这里很自然地展开社会交往，发展社会关系。新中国的农业集体化将小农生产方式改造为集体农业的生产方式，却没有改变村庄三位一体的空间格局，在某种程度上，甚至是强化了这一特点。农村改革是三位一体空间开始分化的开端。农村改革后，农业生产的积极性提高，生产效率提高，大量潜在的剩余劳动力开始出现，随着80年代城市的工业化发展，大量农民走出村庄，进入到矿山、工地，进入到矿区、城市。我们首先看到农民生产空间的外移。第一步是农民走出村庄，在村庄之外寻找生计。中国农村从糊口转变为温饱，农民生产空间的外移是非常重要的因素，如果当时把几亿农民圈在农村，在这种体制下，农民是很难实现温饱的。虽然今天的永嘉发展得最好，但80年代之前，永嘉仍然是一个糊口经济的水平。这样一个生产空间的转移在农民工身上体现得最为明显。我们经常讲的布罗威的概念，"拆分型劳动力生产模式"。今天2.7亿的农民工，1.7亿左右的进城农民工，他们的生产空间彻底地转移到了城市，但是，他们的生活空间和社会交往空间只是部分转移到了城市。他们在城市里打工生产，但养育下一代、成立家庭、后代的抚养和教育等主要还得依靠故乡。他们一年中在乡村里待的时间很短暂，一个月左右甚至不到，但这短短的逗留，这期间亲朋好友的聚会，对于他们来说具有无可替代的意义。

从这三个村庄的经验材料来看，我们未来农民的发展和归宿，可能有不同的方向和选择。在一些经济学家那里，解决农村问题的方式很简单，就是"消灭"农民，即把农民转化为工人和市民。在这种思路之下，乡村成为遗弃的空间，在一些经济学家那里是再正常不过的现象了。但是我觉得这种思路是天真的，基于中国的人口、资源和历史等，哪怕中国未来30年城镇化的水平达到70%，我们还有30%，即五亿左右的人口还是农民，依然生活在几百万个自然村里，所以我们当然要思考农民的出路，思考村庄的出路。具体到我们今天的话题，如何在空间分裂之后，开启新的整合。

先说东庄湾（河东）。在东庄湾，大量青年农民离开村庄，他们中大多数不会回到村庄，其中一些通过自己的努力已经在务工的城市安家，村庄成为中老年人留守的空间。东庄湾地处西海固贫困地区，其"空心村"的特点在东部和中部的农村中也非常典型。对于这类村庄，我们关心的问题是，如何让它成为留守农民的家园？做不好就是弃地，做得好就是家园。

那么怎么解决这个问题呢？

首先是大力推进进城农民工市民化建设。过去几年我做农民工研究，我一直以来的观点是，对于在城市有稳定工作和长久生计的农民工，要加快其市民化进程。很多人会认为，年轻人外出是对农村的抽血，但从另一个角度看，人口的流出也会缓解人地之间的紧张关系。

其次是重建乡土。其中的第一要务仍然是扶助生产，巩固小农经济基础。出席今天会议的，有来自东庄湾（河东）的钱大爷两口子，他们年过60，已经完全退出了我们一般意义上的劳动力市场，但是他们种植了二三十亩地，还养了几头牛，正常情况下一年有三四万元收入，能维持有尊严的生活。我们的政府应该让他们更好更轻松地进行生产，提供技术和制度上的支持，比如在农业科技供给和农产品收购等各个环节提供支持。随着年龄增长，像钱大爷这样的老人劳动能力会逐渐下降，但只要针对小农的农业社会化服务能够配套，他们可以维持很长的劳动周期。第二要务是生活设施和村庄环境的适度改善，为中老年人生活在村庄提供便利，包括水、电、路等设施的改善。第三要务是社区公共活动的兴办。我们很难让东庄湾这样的村子赶得上城市的收入水平，也很难很快就赶得上永嘉的珠岙村，但我们能让老人在这里可以找到意义，有玩的、有乐的，激发出社区的活力，这是非常重要的。

以上两个方面做得好，乡村就成为留守农民的家园，但使得乡村成为弃地的威胁也无时不在。其一是大规模的土地流转。实际上，在这三个村庄中，我们已经看到一些苗头。在东庄湾及其周边地区，外来资本建立了大规模的蔬菜基地，所种植的产品销往广东、香港等地，但所使用的劳动力来自贵州和边远地区。尽管这还只是一个开端，但如果这个趋势持续下去，东庄湾几千亩地的一半或更多被流转，像钱大爷这样的村民最后就失去了土地。另外一点是基础设施的过度投资。东庄湾这样的村庄某种意义上不是求大、求快速发展，而是让一些人有生计、活得有意义。这种情况下我们一定要去评估实际的需求，预估未来人口的需求，如果过度投入就会造成浪费。同时也要和生产的需求配合。像东庄湾的老人很多从事自然农业，农场加上养殖业形成循环农业，如果某些基础设施的兴建使得村民没有办法养牲畜，可能就会打破这种循环。

再说店集村。店集是位于淮河边上的一个行政村，我们可以把它看成就地城镇化、农业、非农就业和集镇居住结合的典范。目前店集有800户左右村民，总人口达到3000人，以英国标准来看已经达到了城镇的规模，从它目前的规划、建筑、设施和发挥的功能来看，实际上它已经是一个小集镇。它有以下特点，第一是小规模的农场和可持续的生计。在店集合作社的大型农业机械的支持下，一对中年夫妻完全可以经营50亩左右的农场，不计算劳动力的投入，一年土地收入保守估计5万元，再辅以小规模的养殖，这些新型农民可以有持久的生计。第二，店集案例也让我们看到，以集镇为基地，半工半农乃至完全非农这样一种生计和就地城镇化结合的可能性。在西方非农就业就意味着城市居住，而在店集，从20世纪80年代起，中青年人陆续去温州、上海打工，从事建筑、制造和服务业工作，但是他们中大多数仍然将家安在店集，他们依靠打工赚到的钱，在老家购买统一规划建筑的别墅。店集案例实际上为中国的城镇化提供了一种选择。我们需要推动农民工市民化，但这毕竟需要一个过程，不可能一蹴而就。由于受城市吸纳能力和财政能力限制，仅仅将现有的两亿多农民工转化为市民就需要一个很长的过程，店集这样的小集镇通过自己的努力提供了一个将外出非农就业和就地集中居住结合在一起的选择。

那么，对于店集来说，它所面对的问题是什么？我认为是如何做到

"安居乐业"。对于这样一个事实上的小集镇，如何健全集镇功能所需要的基础设施和公共服务，是非常急迫的任务。农民在盖房子和村庄布局方面有经验，但在如何建设一个"集镇居住点"方面，无论能力还是经验，都是不足的。店集有很多好的做法，但毕竟还有一些问题，比如下水道问题、垃圾处理问题，有些不是单个村庄可以解决的，由于不能及时转运垃圾，清洁人员有时将垃圾倾倒在旧村的池塘，污染了水质，也污染了环境。再比如幼儿园、学校的建设。店集的很多中青年人常年在外务工，他们平时不在村庄居住，村庄更多扮演一个家属区的角色，要想让这些外出人员长久在村庄安家，解决好他们的后一代的教育问题是非常关键的。店集有一个硬件条件不错的小学，如果在师资等软件方面有更好的配置，缩小与县城学校之间的差距，那么这些新型农民、留守农民、半工半农的和完全非农化的农民，就可以在相当长的时间里在这样集镇型的村庄里安家。

珠岙村是三个村庄中的领先者，也是幸运儿。改革开放初期，珠岙和其他地区的村庄一样，也是先发生生产空间的转移，但后来又慢慢把生产空间拉回到村庄里来，从20世纪80年代中后期开始，逐渐发展了童装产业和阀门产业，这在整个中国是不多的。但珠岙也有自己的问题，那就是如何让村庄重新成为本地人的生活空间。我们今天看到的珠岙更多的是生产空间，村民们在这里办起了一个个的小作坊，自己生产，或者将住房出租给外地人生产，自己则跑到温州去买房。村庄仍然是村民一个重要的社会交往空间，村民对于村庄的认同非常强烈，他们在村庄吃分岁酒，在这里玩龙灯，在公共民俗活动方面，三个村庄中珠岙是最发达的。但是他们的生活空间外移了，从长久来看，要想持续维持这种状况并不容易。要想让村庄重新成为生活空间，涉及到一些制度挑战。今天为什么大量珠岙人离开村庄，这和现行的农村土地制度的限制有关。由于作坊和工厂大量集中在村民的住房里，工业排放和噪声不可避免地破坏了村庄环境。对于珠岙这类完全非农化的村庄，应该探索建立配套的土地使用制度。试想，如果可以在村庄周边建立工业园区，把作坊和工厂转移到园区，然后利用集体建设用地甚至一些耕地，建造廉租房和经济适用房，供大量外来务工人员居住，那么村庄的环境问题和秩序问题就可以得到很大改善，村民就不必逃离村庄。

刚刚所讲的三个村庄，从遗弃的空间到希望的空间，发展道路怎么选择怎么走，将会是不同的结果，会给我们的社会治理带来不同的压力和不同的挑战。如果任由三个村子的问题衍生，如珠岙村中外地人住在这里生产，本地人离开，最后产生矛盾、形成群体性事件的概率都会大大增加，这些问题会给政府的社会治理带来很多挑战。

　　三村村史仅仅是一个基础，中国农村还有很多重要的问题，需要进一步的跟踪，进一步的研究。

目录
CONTENTS

浙江温州市珠岙村
　　——从推销员走四方到"童装第一村" ················ 1

一、村庄概况 ·· 3

二、温州精神和文化传承 ···································· 4

三、珠岙的产业发展 ··· 6

　　（一）改革开放初期 ···································· 6

　　（二）80 年代的产业探索 ····························· 7

　　（三）1992 年，温州童装第一村 ····················· 10

　　（四）2001 年，珠岙童装工业园区落成 ··············· 13

　　（五）2011 年后，童装产业萎缩 ····················· 16

　　（六）珠岙产业现状 ··································· 21

　　（七）村集体经济 ····································· 22

四、珠岙的基础设施建设 ···································· 23

　　（一）80 年代 ··· 23

　　（二）90 年代 ··· 23

　　（三）21 世纪初 ······································ 24

　　（四）10 年代 ··· 25

五、珠岙的乡村治理 27
　　（一）村两委班子 27
　　（二）老人协会 29
　　（三）头家组织 35
　　（四）宗族活动 37
六、珠岙的文化生活 38
　　（一）传统公共活动 39
　　（二）现代公共活动 48
　　（三）宗教信仰 49
七、珠岙的人口 52
　　（一）本村人口 52
　　（二）外来人口趋势分析 53
　　（三）外来人口个案分析 56
　　（四）外来人口的治理与融合 64
八、小结 65

安徽凤台县店集村
　　——你们进城去务工，合作社帮你把田耕 67

一、村庄概况 69
二、店集的经济变迁 72
　　（一）改革开放之前：一年要缺半年粮 72
　　（二）80年代：粮食产量快速增长 74
　　（三）90年代：招亲带友，举家外出 76
　　（四）2000年前后：种地和务工的反复 79
　　（五）2006年后：你们进城去务工，合作社帮你把田耕 80
三、打工经济分析 83
　　（一）基本信息 83

（二）店集外出务工的流向 ⋯⋯⋯⋯⋯⋯⋯⋯ 84

（三）店集外出务工的工作类型 ⋯⋯⋯⋯⋯⋯ 85

（四）店集外出务工的动力和具体案例 ⋯⋯⋯ 85

（五）店集外出务工收入情况 ⋯⋯⋯⋯⋯⋯⋯ 88

（六）店集外出务工者的生活、休闲、消费 ⋯⋯ 90

（七）店集外出务工者的社会保障 ⋯⋯⋯⋯⋯ 92

四、店集农业分析 ⋯⋯⋯⋯⋯⋯⋯⋯⋯⋯⋯⋯⋯⋯ 93

（一）基本信息 ⋯⋯⋯⋯⋯⋯⋯⋯⋯⋯⋯⋯⋯ 93

（二）"十统一"带来的变化 ⋯⋯⋯⋯⋯⋯⋯ 95

（三）粮食的市场化 ⋯⋯⋯⋯⋯⋯⋯⋯⋯⋯⋯ 99

（四）农业生产用工计算 ⋯⋯⋯⋯⋯⋯⋯⋯⋯ 99

（五）农业成本与收入计算 ⋯⋯⋯⋯⋯⋯⋯⋯ 101

（六）牲畜家禽养殖情况 ⋯⋯⋯⋯⋯⋯⋯⋯⋯ 102

五、店集农村企业的发展 ⋯⋯⋯⋯⋯⋯⋯⋯⋯⋯⋯ 103

（一）90 年代的"大办企业" ⋯⋯⋯⋯⋯⋯⋯ 104

（二）农村私人企业的发展 ⋯⋯⋯⋯⋯⋯⋯⋯ 105

（三）振兴"集体经济"的尝试 ⋯⋯⋯⋯⋯⋯ 108

六、店集的基础设施建设 ⋯⋯⋯⋯⋯⋯⋯⋯⋯⋯⋯ 109

（一）村庄房屋的变迁 ⋯⋯⋯⋯⋯⋯⋯⋯⋯⋯ 109

（二）新农村建设 ⋯⋯⋯⋯⋯⋯⋯⋯⋯⋯⋯⋯ 111

（三）新农村的生活 ⋯⋯⋯⋯⋯⋯⋯⋯⋯⋯⋯ 117

七、店集的乡村治理 ⋯⋯⋯⋯⋯⋯⋯⋯⋯⋯⋯⋯⋯ 120

（一）打坝：协同行动的历史基础 ⋯⋯⋯⋯⋯ 120

（二）中心村建设：新时期村庄的协同行动 ⋯ 121

（三）能人治村问题 ⋯⋯⋯⋯⋯⋯⋯⋯⋯⋯⋯ 123

（四）项目制问题 ⋯⋯⋯⋯⋯⋯⋯⋯⋯⋯⋯⋯ 125

八、人口、婚姻、家庭的变迁 ⋯⋯⋯⋯⋯⋯⋯⋯⋯ 127

（一）人口变迁 ⋯⋯⋯⋯⋯⋯⋯⋯⋯⋯⋯⋯⋯ 127

（二）婚姻礼俗 ⋯⋯⋯⋯⋯⋯⋯⋯⋯⋯⋯⋯⋯ 131

（三）家庭代际流动与分化 136

（四）留守老人与留守儿童 138

九、生活方式的变迁 142

　（一）饮食结构 142

　（二）穿衣风格 145

　（三）交通工具 146

　（四）娱乐方式 147

　（五）洗澡的"变革" 150

　（六）农村金融 151

十、学校教育、社会保障的变迁 151

　（一）小学教育 151

　（二）中学教育 155

　（三）幼儿园 157

　（四）社会保障情况 159

十一、丧葬习俗、宗教和价值观的变迁 167

　（一）丧葬习俗 167

　（二）祭奠活动 169

　（三）宗教活动 169

　（四）环保意识 174

十二、小结 175

宁夏固原市河东村
　　——从苦甲天下到衣食无忧 177

一、村庄概况 179

　（一）基本情况 179

　（二）曾经的河东村 181

　（三）中华人民共和国成立后的情况 184

二、扶贫开发历程 ·················· 186

   （一）西海固地区的扶贫开发 ············ 186

   （二）河东村的扶贫开发 ·············· 189

   （三）河东村的精准扶贫 ·············· 191

三、农业生产的变化 ················· 193

   （一）20 世纪的农业发展 ············· 193

   （二）种植业 ·················· 195

   （三）养殖业 ·················· 198

   （四）农业机械化 ················ 200

   （五）肥料 ··················· 201

   （六）膜下滴灌技术 ··············· 202

   （七）农业补贴 ················· 203

四、打工进城的努力 ················· 206

   （一）瓦窑经济 ················· 206

   （二）打工经济 ················· 207

   （三）固原的吸引力 ··············· 211

   （四）融入城市的村民 ·············· 213

   （五）打工经济的新问题 ············· 216

五、日常生活的变化 ················· 218

   （一）居住 ··················· 218

   （二）饮食 ··················· 223

   （三）交通 ··················· 225

   （四）商业网络 ················· 226

   （五）消费结构 ················· 228

六、家庭生活的变化 ················· 228

   （一）婚姻观念 ················· 228

   （二）儿女教育 ················· 231

   （三）自主养老 ················· 233

   （四）女性地位 ················· 234

七、乡村治理的变化 ························· 235

 （一）村干部的选拔 ····················· 235

 （二）资源输出与输入 ··················· 239

 （三）空心化带来的问题 ················· 242

八、河东的公共服务 ························· 243

 （一）教育 ····························· 243

 （二）医疗 ····························· 245

 （三）社会保障 ························· 246

 （四）困境家庭分析 ····················· 247

九、河东的村庄文化 ························· 250

 （一）秦腔 ····························· 250

 （二）广场舞 ··························· 251

 （三）年俗 ····························· 252

 （四）婚嫁 ····························· 253

 （五）丧礼 ····························· 255

 （六）上梁仪式 ························· 256

十、小结 ·································· 257

结语 ····································· 259

后记 ····································· 266

浙江温州市
珠岙村
从推销员走四方到"童装第一村"

概述

　　珠岙村是一个因生产童装而兴的村庄。改革开放初期，就有很多人做生意，也有很多乡镇企业。闯市场的人抓住市场机会，在村里兴办了童装厂，并带动村民也办起了童装厂，吸引了大量外来劳动力在本村就业。40 年过去，原来的村庄已经完全城市化了，很多村民在外买房，只在收租、生产管理和参加节庆活动时才回到村里。现在在村里生活工作的，外来人口是本村人的 4—5 倍。

一、村庄概况

珠岙村是温州市永嘉县瓯北镇下辖的一个行政村。《永嘉县志》记载，珠岙，又名朱冠奥，传说最早因村庄出过一名姓朱的探花而得名，村庄距今已有一千多年历史。它位于瓯江北侧，青峰山南侧，与温州市区隔江相望，村前是贯穿本县最繁忙的 104 国道，三面环山，九曲小溪傍村而过。距离瓯北镇政府 3.74 公里，车程 6 分钟；距离温州市区 15 公里，公交车程 1 小时 30 分钟左右。

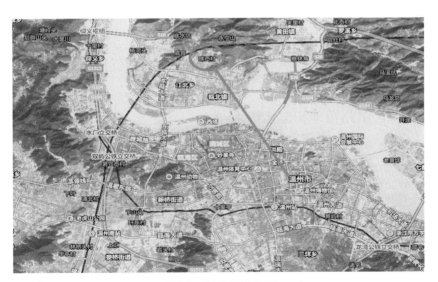

图 1.1 珠岙村区位地图

村庄现有常住人口 430 户，1710 人，耕地 618 亩，山地面积 700 亩，村域面积 500 亩左右（方圆 1.3 公里，包含宅基地与童装城）。这是一个以生产和销售童装为主的村落，几乎家家都有童装作坊，来自江西、安徽、湖南、湖北、四川、重庆、贵州、云南等八九个省市的近万人在此就业，被誉为温州童装第一村。

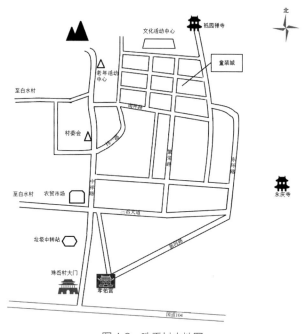

图 1.2　珠岙村内地图

二、温州精神和文化传承

1986 年 2 月，费孝通先生写了一篇文章《小商品，大市场》，描写了温州人的形象：

温州地区的历史传统是"八仙过海"，是石刻、竹编、弹花、箍桶、缝纫、理发、厨师等百工手艺人和挑担卖糖、卖小百货的生意郎周游各地，挣钱回乡，养家立业。

这次我在永嘉桥头镇遇到的生意郎，勾起了我对半个世纪前的一段往事的回忆。那是 1937 年的夏天，我从伦敦到柏林去和我的哥哥一起度假。

一天，有人敲我们的房门，打开一看，是一位拎着手提箱的中国人。异国遇乡人自然是大喜过望，可我们彼此的方言不同，话语不通。只见他极有礼貌地鞠躬，然后打开手提箱，一看里面都是一些日用小百货，看来他是请我们买东西的。他走后，哥哥对我说："在柏林、巴黎等欧洲大陆的不少城市中，这样的小生意人数以万计。他们大多来自温州、青田一带。起初他们背着青田石漂洋过海，在意大利、法国、德国做石刻手艺。待到石头用完了，就转而做小买卖。这些人靠着挨家挨户送货上门和彬彬有礼的优良服务态度，经商赚钱。"1938年我回国时，打听到法国马赛有一些往返中国的轮船，有为欧洲华侨专设的低价统舱，我就买了这种船票。在统舱里我结识了一些语言相通的朋友，了解到他们千辛万苦的经历，可是从他们的脸上却看不出丝毫痛苦的痕迹。

这样的历史传统，推动了今天温州农村经济以商带工的"小商品，大市场"的格局的形成。

从这一特点看去，"温州模式"就超出了区域范围，而在全国范围带有普遍意义。农村经济体制的改革，使农村的商品生产迅速发展。商品生产本身就要求有相应的流通服务，在原来的体制下过于单一的渠道已远远不能适应农村商品生产的需要。由于这种流通渠道与生产脱节，这就迫使温州的农民自己行动起来组织流通网络。他们依靠自己传统的才能和遍及全国的手艺人，通过自己组织起来的这种流通网络，形成了面向全国的大市场，为流通体制的改革创造了新鲜经验，为从根本上解决买难卖难问题树立了一个标本。所以我认为"温州模式"的重要意义倒不在它发展了家庭工业，而在于它提出了一个民间自发的遍及全国的小商品大市场，直接在生产者和消费者之间建立起一个无孔不入的流通网络。

我们在访谈中，也听到了当地人对自己的评价。

"温州人吃苦耐劳；敢为天下先，敢于冲破传统条条框框，胆子大；是东方犹太人，极具商品意识。"——永嘉县前人大常委会副主任金文龙访谈。

"温州人天生具备单打独斗的灵活性，擅于钻市场缝隙，人人都想当老板，宁为鸡头，不为凤尾。这样单打独斗的个人奋斗精神和灵活性，在产业发展早期有一定的优势。"——永嘉县供销社主任滕强授访谈。

"温州人勤劳、敢闯，肯吃苦、不怕苦，东北人认为有铁饭碗，很懒的，没事就烤火，我们坐车没票就站着，纽扣背包背出来到处跑，背着服装去卖有六七年。但是温州人人都想当老板，不习惯于服从命令，团队合作精神较差。日本人股份制企业能够做强做大，温州人三个人合伙最后都要分开。红蜻蜓和奥康以前是一家，后来分开了再做好的。"——珠岙村前村委会主任谢德怀访谈。

"温州人哎，有一个特色。是什么特色呢？温州老一批人，都是出门在外闯江湖一样的，闯全世界还有全中国各地，这批人闯出去之后，慢慢拉出下一代人，亲戚、侄子啊，带出来。我们就是父辈人带出去，然后自己发家。怎么做生意啊、货源在哪里啊、工人在哪招啊、货产出来卖哪里呢，都是父辈带着。我们一心一意把销售做好，做好之后我们再来做生产。"——XB 童装厂厂主访谈。

温州新民谣用几个千万总结了"温州精神"：

"跑千山万水，说千言万语，想千方百计，尝千辛万苦，挣千金万银。"

"有人的地方就有温州人。"

三、珠岙的产业发展

（一）改革开放初期

珠岙村耕地面积有限，主要耕种水稻。1981 年珠岙村开始实行家庭联产承包责任制，分田到户。当时村庄常住人口共 245 户，分为 12 个生产组，每个生产队小组从 19 户到 23 户不等。当时村庄的耕地总共 677.078 亩（包含水田与旱地）。按照 1 个 10 工分的劳动力分得 1.5 亩地的标准承包土地。分得最少的家庭不到半亩地（0.21 亩），最多的家庭也不过 5 亩左右的地（5.56 亩），平均每户家庭分得土地约 2.76 亩。

当时还有一些村办集体企业，如麻绳厂、碾米厂、五金加工厂等，效益还不错。这些村办集体企业也一分了之，由此大大减少了村里的集体经济收入。

当时还有部分村民外出打工、做生意、跑销售。与周边其他村庄相比，珠岙村民的经济与生活水平相对较好。这些早期在村办企业工作以及外出做生意、跑销售的人，在之后村庄的产业发展中，起到了重要的带头作用。

（二）80 年代的产业探索

80 年代，大部分村民仍从事农业生产，但一些了解掌握市场信息的先行者已经开始了产业探索。

李兄妹，珠岙村童装产业创始人，因她对村庄童装业发展的重大贡献，珠岙人不分辈分与年纪大小，均称呼她为"阿婆"。李兄妹 50 年代开始，在村庄担任妇女主任。村办集体企业期间，她曾在外村办服装厂工作一段时间。70 年代，她进入乡镇企业，担任瓯北乡服装厂（绣花厂与戏装厂）副厂长。1983 年，李兄妹辞去厂长职位，回到村庄创办了村庄第一家童装厂佳丽。

阿婆在访谈中回忆："1974 年的时候村里有三个厂。（当时）知青住在我家，几十个人来来去去，很多人在家里蹭吃蹭喝，忙不过，就出去办厂，在外面厂里做了六七年。改革开放后，（我觉得）在外面做，村里人带不起来，1983 年就回到村里办了童装厂。办厂请了很多人做，很多人来学，刚开始一天做五六套、四五套，做一套衣服挣五毛钱，一个月能挣七八十块。到后来童装厂一天能做几百套了。1984 年、1985 年、1986 年，一年一年富起来。厂里发展到有缝纫机四五台，有的是自己买的，有的是别人带来的。厂里面还应聘了一个剪裁师，裁剪用剪刀，缝纫用脚踩。买布料以前是在瑞安，后来到杭州、上海买。永嘉有个镇，在桥头，不远，最早用自行车在那里卖货，我是村上第一个买自行车的，（花了）一百多块，骑自行车卖衣服，摔跤很多。"

"开始村里就自己一家，后来童装厂就多起来了。1985 年村里有了 7 家童装厂，温州其他地方都没有。1992 年童装市场办起来时，（我）在市场里有个摊位，租金一年 5000 块钱，都是客户自己来拿货，不像以前要挑出去卖。当年还借钱给员工出去办厂，都没有要回来，有个人借了 2000 多块钱，前几年来还钱也不要了。"

1983—1986 年，阿婆创办的第一家服装厂"佳丽"，员工规模发展到 20—30 人；1986—1992 年，员工规模扩大到 60 人左右。虽然生产规模不大，但童装厂的效益却很好，80 年代，阿婆的童装厂每年净收入达十几万元。佳丽童装厂的员工大部分来自珠岙村庄，部分村民直接在童装厂上班，

图 1.3　访谈李兄妹（居中者）

有些则将货单拿回家里生产，这样慢慢带动越来越多的村民进入童装行业。80 年代，村庄第一批追随阿婆的童装从业人开始摸索着自己独立创办童装家庭作坊。阿婆不仅给予他们生产的技术指导与支持，常常也通过借款在启动资金上给予他们大力帮助。这样，从 80 年代到 90 年代初期间，村庄童装厂增加到了十几家。

余章龙，2011 年起任珠岙村支部书记。1980 年，他外公家摘掉了地主帽子，在连续 4 年被淘汰后终于能去当兵，当兵 3 年。1983 年回来，在瓯北县办阀门企业当了 3 年推销员。1986 年，自己重新办厂，由于没有工人，自身不能生产，拿订单后从别的厂买回来再发出去，做了 9 年。

余书记说起早期当销售的故事："当兵回来了，我自己到乡办企业，在瓯北，做阀门，做推销员，全国各地到处跑，跑了三年。技术不懂，生产不懂，销售方面因为在部队当兵，很多战友，芜湖啊、合肥啊、山东啊、河南啊，在部队里打听，他爸爸在什么公司当领导啊，你爸爸是哪个厂里的，我就去找。第一个是芜湖厂，我有个战友的爸爸就是当总经理的，订了 2000 多的合同，有 1000 多块钱可以挣，1983 年一千多不得了了。那边厂也多，到处跑跑试试看，大致都在安徽这一带。后来脑子就想，大庆油田，不是很大嘛，就直冲大庆。油田原来是部队站岗的，进去的话根本不让进的。我打听到油田需要计划，第一天进去，供销科科长，可能是处级干部，理都不理你，我就回来想办法，想怎么样感动他。后来我就一直站在工厂门口，等他下班，他骑着自行车，我跑路，他根本不知道我，因为冬天，下着雪，认不出来我，我就在后面跑啊跑啊，跟着他，知道他在几楼几户，当时我没上去，第二天我就去他家。他发傻了，说你怎么知道跑我家了，我就把经历跟他说了，他感动了，说零下四十来摄氏度你在外面等着我，后来感动了就拿下了。"

图1.4 珠岙村老照片

珠岙村道家拜忏大师郑大仙，早年也跑过销售："我原来是做阀门的，（一九）六几年开始到（一九）七九年，我们厂办得很好。当时江北小厂很多的，那个时候管理我们的办公室说，把好的厂、领导有能力的厂长调到不好的厂去，把啥事都不会干、厂里也办得不好的，到我们厂里来当厂长。这样子调不行啊，我们下面的人不同意的，后来我们厂就塌下去了，集体的、公社管的厂，搞了两年厂就亏了，1979年换的，1981年就塌了，亏本了。下面的工人有意见说分厂，有一百多人，分成三个厂，外面调来两个厂长，一个正的一个副的，加上我，当时是会计，三个人各一个厂。我就是厂长了。大家都喜欢到我们厂里来，我们厂八九十个人，他们厂里就十几个二十个人。"

"但运气不好。雇了一个供销员，不懂业务，到上海在牛庄旅社碰到一个人，签了14万元的合同，六七百只阀门，电话打过来马上生产，还贷了银行一万多。我以为是真的，结果做起来合同是假的，去人家厂一看，人家不用这个阀门，一年到头只用三五只。回来我还不能说，厂本来就亏本了，这么多工人，得造反啊。我就在旅馆里写告状，旅馆里有个人看到了，跟我说，老大哥啊，不用告他，你告他也没用，你在永嘉告，人家吉林也不会为你说话的。他说我帮你销，我有个表弟在大庆，大庆六部里面他负责供销，大庆用得到阀门，我知道的，他说明年过了初十我打电报给你你就出来，买一个三五（音）牌的录音机。录音机当时是进口的，要用票买的。初十他的电报就来了，我就出去，到了大庆到了六部。大庆必须要上海的阀门，有名牌的。因为我这个录音机已经送了，他就帮我忙，大庆有个喇嘛甸（音）阀门厂，第一个合同就订了170万。但等我出去一个多月回来，自己厂里的工人听到风声都散掉了，厂里的东西统统被搬走了，合同订下来没人做。我有个外甥，山西人，他说舅舅你不用怕，我去给你做，他就拿到三江农械厂做，做好了就发出去。第二次又出去订了十几万合同，这才把欠的外债都还清了，还有挣钱。"

"后来去内蒙古霍林河煤矿，这个地方刚刚开始。我就拿着三星牌手表，走私的，给那个人看。他说你们这个给我吧。我想了想，说我这个表给别人的，说好的，没有信用不行，我们下次保证给你。后来我就去买了五只手表，他这个合同马上就给我了。从那个时候开始我就发了，每年合同都有一两百万，利润百分之四十五十。我就搞了三年，1982年、1983年、1984年，第四年就不好了，利润就少了。后来干脆就不干了，在家休息。"

（三）1992年，温州童装第一村

到90年代，珠岙童装行业已初具规模。当时，村庄童装家庭作坊或童装厂生产之后，必须自己运货到温州或周边其他市场上销售，没有固定的客户与销售渠道，市场不太稳定。这种情况下，1992年，谢德怀（1996年至2004年任村委会主任）连同其他9位村庄能人，组织开办村庄童装市场。

谢德怀在访谈中谈道："20世纪70年代到80年代，村办企业，村庄集体经济较强。而在90年代之后，童装产业个体企业发展，个体经济较强，村庄财政较弱。但个体企业小而散，经营与生产存在许多不规范与恶性竞争的情况。当时就想，应该想办法统一管理、引导，推进个体企业规范化发展，并增加村集体收入。当时村庄已基本形成童装生产完整的产业链，市场需求大。于是连同其他9位村庄能人，牵头投资办童装市场，用于村庄服装销售。当时共投资建设了56个摊位，以每个摊位5000元/年出租给童装企业主。"

当时全国各地服装批发商，都到珠岙村直接与童装生产企业主沟通，建立起较为稳定的货源与销售渠道，同时也将珠岙童装产业的名声推向全国。1992年，时任商业部部长胡平为浙江永嘉县珠岙服装市场题词。

但客户与厂家建立起联系之后，不需要再来珠岙当面沟通，直接打电话就可以了。于是到1995年，村庄童装市场就逐渐取消了。

图 1.5　胡平为珠岙服装市场题词

图 1.6　90 年代的珠岙村大门

图 1.7　珠岙村老照片

XS 童装老板，小时候二十几岁在外面推销阀门，27 岁开始做童装。他讲述刚开始做童装时的事："那是 1989 年，珠岙做童装只有十来家。刚开始做童装投资不大，就是裁缝机，不像现在要流水线机器。过了五六年以后慢慢做起来。当时就在温州瑞安卖，没有到全国各地去卖。"

"我们每一个厂都有自己的电话号码。那个时候没有手机的，童装做出去，如果衣服好卖，别人知道是哪个厂做的，就电话打过来，问你在哪里。我们以前对外宣传写的是'温州珠岙'，客户到温州一找找不到，后来就写'瓯北珠岙'。瑞安、杭州那边批发要贵两块钱，直接到厂家便宜两块钱，所以客户都直接过来找，不用像阀门那样到外面推销。我们盖这个房子的时候 1996 年，那时客户多，全国的客户住在这里，一个月不回去，年底现钱给我的，自己带过来给我的。"

GG 童装老板："自己 1994 年开始做童装。之前在温州市的皮鞋市场做商场推销，17 岁的时候学做了 1 年的鞋子。当时百货商场是国有的，在当地厂里拿货，一个月结一次账。现在商场不一样，是卖摊位给你，你自己经营。当时钱不好拿回来，就想着家里做好一些。做童装就像是运动员在跑步，你要不停地跑，不能停下来的。6 年前在村外面买了房子，150 平方米左右，400 多万，当时自己付了大概 300 万，要赚很多年的钱。"

XX 童装老板娘："我初中一毕业就做水洗车工，做了一年，17 岁开始自己开厂，但名义上是我爸的。我婶婶是帮别人做衣服的，量身定做，会裁剪，我就跟我亲戚合股。合了半年，我亲戚感觉我们家什么都不会，第二年就不跟我做了。我爸当时还是工人，搞装修、木工那些，我妈就去进布料，我自己裁剪，做了六年。以前工资那么高工人我们也请不起，就五六个六七个工人，用缝纫机，一天八九十条衣服这样子。我妈很辛苦，搞了两年感觉有点发展了，我爸也过来，一家人一起搞。我 22 岁嫁给我老公，他家以前搞阀门的，我就觉得这一行很累，想嫁给做阀门的，但是还是做童装了。一开始我带着他，他都不懂……"

90 年代，越来越多的村民加了创办童装家庭作坊的队伍，而大量来自珠岙周边山区的村民来珠岙村务工，到作坊从事童装生产，而他们所带来的家属则租种村庄土地，进行农业生产。因村庄土地资源极为有限，大部分的童装厂并没有随着发展不断扩大厂房规模，而是保留了家庭作坊式的生产方式。这样的生产模式因"三合一"（厂房、库房、住房三合一）而存在安全与消防隐患。

（四）2001年，珠岙童装工业园区落成

1996年，在珠岙村第一届民主选举村委会主任中，谢德怀当选为村主任。他对村庄童装产业的发展有着大胆创新的思路。他认为，随着全国市场经济的发展，国民消费水平的提高，同业竞争加剧，珠岙村这种小规模、低水平家庭作坊式的加工厂已经不再适应形势的发展。村庄的童装企业主也开始意识到，必须扩大再生产，加强设备与技术投入，建立企业的新形象。为了推动珠岙童装产业的规模化、上层次发展，同时将周边地区分散的童装企业吸引到珠岙村，形成更大规模的专业童装生产销售市场，谢德怀带领村庄其他能人，积极推进珠岙童装工业园区（也称"珠岙童装城"）建设的项目申请。

访谈中，谢德怀谈起了当时申请工业园区建设项目的情况。

"当时，只有国有企业或公有制企业，才能申请进工业园区，从没有过个体户进工业园区的先例。这样的申请和审批要从哪里入手，我们当时都挺头疼。我们从1996年开始工业园区的设想，1997年开始一级一级往上跑政策，就是要找到相关的政策文件支持。最后，省委办公厅出了一个《关于促进个体私营经济健康发展的通知》，我们一看，这个可以用，非常激动，就赶紧跑到省里拿文件，按照借此契机、抓住机遇、贯彻进一步加快个体私营经济健康发展的精神，写了项目申请，终于在1998年的时候，项目得到了审批。我至今家里还保存了这几份重要政策文件的原件。1998年项目审批后，1999年开始建设工业园区，2000年建成，到2001年，第一期27家童装企业全部入园。"

由此，珠岙村在村庄北部建立了一个集生产、经营和居住于一体的童装工业园区。原计划分两期，一期124亩，二期118亩，共占地面积242亩，但只完成了第一期。

目前入园的童装企业已有40多家。珠岙村形成了完整的童装产业链，童装产业进一步规模化，还吸引了周边童装业向珠岙村靠拢集中。20世纪90年代，外来务工人员主要来自于省内其他山区。2000年之后，大量外省人开始流入珠岙村。到2011年外来人口数量最多时，有1.2万人。

图 1.8 童装工业园区规划效果图

图 1.9 童装工业园区实景

为了解决流动人口住房问题，2009 年村里开始修建安心公寓。由于村集体没有资金，所以村里拿出 11.2 亩的土地指标，镇里出资，利用 5 亩开发商品房，结余资金用于建设安心公寓，花费 700 多万元。安心公寓一层是店铺，二层到六层都是住房，共有住房 156 套，一套 20 多平方米。租金由政府定价，以每月 300 元的价格出租给外来务工人员。

XS 童装厂老板回忆：从 1989 年自己创办童装到 2011 年这些年间，无论是自己家还是村内整体童装生产都是红红火火的。2000 年左右是一个生产创利的小高潮，

图 1.10 安心公寓

而真正达到高峰是在 2009 年前后。

"我们以前没生产牛仔裤，2006 年、2007 年开始做牛仔，2008 年、2009 年牛仔价格高，利润高，之前别的童裤一条利润是一块钱一块五的样子，牛仔每条利润可以到六块五块，全国客户直接到珠岙来。到了 2008 年、2009 年、2010 年，以前的客户联系，把样品发给他，然后就可以发货过去，这种情况也是很多。"

生意的红火，一方面体现在村内有着大量散客，村内的童装生产供不应求，生产商相较于批发商处于优势性地位。另一方面可以从村内居民收入增长、消费水平显著提高这一直接结果来看到。

图 1.11　珠岙村中的店面

XB 童装厂老板夫妻俩都是本村人，2000 年开始在株洲开店卖童装，2010 年左右因为小孩子要读书，于是回村里开厂子。他比较了在外做销售和回村办厂的情况：

"那时是父辈带出来开店的，我们刚读书出来，只能由父辈带着，到全国各个市场去，最后考察了株洲市场还可以，才去的。当地也有我们温州的商会。做销售的困难，第一点是能不能看好货，我们到厂里看货，货要是不好卖就亏本了，或者积压货等等。第二个是和季节的配合，冬天卖夏天的衣服自然不好卖。还要研发得好，还要吃苦耐劳嘛。"

"2010 年左右因为小孩要读书，就回来了。我们刚做销售回来，对办厂是一窍不通的，当时最主要的困难，一是找好的客户，二是对好的产品没有特别的见识，没有特别的理解进去这个产品能销售到哪里。经过有些厂长朋友的介绍和经验传授，慢慢摸索，第一年亏了 5 万，第二年亏了 20 万，第三年赚了五六万，第四年就慢慢赚了。珠岙村客户还是不愁的，各个市场每个季度每个时间都有人过来看货、选货，我们发货。"

"销售确实人轻松一点，办厂做生产自然压力大。办厂要管理，管理不好很被动的，销售人员最多五六个人，办厂要几十人的。"

这个时期，珠岙村人基本不再从事农业生产了，村庄耕地主要由外来人口承包租种。珠岙村人要么从事童装产业链的相关工作，要么将房子出租用作厂房或租给外来人口，租金收入成为珠岙人的重要收入来源之一。

（五）2011 年后，童装产业萎缩

2011 年，珠岙童装产业达到了高峰，随后开始萎缩。

2014 年 2 月中旬，由温州康益服饰有限公司法人朱旭峰牵头，召集永嘉安圣布迪等七家企业的法人协商成立永嘉县童装行业协会事宜。4、5 月份，永嘉县民政局与工商局正式批复准予成立永嘉县童装行业协会筹备组，并核名"永嘉县童装行业协会"。童装行业协会的业务主管机关为永嘉县经信局，接受其业务指导和管理。在珠岙村层面，童装行业协会面向村庄所有童装企业，自愿入会。2014 年 5 月，民主选举选出童装行业协会第一届理事会。理事会由 41 位成员组成，其中会长 1 名，常务副会长 3 名，副会长 21 名，理事 16 名。童装行业协会是童装企业自我管理自我服务的社会组织，它一成立，就面临着珠岙村童装行业突破发展瓶颈与转型的问题。

SL 童装厂老板是邻近村的，2011 年开始在珠岙进行童装生产。他先前有着两年的阀门生产经验，在父亲和朋友的资金支持下在镇上开办阀门厂。由于资金链断裂，于是转投童装生产。这个时候整个村的童装行业已经开始走下坡路，按照 SL 老板的说法，他是赶上了最差的时机。

他 2015 年接受访谈时说："我是 2011 年开始做童装。珠岙童装 2009 年是最好的，2010 年也差不

图 1.12　珠岙村中的童装厂

多，从 2011 年起就不行了。去年就说'哇，今年怎么这么差'，今年呢就说'今年怎么比去年还要差'，明年可能就比今年还要差。"

"正常是从正月 20 号开始做，做到阳历 6 月份。现在市场萎缩得厉害，我们差不多做到 4 月份就停掉了。我们赚不到钱，工人还一直想要提工资。现在真的很难搞。"

目前这种"难搞"的状况，SL 的老板认为主要是淘宝低档产品的冲击。

"淘宝上的东西普遍是很差的，这对我们影响都好大。包括像一些大品牌……但是你到网上看一下，卖的都是积压货。网上的东西不可能是卖新货的，也不可能把我们这种非常好的东西放在网上卖的。湖州有一个童装生产基地，生产比我们这边稍微低一点点档次的东西，价格比我们的便宜。以前没有淘宝的时候，买好的就到珠岙这边买，差的就到湖州去嘛。现在客户觉得我们这边东西价格太高了，都不来了，要的量也没有那么大了。"

"现在还出现哪种情况呢，原来客户的需要量是 1000 条，裁衣服我可以裁 800 条，也可以裁 500 条，都可以把它卖掉。现在客户只要 200 条，但我们还得裁 300 条、500 条。因为裁 100 条不好裁，我们一层布裁 5 条，100 条就是 20 层，软绵绵的，刀是剪不下来，太厚，机器裁又太薄，不好裁。200 层、150 层的话是好裁的，20 层不好裁。裁多了这 100 条压在家里了就完了，一条损失 30 块钱，一百条就 3000 块钱。现在生意不好了，客户性质也变了。以前是供不应求，客户要到我们这里，求我们多给一点嘛。现在是求他们，让他们代卖，卖不掉人家再还给你，风险很大。现在珠岙差不多都是这样。"

还有一个原因是湖州（浙江省北部的一个地级市）织里镇童装行业的兴起。由于湖州的环境、政策比珠岙要好，所以珠岙村的一些服装厂开始往湖州迁。

"搬走的都是搬到湖州去，今年（2015 年）就搬了十几家，搬的都是本地人，还都是比较大的厂。我去过一次湖州，那里是全国童装基地，他那里的房子，政府把它搞起来，就是标准厂房。房子都是五层，下面全部是店面，全部有消防通道。我们珠岙都是小厂，都是家庭作坊，楼上住人，

图1.13 童装工业园区中的服装厂

下面是厂房，消防通不过。他们要求我们工作的地方一定要和住宿的地方分开，怎么可能分开呢？根本就租不起。天天过来查消防，我们也是好麻烦，就像老鼠躲着猫一样，过来了我们就关门，走了我们再开门。"

"湖州那里主要是跑量，而且是备货。那边很多是散客，过来转转，随地拿走的这样。我们珠吞现在都是固定客户，没有散客了。湖州那边就是有一个规模效应，越来越大，我们这里就萎缩了。"

GG童装老板也对珠吞和湖州进行了比较："现在珠吞童装走下坡路，跟桥下差不多，是政府的原因。我们这边政府都是根据企业缴多少税来支持当地企业的，永嘉县的重点是阀门和鞋子。童装家庭作坊税有的交不上去啊，所以说当地政府别说支持啊，希望你倒闭他最开心咧。为什么希望你倒闭呢？因为消防啊、劳动法啊各方面，达不了标嘛，对吧。县里没有一点地给你，你说扩建厂房，房子是你自己的，但是不是想拆就拆、想盖就盖的。以前可以盖，有段时间就不让盖，前十年，2000年就不让盖，说是城市搞规划，今年危房又可以改造了。"

"湖州政府很扶持，当地的那个厂接近有一万五六千家，劳动力涨到三百万人。我们这边童装协会是自发的，他们的协会是政府出面建立的。"

"可能身边的环境不一样，大环境小环境都不一样了，生活条件变了。以前刚刚开放，就像一张白纸，搞什么都是新的。"

对于电商对童装行业的影响，GG童装老板也谈了他的看法："电子商务跟生产没有关系，还是要生产。只是现在批发商一点风险都没有，生产越来越难搞了。以前客人还过来，现在到处是市场，肯定去大市场，杭州啊、广州啊。开始批发商在厂里拿货，有一定销售量了就找一家专门生产。我做了两年电商，根本不赚钱，主要是广告费用，全部在竞争，没有信誉度。"

受电商的影响，珠岙村的童装企业也开始积极探索网销模式，但真正转型成功与盈利的少之又少。

永嘉供销社滕主任表示，当前总体经济环境不景气，湖州、杭州、宁波、成都等其他同类服装市场的兴起也给珠岙的童装产业带来极大的竞争压力。如果政府不将珠岙童装作为一个产业积极扶持，珠岙童装将不可避免地面临衰弱甚至被淘汰的后果。永嘉已有"温州模式"产业市场失败的案例，如80年代兴起的永嘉桥头镇的纽扣市场，最后转移至义乌，被义乌市场所取代；其钟表市场也转移到深圳，桥头市场完全衰弱。他总结桥头镇纽扣与钟表两大产业最终外流的主要原因，在于"政府官员的思想理念过于保守"，政府没有积极扶持两大产业发展。相比之下，湖州织里服装产业的兴起，即是政府的大力扶持，主要是在土地审批与税收方面给予大量优惠政策，吸引投资。当前，已有珠岙村的童装企业搬迁至湖州。滕主任担心，长此以往，珠岙的童装市场也将被湖州织里服装市场所取代。"如果珠岙童装产业消失，又无其他产业可以替代的话，那么，珠岙人的生活将何去何从？"

现在年轻人也不愿意从事童装行业了。YX童装老板娘对我们说："现在很多小孩不愿意做这个行业。因为服装是很累的，除了餐饮，服装是第二累的产业。这几年不景气所以没有那么累，以前赶货做到三四点钟也有。这个东西累，回报又低，欠债的人又多，现在很少有人选择做这个行业。"

图 1.14 中国"淘宝村"授牌

图 1.15 童装生产

谢德怀也提到："现在年轻一代住在村里的少了，看不上传统家庭作坊式的童装厂，也没能像第一代珠岙人那样吃苦耐劳亲力亲为做童装生产。现在珠岙童装产业越来越多由外来人口接手，老一代的珠岙人已经做不动了，厂房全部出租给外地人办。"

童装业的不景气也直接影响到周边服务行业。

2015 年 7 月，我们访谈了做麦饼生意的钭先生、收废品的李先生。

钭先生："以前一天可以卖一百多个麦饼，每天收入 300—600 元，今年一天只能卖五十几个，每天收入 200 元，总收入大约下降了三分之二。"

李先生："收废品生意这两年不好做，2014 年夏天开始，铁、塑料等价格都下降了一大半，最重要的是经济不行，周边（不仅仅是珠岙村）许多工厂停办，大批工人离开，导致废品减少。这两年的收入减少了三分之二。夫妻俩收废品，去年一年的收入 5 万—6 万元，今年大约只能收入 2 万元。"

工厂管理人员和普通工人的工资水平并未受到太多影响，但是活儿少了很多。

接受我们访谈的阀门厂中层管理的吕先生、童装厂的车间总管田先生以及童装厂车间组长周女士，都是领取固定的薪资，2015 年时也还未显著波及他们的工资水平，其收入相对稳定。

我们还访谈了 10 个童装厂或阀门厂的普通工人。因为童装生产的季

图 1.16　童装厂内景

图 1.17　珠岙村阀门厂

节性，他们旺季的时候到工厂就业，淡季的时候回老家休息或耕种，流动性较强。他们一般不与工厂签订劳动合同，一般是计件工资，所以工厂活儿的多少直接影响他们每个月的收入。

童装厂普工尹女士谈及2008年至今的工资收入变化，说道："工资是有幅度的，基本上是涨不会跌，每年浮动不

图 1.18　珠岙村阀门厂

是很大，平均每年涨 5 毛钱（计件），但因为物价也会涨，而且上涨幅度比工资涨幅大，加上这两年活儿少了很多（货单少，计件数量少），所以现在（工资水平）跟以前没什么太大的差别，基本持平吧。"

（六）珠岙产业现状

按 2015 年统计数据，珠岙村有企业个体户 549 家。其中 400 多家集中在童装行业，另有数十家阀门企业，其他如餐馆、诊所、超市等社会消费零售业也兴旺发达。珠岙村已形成包括童装产品加工、原辅料供应、印花、绣花、水洗、包装、机械、运输等较为完整的产业链，从业人员近 1 万人，年产值 6 亿元以上，村民年人均纯收入高达 2 万多元。

现在鲜有村民从事农业生产。村庄入口处仅剩的一些耕地，大部分出租给外地人种菜。一些珠岙村的老人保留少量土地，种菜自己吃。

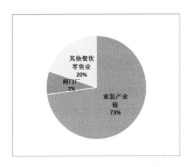

图 1.19　珠岙村个体企业行业分布

图 1.20　村口的菜地

（七）村集体经济

村民普遍反映，珠岙村虽然产业很兴旺，但"村集体很穷"。为此，我们询问了一年中珠岙村村集体常规收支情况。

表 1.1　珠岙村村集体一年常规收支情况

单位：万元

收入		支出	
项目名称	金额	项目名称	金额
安心公寓租金	70	管理人员工资	60
政府拨款	25	村民医保	25
企业卫生费	22	卫生费	22
菜市场租金	8	水电	3
办公楼门面出租	9	道路维修	3
		村民大会误工费	2.4
		办公用品	0.8
合计	134	合计	116.2

注：数据来源于珠岙村会计、支书和村主任访谈，是大概的数据，并非精确的财务数据。

从上表可以看出，珠岙村虽然收入不算太少，但常规支出也很多，村集体每年稍有结余，但结余并不多。"2008 年至今，村集体没有负债的情况，结余也最多几万元"[1]。对于公共服务村集体自然会出力，"村里付得起的一般会支持的，但都是一点"[2]。

实际上，从村庄生产性公共品到非生产性公共品的资金来源中，村民集资占了很大的部分，甚至有的项目全部是由村民集资完成。

---

[1] 珠岙村会计访谈，2015 年 7 月。
[2] 珠岙村妇女主任访谈，2015 年 7 月。

四、珠岙的基础设施建设

(一) 80 年代

改革开放之初的珠岙村，按照村会计的说法是"没有电、用煤油、烧柴头"，珠岙村只有一条 1.5 米宽的泥路通往乡镇，这是村庄唯一一条通往外界的路，后来被称为"中心大街"。村里最早做童装生意的李阿婆只能骑着自行车拉着童装到瓯江边上，然后再坐船到温州卖，童装辅料也需要从温州购买后拉回来。1986 年，中心大街变成了 3 米宽的石子路，比原来的路拓宽了一倍。1989 年，石子路变成了水泥路，这次花费了十多万元。

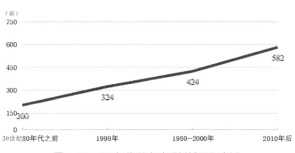

图 1.21　80 年代以来珠岙村域面积变迁

(二) 90 年代

在 2000 年之前，宅基地建设审批还未严格规范，随着童装业的发展，人口增多，村庄住房也不断扩建。因村庄北部背靠山坳，村庄民宅扩建主要往村庄南边村口发展（靠近 104 国道），这期间，村庄建设面积因民宅扩建而增加了 100 多亩。

1990 年，修建了老人休闲亭，是一栋"小二楼"。后来由于道路拓宽被拆除。

1992 年，把到村庙的道路由石子路变成水泥路，方便老人前往村庙，花费 17000 多元，347 个工 [1]。

---

[1] 数据来源于珠岙村当时记录修这条路花费和用工的石碑。

1992 年，谢德怀等村庄能人投资建设了童装市场。

1996—1999 年，村里集资修建公厕，至 2000 年时露天厕所全部关掉。

1997 年，集资 20 万元，将中心大街拓展成 8 米宽的水泥路，成为名副其实的"中心大街"。集资 25 万元修建了纬一路，这条路建在以前的小溪上，将小溪填平后修路，成为通往童装城的主要干道之一，出资者是道路两边的门面商户。

1999 年，修建童装城。为了进入童装城道路交通方便，还修建了东环路、昌盛路、繁荣路三条主干道，各花费 5 万—10 万元不等。

（三）21 世纪初

2000 年之后，因村庄土地资源紧缺，政府开始严格限制村庄宅基地和其他建设用地的征用与审批。至此之后，村庄住房建设面积不再扩展。

2000 年，为了让村里老年人有一个固定的活动场所，珠岙村老人协会统筹集资 30 万元修建了老年活动中心。

2001 年，修建了从村庄北部（后为安心公寓所在位置）连接隔壁村白水村的道路，花费 10 万元左右。之前是菜地。

2005 年，由村民集资重建珠岙村禅寺，花费达四五百万元。

2007 年，修建垃圾中转站，解决垃圾处理问题。永嘉县投资 300 多万元建设地下管道，处理污水问题。村口道路两侧设立绿化带，改善了以前垃圾成堆的脸面。村里雇用 8 个保洁员负责全村的卫生维护，每家门口都有垃圾桶。

图 1.22　珠岙村垃圾中转站

图 1.23　珠岙村文化活动中心

2008 年，由村集体投资一百来万元修建了珠岙村农贸市场，成为珠岙村统一的"菜市场"。

2009 年，开始建造安心公寓。2012 年开始使用。采取了村里出地，一部分地开发商品房，一部分地和结余资金建设安心公寓的模式。花费 700 多万元。

2009 年，投资 37 万元，修建从村庄南部（农贸市场位置）连接隔壁村白水村的三岙大道，村民集资，政府给予 10% 补贴。同时，修建村庙边的道路，花费 40 万元。道路修建后，主要道路都配置了路灯照明。最开始是路灯安装在家门口的人家出资 500 元，当然不愿意出资的也没强求。后来全部都是村委出资安装。

（四）10 年代

2011 年，扩建村庙，花费 300 多万元。

2012 年，修建珠岙村森林公园登山道路，花费 70 多万元。

2013 年，修建安心公寓西侧道路，花费 20 多万元。村委出 10 万元，阀门厂出 5 万元，房开公司负责路面。

2013 年，珠岙村投入 140 多万元（其中村民集资 86 万元，其余是村集体出的钱）建成文化活动中心，使用的是童装工业园区二期的地。

2014 年，经县政府统一规划审批，征用村庄东部 158 亩旱地，用于建设小微企业园区。小微园区分成时尚轻工和流程装备园，其中时尚轻工已经全部建好，排水等配套设施在 2018 年底能完成，已经有企业入驻，流程装备园预计 2019 年完工。

2015 年，在原来老年活动中心的基础上重新装修，建成居家养老服务中心，添加了医疗室、食堂、躺椅等。装修费加上添置的器具，花费了 18 万元。在珠岙村北部的水库下面建设一个标准的游泳池，包括通往游泳池的道路一起修建，共投资 160 多万元（政府拨款 130 万元，村里出 30 多万元）。

2016 年，由于车辆大多停在道路两侧，严重影响交通运行，村里建了 3 个停车场，能停 200 辆车，政府补贴 65%—70% 的经费。

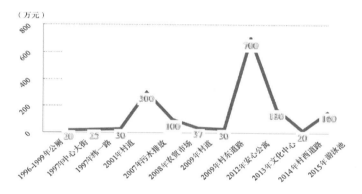

图 1.24 公共物品资金投入图

图 1.25 珠岙村街景

五、珠岙的乡村治理

（一）村两委班子

根据访谈，在人民公社时期，村里的支书和村主任都是由公社任命。包产到户后至1996年，则主要由村里推选而成："80年代，老党员当村长和支书。只要村里开群众大会，举手半数通过即可。"

从1996年开始，珠岙村实施基层民主选举，村庄两委都是由村民民主选举产生。民主选举使得村庄政治趋于开放，村民可以通过选举直接或间接影响村庄政治，尤其是影响村庄发展的重大决策。从历任两委名单来看，近20年的七届两委领导班子中，担任村支书的有两人，担任村主任的有4人。村主任的更换频次比村支书更高，这在一定程度上反映了村庄民主选举的竞选激烈程度。从访谈中我们了解到，影响村庄选举的因素主要是经济与社会关系网络资源（以宗族为基础的社会关系网络，在民主选举中发挥了积极作用）。

亲历村庄选举的前村主任表达了他的观点："选举，我们这里很民主的，慢慢来未来发展还是可以的。现在有方向有基础了，要是换届了换人对村里不好，现在这个班子很完整，我们要支持他们。"

一位村民表示："选举的时候我参加投票的。我们村庄还可以，选举反正就是这个样子，正正当当的人，不是社会乱七八糟的人，水平也要有。我们村地还没开始征，不正当的人搞你不放心。选举也是靠实力、靠人品，以前也是这么选的，实力大的好一点，还要人品。"（2015年7月村庄调研访谈）

表1.2 珠岙村历任党支部书记、村委会主任和委员名单

年月	党支部书记	委员	村委会主任	委员
1948.5—1949	李臣斌			
1949.8—1950.3			郑加林	
1950.3—1950.7			郑臣波	
1950.7—1952.3			谢臣波	

年月	党支部书记	委员	村委会主任	委员
1952.3—1955.9			叶宝仁	
1955.9—1958.9	郑臣云		郑臣云	
1958.9—1959.9	蒋云夫		王家顺	
1959.9—1965.9	叶臣顺		王家顺	
1965.9—1966.9	蒋云夫		王家顺	
1966.9—1969.9	蒋云夫		王家顺	
1969.9—1970.9	蒋云夫		黄玉长	
1970.9—1979.9	蒋云夫		叶臣顺	
1979.9—1982.7	郑臣云		叶臣顺	
1982.7—1987.7	蒋云夫		叶臣顺	
1987.7—1989.12	李景聪		李景聪	
1990.1—1993.5	李景聪		李景聪	
1993.6—1996.5	李景聪	副书记：郑春和、蒋云夫、李兄妹、潘锦权	谢德怀	余章龙、叶连忠
1996.6—1998.12	李景聪	副书记：潘统新、谢康成、林峰	谢德怀	余章龙、叶连忠
1999.1—2002.5	李景聪	副书记：潘统新、谢康成、林峰	谢德怀	余章龙、叶连忠
2002.6—2004.11	李景聪	潘统新、叶康成	谢德怀	李连忠、余小银
2004.12—2007.12	李景聪	谢志新、郑春和	谢志新	余小银、郑忠义
2008.1—2010.12	李景聪	郑春和、余章龙	范一虎	郑忠义、郑定益
2011.1—2013.12	余章龙	郑忠义、林莉梅	范一虎	郑建武、郑定益、蔡月珍
2014.1—2016.12	余章龙	郑忠义 林莉梅	郑建武	朱旭峰、谢世才、蔡月珍

（二）老人协会

在珠岙村，有这么一个老年人群体组织，那就是珠岙村老年人协会（简称"老人协会"）。凡是男性年满60岁、女性年满55岁，经过申请便可加入老人协会成为会员。协会给每个会员发放会员证，会员要交一定的会费（目前会员费500元/年）。直至老人去世，老人协会会员的身份才结束。

珠岙村老人协会的前身是"老人班"。80年代，珠岙村还没有水泥路。村里有几个老人去找村组织协商修路事宜，"但村里不理睬"①，没有财力和能力来修路。于是，村里几位比较有威望的老人自发组织起来，挨家挨户组织与动员村民自愿参与村庄水泥村道的修建，有能力的可以捐助资金，家庭经济较弱的可以出劳力，免费义务参与村道修建。这个过程，也促进了一些老人自发性地组织起来，成立老年人自己的社会组织"老人班"。

据珠岙村现任老人协会副会长访谈所知，当时由珠岙、塘头与白水村三个村的老人参与创办"老人班"，珠岙村这边的参与者为：郑臣德、林元友、金万仁、王居、陈生、林秀富和余清松等几位老人。这些最早参与老人班的老人，并非身份特殊之人，主要是村里一些农民和退休在家的老人，他们闲暇时间较多，热心村庄公共事务。

据谢德怀介绍："80年代，村委会是瘫痪的，当时几个老人就成立了老人班。老陈从福建退休搬过来的，还有一个姓王的，他们两个人牵头一起6个人（应为7个人）就搞老人班。那个时代，村里的基础设施都是他们牵头的，他们召集一帮人，大家一致说可以搞，资金怎么办呢，大家都自己主动认出（认领出资），我认多少，你认多少，还差多少。老王、老陈一班人在外面问一下，出一点吧，要不要出一点，大家都自愿出钱，凑起来就搞建设。"

集资修路之后，老人班也逐渐扩大，村里其他老人也加入到老人班中。除集资修路之外，老人班还开始服务于村庄的老人。老人生病了，老人班组织老人前去探望；老人家里出现家庭矛盾，老人班也热心出面帮助调解。"按理这些事情都是村里的事，村里有调解委员，镇里乡里还有调解

---

① 珠岙村前村主任访谈，2016年1月。

的干部，调解委员解决不了，当时的几个老人说话还是有人听的。"①

20世纪80年代，老人班这种社会组织在浙江东部地区生长，政府也注意到了这股民间的力量。1988年，浙江省正式确立了每年农历九月初九为"老人节"，并要求在村庄中根据实际情况成立老人协会。1989年，按照浙江省的要求，珠岙村在原有老人班的基础上成立了老人协会，并选举产生了第一届理事会成员。老人协会不仅有了正式的组织形式，还有相对应的正式规章制度。

按照规定，珠岙村每一届老人协会都选出由7个人组成的理事会，理事会包括1名会长、1名副会长、1名会计、1名出纳、3名理事。每届理事会任期3年，可以连选连任。目前珠岙村老人协会理事会已经是第九届。2010年之前，老人协会理事会成员由老人非正式推举，产生名单后由镇政府审批确定。从2010年开始，老人协会改变理事会成员产生方式，采用"海选"的形式由全体老人无记名投票选举产生。选举流程一般为两轮，第一轮选举全体成员投票选出12位候选人，第二轮继续投票选出7名候选人，得票最多的为会长。每年农历九月初九，老人协会组织重阳节聚会，协会理事会汇报近一年协会的工作。

老人协会成立之后，其职能不断延伸，积极参与各项村庄公共事务的管理，主要包括：为全村老人提供公共活动场所；不断增进村庄老人福利；协助村委会组织村庄公共项目的运作，政策的宣传与沟通；管理农贸市场和流动摊贩等。

（1）为全村老人提供公共活动场所。

老人协会成立之前，珠岙村还没有一个供全村老人共同活动的场所。在老人协会成立后，1990年在村里修建了第一个"老人亭"。

老人协会会计描述了当时的情况："政府对老人这一块比较关心了，随着生活水平的提高，上面有了要求，有条件的村成立老人协会，有条件的话搞个场地。以前我们村也没有场地，就搞了个凉亭。那是两间这么大的门面，小二楼，上面20个平方，下面20个平方，楼下是水泥做的板凳，楼上放了两张桌子办公。白天老人在那里玩一玩，晚上是护村队在那里值

---

① 珠岙村老人协会出纳访谈，2015年7月。

班用。"[1] 当时没有资金，老人协会联系到一个本村早年外出香港的郑姓华侨，华侨答应出资，然后老人协会发动村民义务捐工，才把"老人亭"修建起来。

但毕竟"老人亭"只是一个小二楼，场地的空间满足不了老人的需求。没过多久，在现今村委会办公楼的东边，以前村里的小溪上面修建了第二个"老人亭"，老人协会继续号召村民自愿捐资捐工，最后集资 6000 元完成了修建，成为珠岙村老人第二个活动场所。后来，由于童装城修路的需要，小溪变成了公路，这个"老人亭"也被拆除。而第一个"老人亭"在 2008 年由于道路拓宽也被拆除了。

拆除了自然有新的活动场所的修建。2000 年，老人协会花了 30 万元，修建了珠岙村老年活动中心。这是一个两层的小楼，楼下堆放着置办酒席用的桌子椅子，楼上是协会的办公室、老人棋牌室，彩电、办公设施都比较齐全，活动空间也相对大了很多。这次修建老年活动中心主要是老人协会自己的资金，但是也有老人和一些公司捐钱捐物。活动中心挂着当时捐资的牌匾，根据牌匾显示，共有 34 个单位和个人捐资 10600 元，捐物包括彩电、厨房设施、折椅桌子等。

2015 年，珠岙村按照县里的要求搞居家养老服务中心，县民政局补助 20 万元将老年活动中心重新装修，添置了躺椅、医疗室、食堂，目的是照顾孤寡老人（儿女不在家、生活困难、生病无人照顾的老人）的生活需求。躺椅可供老人躺着看电视，医疗室则提供基本的健康服务。食堂可提供午餐，但根据老人协会会计介绍，"食堂是上面要求，但能不能坚持是个问题。这个是针对孤寡老人，有的人不愿意来，有的家庭安排的很好也不会来吃"[2]。

除老年活动中心外，珠岙村老人还有一个公共活动场所，就是村委会办公楼一层的两个门面。这两个门面本来属于村委会，后来村委会分给老人协会作为老人的活动场所。一般情况下，每天上午和下午，珠岙村的老人会聚集于这两个活动场所，聊聊天，下象棋，看电视或者打扑克和麻将，这成为大多数老人每天生活中的趣事。

---

① 珠岙村老人协会会计访谈，2016 年 1 月。
② 珠岙村老人协会会计访谈，2016 年 1 月。

图 1.26　珠岙村老年活动中心

（2）不断增进村庄老人福利。

老人协会不断地为增进老人福利而努力。在老人班的时候，老人班就开始为老人提供一定的服务，老人生病了前去探望，老人家庭矛盾也帮忙调解。老人协会成立之后，继承了老人班原有的职能，同时为老人提供了更显性的福利。

首先是红包福利。珠岙村的老人一年下来会从老人协会得到大约 1700 元的现金红包。这些红包的来源分为三类：第一类是老人协会用自己的资金发放的福利，重阳节的时候每个老人发放 500 元，过年的时候发放 500 元。第二类是老人协会代过生日的老人给其他老人发放红包，"2011 年前，村里老人办寿酒，寿星自愿给村里的老人发红包，每个老人 10—20 元，是在酒席现场发红包，所以比较混乱。2011 年开始，把祝寿红包交给老人协会，限定每个老人 10 元，由老人协会代发"。[①]一年下来一个老人能得 550 元左右。第三类是私人捐赠，最近 5 年企业家叶康松每年都出钱为老人发福利，每个老人 200 元。除此之外，老人协会还给年满 80 岁的老人，每年额外 100 元的红包。

其次是旅游福利。最近几年，老人协会每年组织一次旅游。旅游自愿

————

① 珠岙村老人协会出纳访谈，2016 年 1 月。

报名，约有 100 多人参加。旅游花费由老人协会和老人各出资一部分，老人协会为每个老人补贴 800—1000 元，其余部分由老人自己出资。有的身体不好不愿意出游、不参加旅游的，老人协会给每人补贴 300 元。

最后是文化娱乐福利。每年农历九月初九，老人协会都会举办重阳节晚会，这一天全村的老人都聚集于文化活动中心大厅，除了理事会汇报工作之外，还可以一边吃着丰盛的晚餐，一边观看丰富的节目表演。平时，老人可以在老年活动中心下象棋、玩麻将、看电视等，还可以根据自己爱好，加入腰鼓队、太极拳队。腰鼓队都是老年妇女，时不时出来排练和表演。太极拳队则都是老年男性，每当天气晴好的清晨，文化活动中心广场必播放太极拳的音乐。活动中心的二层有个房间还挂上老人大学的牌子，组织老人学习国家政策、健康知识、环保知识、精神文明等。

（3）协助村委会组织村庄公共项目的运作，政策的宣传与沟通。

在 80 年代末，由于村委会的"瘫痪"导致无力提供村庄公共服务，从而老人班出现并承担了这项职能。1996 年，珠岙村民主选举后，村庄公共项目的集资转而由村两委牵头。但是仍然需要老人协会的参与和协助。

谢德怀回忆说："原来村两委瘫痪的时候是老人协会出面的。1996 年我当村长后，想改善村里的面貌，就村里这几个人想把村里搞好，估计还是差一点人手，还是要通过老人协会。现在村里做大的事情大的项目如修路之类，都是村两委牵头，老人协会负责宣传村里的政策。一般的项目也要老人协会参与，让老人知道，让他们帮我们做宣传。宣传到位和宣传不到位有很大不同。一个项目要开筹备会议、党员会议、村代表会议，村代表会议都要老人协会参加的。"

可见，老人协会不仅在公共项目集资上发挥作用，而且在协助村两委宣传政策、与村民的沟通协调中起到桥梁作用。老人协会会员都是老人，而这些老人则连接全村所有的家庭，家庭中的老人具有较高的权威，从而使得老人协会具有很高的话语权，这种组织嵌入性使得老人协会成为乡村治理的中坚力量。

（4）管理农贸市场和流动摊贩。

2008 年修建了珠岙村农贸市场后，村集体将农贸市场承包给老人协会，由老人协会负责收取摊位费和日常管理工作，只需每年付给村集体 8

万元承包费，其余收益归老人协会自己支配。除此之外，农贸市场外的流动摊贩也是由老人协会来管理，老人协会每天都有两个老人和一个菜市场管理员一起去农贸市场前的道路上收取卫生费，工资每天 10 元。

图 1.27　珠岙村农贸市场

　　在村委会的工作思路中，老人协会是村委与村民之间沟通协调的缓冲带，许多敏感与棘手的问题，村委不直接出面，而是请老人协会出面。如果事情办好了，皆大欢喜；要是出现障碍和问题，则再由村委出面维护老人协会。所以村庄大部分由村委设想组织的公共项目，具体的集资动员与组织工作都由老人协会处理。如佛寺"大雄宝殿"的修建集资项目，以及菜市场与街道摊位的卫生费收取与管理工作，这些较难开展的工作都由老人协会出面接管。交给老人协会之后，村委会减轻了工作量，也避免了可能的冲突，也使老人协会逐渐更多参与到村庄治理之中，成为乡村治理不可替代的力量。

　　现在老人协会每年例行的活动与日常工作主要包括以下几项：农历九月九重阳节系列活动（聚餐、文艺活动、工作总结与汇报等）；文艺活动（老人参与的村庄文艺活动主要有唱歌、跳舞、太极拳和军鼓队）；协助管理村庙以及划龙灯等庙会活动的组织与管理；协助村委会组织村庄公共活动的集资；近两年新增的工作还包括村庄的菜市场管理，收取菜市场摊位管理费与卫生费；收取村庄街道摊位费与卫生费等工作。

表 1.3　珠岙村老人协会历任名单

年份	会长（班长）	副会长	理　事
1985—1989			郑臣德　林元友　余清松　王居　陈生 叶臣顺　王家顺　金万仁等
1990—1992	金万仁		余臣桂　林秀富　林秀云
1993—1995	金万仁		余臣桂　林秀富　林秀云　潘锦汉
1996—1998	叶臣顺　周纪文	潘凌云	林秀连　叶锦涛　叶纪伦（出纳）
1999—2001	周纪文	潘凌云	林秀连　叶锦涛　余茂桂 叶纪伦（出纳）
2002—2004	叶锦涛	蒋云夫	李兄妹　黄云桂　余茂桂　余纪顺 谢定华
2005—2007	谢定华	蒋云夫	叶兴梅　黄云桂　余福云　郑玉弟 林佰岳（出纳）
2008—2010	叶干忠	林秀连	叶臣星　郑定兴　郑加崇　郑玉弟 郑长青（出纳）
2011—2013	郑国权	叶干忠 金文龙	林秀连　吴爱琴　金文兴（出纳） 余纪岳（会计）
2014—2016	（顾问：叶康松） 郑国权	金文龙	叶干忠　周松青　吴爱琴 金文兴（出纳）　余纪岳（会计）

（三）头家组织

头家是村内公共风俗传统节日的组织者，负责每年的划龙灯、做戏、拜忏和作福，通过挨家挨户筹钱并安排与节日相关的其他事宜，使公共活动顺利组织与开展。

学界对头家组织鲜有研究，对于"头家"这个概念学界也没有明确界定。头家大致有三种理解：第一种理解是某些定期集会的轮流召集人。清朝小说《花月痕》第七回开篇出现过"头家"，说的是每年二月花朝，巨室子弟作品花会，文人都要较量技艺，头家则是花会的召集人，原文为："今年是个涂沟富户马鸣盛，字子肃，充作头家，请一南边人，姓施名利仁，字芦岩，主持花案。"第二种理解是赌博中的庄家。《红楼梦》第七十三回中谈到园子里"如今渐次放诞，竟开了赌局，甚至头家局主，或三十吊五十吊的大输赢"，贾母动怒命令盘查，"查得大头家三人，小头家八人，聚赌者通共二十多人"。第三种理解是闽南方言中老板、店家的意思。

　　根据访谈中村民的介绍,"头家,就是带头做事的人"①,"头家就是打头的人,他说了算"②。也就是说,珠岙村的头家更接近于头家的第一种解释,即某些定期集会的轮流召集人。在访谈中,村民已不记得"头家"是什么时候出现的,只是表示至少有两三百年了,在清朝的时候就有头家。在村庄中,头家指一个人,几个甚至几十个头家为筹备村庄的公共活动定期聚会,而成为一个非正式的头家组织。头家组织与一般社会组织有些许不同,一般社会组织具有很强的组织性,有明确的组织章程和规章制度。头家组织是一个非正式的民间社会组织,没有正式的制度约束,这是头家组织区别于一般社会组织最明显的特征。据最近一年的头家头介绍:如果事情比较大,全部头家都会叫到一起协商,小的事情就几个头家商量就行。比较积极的就经常参与筹备,不会每件事情都把所有头家叫到一起③。

　　村民总是将头家与划龙灯联系起来。珠岙村划龙灯活动有久远的历史,组织划龙灯的头家也经历了几个阶段的变迁。很早以前,珠岙村以姓氏为单位划龙灯,每个姓氏都有一个头家,组织本姓氏划龙灯;人民公社以前,全村按照姓氏划分为6片,每片一个头家,全村共6个头家;人民公社之后,按照生产队划分片区,全村以村中的小溪为界分为前片和后片,前片3个生产队,后片3个生产队,每个生产队出2个头家,共12个头家;"文化大革命"期间,由于"破四旧",划龙灯被作为封建迷信而禁止举办,头家也停止了活动;"文革"之后,划龙灯便再次兴起,按照村民小组划分,生产队一分为二成为12个村民小组,前片6个,后片6个,也是每个小组出2个人当头家,总共24个头家。

　　头家组织的成员实行轮流制。首先,每一个头家都是轮流产生。头家的产生是通过每家每户的轮流,如果轮到一户人家,该户需要出一人充当头家。凡是年满18周岁的男性便有资格当头家,没有满18岁的则该户年长的人出来做头家。每年全村12个小组产生24个头家组成头家组织。如果所在小组户数少,一个六十多岁的人会轮到两三次,而户数多的,到四十八九岁

---

①珠岙村访谈,2014—2015年的头家,2016年1月。

②珠岙村访谈,20年前当过头家,2016年1月。

③珠岙村访谈,2015—2016年的头家头,2016年1月。

才只轮到过一次，以后如果再轮到自己家就是由儿子负责。其次，头家组织成员每年轮流，由此产生了正副头家之分。比如今年轮到村庄前片划龙灯，24 个头家的组织中，前片的 12 个头家成为正头家，后片 12 个头家成为副头家，正头家全权负责全年村庄的传统公共活动的组织，副头家则跟着正头家学习，"只是偶尔帮帮忙，一般不能去管闲事"。到了第二年，正头家退出并从本片再选出 12 个成为副头家，今年的副头家则成为明年的正头家。一个头家头尾担任三年，一般元宵节选出来当年先做副的作为预备，第二年轮到自己这一片划龙灯时则为正，到第三年元宵节就要退下去。

头家虽然是在全村范围内轮流产生，但轮流的对象也有一定范围，并非所有人都可以当头家。首先，头家需要是年满 18 岁的男性，女性不当头家。其次，当头家的村民需信仰佛教或道教，基督教信徒不参与当头家，也不参与头家组织的活动。最后，村里主要在职干部（村支书、村主任）一般不会出面当头家。每年的正头家中由头家们非正式地选出一个头家头，头家头一般是对风俗传统较为了解、肯干事又不太忙的人，头家当中由他说了算。据村中六十岁左右的老人说，现在当头家的越来越年轻了，有些头家才二十几岁，就要以老带新，年轻人不懂的，家里长辈、村里熟悉风俗传统的人会指导，但是一般他们也懂的。头家的这种轮流制使得头家组织具有很强的生命力，如果没有外在强制力的干预，头家组织会一直轮流和延续下去。

在珠岙村，头家成为村庄公共习俗和传统节日活动的组织者，负责每年的划龙灯、唱戏、唱灵经和作福等活动的组织，使传统的习俗性公共活动得以顺利组织与开展。

（四）宗族活动

珠岙村人具有较强的族人观念，也有宗族信仰，他们在清明和春节前后祭祀祖先，一般于清明节前往宗祠参与宗族祭祀与族人聚会活动，有的姓氏也组织修缮族谱。珠岙村庄域内于 2013 年重建了一座叶姓的宗祠，最大的两个姓氏郑姓和余姓，在村庄中不曾修建过祠堂。他们的宗族活动不以村域为界，而是越出村庄边界，与周边其他村庄一起组织和参与宗族活动。如郑氏祠堂目前位于塘头，所有相关的宗族活动都由几个村庄所有郑氏宗族头人组织。

因此，宗族在村庄选举中或是一个重要的影响因素，但就村庄日常的社会治理而言，超越村庄的宗族组织并不像老人协会等其他社会组织那样发挥明显、正式的影响作用。

六、珠岙的文化生活

在珠岙村，文化性的公共设施主要有三个：村庙、禅寺和文化活动中心。村庙，是村民对村庄卢氏孝佑宫的简称，位于珠岙村村口。在温州永嘉，很多村子中都有孝佑宫，是为纪念唐代孝女卢氏而修建，祖殿在永嘉县上塘镇。村庙始建于明万历庚子年，2011 年花费 300 多万元进行扩建，现占地面积 1200 平方米，是一幢七间大庙，建筑恢宏，雕梁画栋。

珠岙村的祇园禅寺坐落于村庄最北边，紧贴山脚。据传初建于宋开禧年间，由珠岙余姓五世祖进士兵部侍郎庆裔公所建，后年久毁坏。2005 年由村民重建，花费达四五百万元。禅寺主要是佛教场所，村庙则是民间道教信仰场所，村头和村尾二者遥相呼应，各自的位置不同，所承载的信仰与功能也不尽相同。村庙主要为本村村民服务，禅寺所覆盖的面更广，服务对象延伸到村庄之外。每逢初一或十五，村民都自愿去佛殿和村庙进香祭拜或许愿。

2013 年，珠岙村文化活动中心建成，成为村庙和禅寺之外的第三个文化活动场所。据村民介绍，兴建的初衷是解决村民置办酒席的场地问题，以往置办酒席导致交通堵塞，现在统一到文化中心置办，场地开阔很多。除了置办酒席的功能外，文化中心还是村民大会、重阳节晚会等大型活动的场所，平时则是舞蹈队、合唱团排练的地方。文化中心前的广场成为村民和流动人口的休闲场所，尤其在夏天夜晚，本村村民与外来人口聚集于文化广场，打篮球、舞蹈排练、

图 1.28　珠岙村孝佑宫（村庙）

跳广场舞以及带孩子游玩。最近新办了文化礼堂，将村庄历史、习俗、名人等信息在礼堂展示，还邀请专家来做讲座。

村庙和禅寺是与信仰有关的公共场所，举办的活动也与信仰有关，文化活动中心则是非宗教性场所，提供多样性的文化娱乐方式。村庙是珠岙村村民的宗教活动场所，具有排他性，外来人口很少享受村庙的服务；而禅寺和文化活动中心则更具包容性，外来人口也多参与其中。村庙、禅寺、文化活动中心构成了珠岙村三大文化场域，为珠岙村村民和外来人口提供了不同的文化服务。

（一）传统公共活动

（1）划龙灯

从村庄各项传统公共活动来看，最隆重的当属"划龙灯"活动。清乾隆年间《温州府志》记载："元宵，各岙迎龙灯。击鼓歌唱为乐。"

《永嘉民俗》中记载：元宵，即正月十五，也叫上元节。永嘉元宵灯会活动由来已久，可能始于宋代。一般从正月十二起灯，十八落灯，会期大致为七天。十四至十六为正灯，此前试灯，此后残灯。各地都以献龙灯给某神祇为由，配以香案鼓乐参龙祭仪。家家摆香案迎祭，龙灯则到各香案前随鼓乐而舞。各地龙灯表演有"龙抢珠""龙出海""龙腾空""十二盘"和"双龙斗"等舞蹈动作。龙灯样式有首饰龙、狮子龙、板凳龙、大龙等。各色龙灯起舞时，伴随铜号、锣鼓、琴笛和唢呐等。龙灯舞到邻村，俗称"接客龙"。如途中两龙相遇，互相见礼，逢庙宇、寺庵、佛堂等都要参龙一回。所到之处，都要摆香案福礼，放爆竹接龙。龙舞罢，灯师参龙，每座屋主家需用红包敬酬。龙队若是远路而来，村中首事（也叫头家），还要安排食宿，热情款待。（《永嘉民俗》，2014:145）

珠岙村龙灯名"板凳龙"，划龙灯现在是正月十二开始，一直到正月十五晚上结束。以前全村范围划时则需十几天，具体开始的日子都会提前看好，须是吉日。划龙灯都是晚上进行，从晚上划到天亮，划龙灯期间几乎每家都挂红。十几个晚上每天要通宵，"让人很累"。龙灯一家一户地走，龙灯所到处，需要提前摆好福礼迎接龙灯，福礼有肉、糕点、水果等。龙灯领头的人一般由头家请来，划到村民家里时，他会唱词，保佑平安和家业发达，祝福

图 1.29—图 1.30　珠岙传统习俗：划龙灯

会唱遍家里每一个成员，屋主则要准备点心热情款待，还要用红包作为敬酬。

　　据村里老人说，以前龙灯比较轻，是抬着走的，现在家家户户有钱了，龙灯都做得很大，得用车推着走。为了筹备划龙灯，每个头家会出资 2000 元，其余资金由头家向划龙灯所在片的村民集资。

　　（2）庙会

　　"耍龙灯是分开的，庙会是全村一起的"。庙会是由头家自发组织的，根据头家的精力而定，"自己想做就做"，没有严格要求每年都办。办庙会一般在正月初五和二月十五，庙会上会做戏，拜忏唱经，设流水席，主要是祈祷来年风调雨顺、生意兴隆，有时也因为"村里没事，搞搞热闹"。珠岙村一年中大部分的庙会公共活动均在珠岙殿里举办。

　　头家集资时，大家都很自愿捐钱，钱多的家里就多出些。据村里一位拜忏师傅说，"收这些钱不难，积功德菩萨会保佑你的，信的话就会出"。

　　头家会邀请戏班到村庙里唱戏表演，主要表演京剧、瓯剧、越剧等，表演两天两夜，主要都是老年人去看。每次唱戏需要花费几万元，付给戏班工资一万八千元。

　　2015 年农历三月，在珠岙殿（孝佑宫）举办大型庙会，唱灵经。头家邀请三个专门唱灵经的先生到村庙唱，主要唱陈十四娘娘《南游传》等，唱七天七夜。唱完后支付工资 12 万元。其间大摆酒席，每天 200 多桌，村里每个人都可以去吃酒席，听说吃了会得到佛祖保佑。村庄内外自筹资金高达八十几万元，用于请道士唱灵经、香火供品等，还举办八天七夜的流水宴席，总共花费七十多万元。

自珠岙村童装业兴起以来，拿着童装广告牌去村外游垟的活动也组织过。珠岙村大部分的庙会活动都在村庙珠岙殿举办。

庙会集资多余的款项，也常用于贴补村庄公共物品供给，如庙口的水泥道路的部分资金来自于庙会集资。

图 1.31　村庙中的流水席

图 1.32　村民在村庙中还愿

（3）为土地公公庆生

农历六月，是土地公公生辰。六月初一，头家邀请先生到村庙念经，很多村民都会自发前往村庙。村民集资购买食材，自愿下厨烧菜，集资的村民聚餐为土地公公庆生。香火、供品、宴席，应有尽有，好不热闹。

（4）作福

每年还有三次作福，分别在二月二、五月五、立秋进行。二月二是春福，又称苎福，苎麻是一种做衣服的农作物。端午节是夏福，又称稻福，目的是为了有好的水稻收成。立秋是秋福。三次作福的地点不同，但每年作福地点不变，就在马路上人来往最多的两个点。凌晨4点多钟开始摆祭，头家把菩萨请来，准备好福礼，包括猪头、鸡、鸭、鹅、鱼、水果、糕点等，插上小红旗，邀请先生来念经，整个过程持续一个多小时。作福目的是保佑全村风调雨顺，五谷丰登。从前体现了人们对"吃饱穿暖"的追求，现在则和村里的童装产业联系紧密。

（5）拜忏

拜忏也是头家负责，由来已久。以前生活水平低的时候，一个村一年就拜一次忏，一般在农历八月。现在村里一年办两三次，时间上不固定。拜忏仪式很多，有平安忏、大悲忏、地藏忏、净土忏等十几种。拜忏师傅知道的神都要把他请来，请来菩萨有几百上千，还要杀生，煮猪头肉请他们吃。村集体拜忏地点在村庙，村民们知道当天拜忏都会来庙里烧香，"很自然地掏口袋"，有的出一百，有的出五百，"大家都信菩萨，要菩萨保佑"。

随着人们生活水平的提高，私人拜忏在近二三十年逐渐增多，据拜忏师傅说，"基本上珠岙村开始办童装市场后，私人拜忏就多了起来，钱越多办得越多，没钱的办不起"，办一次忏需要花费四五千块钱。拜忏主要是保家庭平安、生意兴隆，家里有病人的则是保佑病体安好。拜忏地点一般是在庙里面，近几年大家都在包公庙里办，这家庙是私人办的，一年的收入有一百多万。珠岙村一年拜忏一两百次，"正月到四月很忙，一天都办两三次，下半年就不忙了"。据拜忏师傅回忆，他小时候就有拜忏，但以前拜忏的先生没有现在这么多，"以前家家户户都很穷，一个村才办一次，谁办得起啊，以前是很少的"。

（6）迎佛

迎佛就是把村庙里供奉的菩萨迎出来出游。迎佛一般五年左右举办一次，由于是一项大型活动，是否举办要看当年头家的意愿，如果头家都比较愿意筹办就会举办。很久以前在珠岙村就有迎佛的惯例，只是后来由于各种原因中断。20多年前，珠岙村重新举办这项中断的迎佛活动，目前为止已经举办了四次迎佛，最近一次是2016年正月初六举办的，大家反映这次迎佛是最盛大的一次。

迎佛主要角色是两位菩萨：村庙里的陈十四娘娘和卢氏元君，整个迎佛活动都是为这两位菩萨而展开。筹备迎佛活动是一个烦琐的工作，需要提前好几个月准备好迎佛需要的物资和人员安排。为了筹备这次迎佛，头家2015年二月份就开始筹划，在村庄东南西北都贴上要举办迎佛的通知，以便让村民提前知晓。然后，头家便向全村挨家挨户集资，资金到齐则筹备迎佛需要的全副銮驾（旗伞、龙凤掌扇、马牌、香亭、高灯、锣鼓、各式木质兵器等）、档龙、服装等。

由于迎佛活动阵容浩大，正副头家都一起筹备，全村村民都参与其中。村民可以在迎佛中扮演各种角色，元帅、包公、大将等。有专人负责化装，需要扮演什么人物就可以化装成什么人物。但是扮演角色是要自愿捐钱的，扮演元帅出资10800元。没有扮演角色的村民，有的负责抬档龙，有的负责抬銮驾、香亭等，有的负责运输物资，有的骑马。而普通村民则"跟龙"，穿着统一的服装跟在龙后面走。

迎佛还需要准备50多匹马，每匹马配一个骑手，村民骑一匹马出1800元用于迎佛资金。头家提前与养马的人签订好需求合同，牵马的人会提供食宿、马的饲料。以前牵马的人住在头家家里，头家供马和牵马人的食宿，现在都统一安排住在文化活动中心。

表1.4　2016年珠岙村迎佛参与人员和筹备人员情况

名称	序号	项目	人数
迎佛参与人员	1	先锋	10
	2	木龙头	12
	3	纸龙头	12

名称	序号	项目	人数
迎佛参与人员	4	令旗	2
	5	伞	4
	6	扇	4
	7	銮驾（陈十四娘娘）	30
	8	銮驾（卢氏元君）	30
	9	香亭（陈十四娘娘）	32
	10	香亭（卢氏元君）	32
	11	鼓前鼓后	4
	12	抬锣	8
	13	高灯	8
	14	对锣	6
	15	木龙尾	11
	16	纸龙尾	2
	17	摆祭	8
	18	坐殿（留守看村庙）	10
迎佛管理人员	1	头家	26
	2	开车（送食物饮料）	19
	3	管理龙档	7
	4	收银纸	2
	5	其余	9
总计			288

注：资料来源于珠岙村头家头，并经过整理；以上人员安排不包括敲锣打鼓的、骑马的、请来的方阵和"跟龙"的村民。

正月初五晚上，所有人员到齐准备出发。头家提前摆好香案，香案上一般摆猪头、鹅、公鸡、米符、松糕等，另有香烛、纸马、金银纸等。吉时一到，道士先生念经请两位娘娘出位。诸事完毕，大家将村庙里娘娘的神像请入銮驾中，村民各依事前安排，各就各位，抬轿的、背马牌的、放炮的、开锣的等各司其事。

准备好之后迎佛活动正式开始巡游，出巡顺序是：最前头是两个人抬一桶清水，手拿竹木枝条蘸水洒路，以示清尘祛污。往后依次是对锣、对号、马牌、旗伞、掌扇和全副銮驾之木质兵器仪仗，接着是手提棍棒的开路先锋[①]，之后紧跟骑行坐骑、香亭、神轿、前拉后吹的唱班先生，最后是手执长香的善男信女。一时鼓乐齐鸣，礼炮震天，队伍浩浩荡荡，威风凛凛（《永嘉民俗》，2014:175）。

珠岙村迎佛的基本元素和顺序与以上记载的一致，同时增加了新的内容，比如档龙与方阵。迎佛活动中也有和划龙灯一样的龙，只是这个龙比划龙灯的更加精美。根据珠岙村文化礼堂乡风民俗介绍，划龙灯的龙和迎佛出游的龙都是"档龙"[②]，由一块块厚（"档身"）、薄（"档板"）相同的狭长樟木联结而成，能自由屈伸。龙档的两头为龙头龙尾，档身则装上灯笼和旗杆，杆顶系有三角小旗和铜铃，档身下装有木柄，表演舞龙档的人就是握在这里进行操作。档龙的龙身有多节（档），每节长五尺，各置一组人物造型，有《牛郎织女》《白蛇传》《西游记》《济公传》等。龙头、龙尾上还雕有亭台楼阁，描金上彩后富丽堂皇。春节出舞巡游，由专人演唱参龙调，祝颂吉词，祈求人寿年丰，合境平安。这次迎佛的档龙有 34 档，认领一档需出资 5680 元，每个头家自己认领 1 档，其余的是大家自愿出钱。头家安排村里超过 18 岁的男性来抬龙档。

据头家头介绍，这次迎佛除了本村村民参与的项目外，还从温州市邀请了 30 多个队伍方阵参加，比如西游记方阵、济公方阵、杨家将方阵等。

---

① 号称"丁路神"。据说丁路神是商纣王的镇殿将军方弼、方相，身材魁伟，力大无穷。纣王无道，要杀两位太子殷郊、殷洪，方氏兄弟为救太子，一直没有回朝，成为丁路神。

② 关于档龙的起源，一般认为始自汉代，由"舞龙求雨"的宗教活动演变而来。相传，在很久以前，遇上了史无前例的大旱，人们祈求天上能下场大雨，可不管怎样，雨总是下不来。东海的一条水龙看在眼里，它不顾一切跃出水面，下了一场大雨，万物复苏，人们得到了解救。但水龙违反了天条，被剁成一段一段，撒向人间。人们把龙体放在板凳上，并把它连接起来（称为"板凳龙"），不分昼夜地奔走相告，希望它能活下来，舞"板凳龙"的习俗也由此产生。龙还有"干龙""湿龙"之分，"干龙"多为娱乐，"湿龙"则为求雨。"龙"到之处，百姓必泼水助威，舞者一身透湿（来源：珠岙村文化礼堂广场边乡风民俗关于档龙的介绍）。

还有 100 多人组成的音乐队，音乐队一边走一边演奏。整个迎佛出游从前往后几十个方阵，队伍绵延数公里，为迎佛活动营造了更加盛大的气势和热闹的氛围。

迎佛前几个月，头家会给迎佛队伍要经过的村庄送红帖，如果对方同意迎接便会经过该村。迎佛队伍每到一个村庄，当地的头家都会提前摆祭，邀请赞礼先生恭候，村民都会来迎接，并燃放烟花爆竹、敲锣打鼓、举旗鸣号。娘娘的銮驾悬停在祭台前，请赞礼先生出来行仪式，祈望全年风调雨顺、家庭安康。仪式结束后，村中会给迎佛队伍红包，以示感谢。队伍依次出发，巡行至下一个村庄。

迎佛队伍按一定的线路巡游后返回，整个迎佛活动持续一整天。2016年珠岙村的迎佛队伍出巡经过了 35 个村庄，回到珠岙村时已是正月初六晚上。迎佛出巡结束后，先生再行仪式将两位娘娘从銮驾请回村庙之中，整个迎佛活动才结束。

（7）宗族祭祀活动

在永嘉，村民大多聚族而居，族姓观念强。宗族内推选德高望重、有能力、热心公益的人担任族长，负责处理族中日常事务、对外往来、内部纠纷解决等事宜。

宗族的公共场所是宗祠，各地各姓都建有宗祠，一般由族长管理，是合族议事的地方。祠堂过去都有田、房等不动产，由族中年高德重者管理，所得的利息，储存用于宗族开支。宗祠以初定居住地为老宗或称大宗，分派称小宗或宗祠。派下各房还有房分祠、家庙、享堂。宗祠是礼制建筑，建筑规格最高，用料讲究，建制精美，规模宏大。

每族都有宗谱或族谱，族人少的则只有一挂谱，将族中存殁人名各依其宗支、表式悬吊在宗祠中，大族的宗谱多至数十册。族谱每三十年一修，修时需预先调查此三十年内存殁及新增人名及出生时日。修谱后举行封谱仪式入箱加封落锁，下次修谱时才能开启。

宗族一定周期内举行祭祀仪式，一般一年两次，由各族自定祭期，大多是每届清明、冬至两节合族在祠内祭祖。行祭时，由族长主祭，结束后宴飨族人，叫"享馂"。另外，清明必行墓祭，如果在春初省墓的俗称"拜年"（《永嘉民俗》，2014:163）。

图 1.33-34　珠岙村外的宗祠

在珠岙村，有郑、余两大姓氏，以前郑姓在村庄中间，余姓在村东和村西，现在都分散开了。珠岙郑氏是郑氏宗族的一分支，他们的宗祠在浦西。郑氏家族里浦西人最多，家族内部有一个"头头"，也是浦西人，不是通过选出来的，"大家都说谁威望好就是谁"，钱和族谱都放在他那里。珠岙郑氏每年清明节都会去祠堂参加宗族聚会和祭祀，但平时不会去。余姓在本村也有始祖纪念碑，定期前往祭拜。

（8）其他传统活动

春节没有集体性的活动，都是各家内部的团聚与拜年，晚辈给长辈拜年，一般是女儿女婿一家回来拜年，在这之前是"家里的"分岁酒（儿子是家里的，女儿则不回来参与，不算家里的）。分岁酒全家团聚，还要摆酒，以前老房子对着堂屋中间，后面有个楼，里面有个地方是放香炉的，长辈的有香炉在那里，有几个菜，兄弟们祭拜一下，酒是轮流请的，"今天去你家明天去他家"。分岁酒开始的时间根据家里兄弟数量定，如果有七个兄弟则从农历十二月二十二开始，如果五个，则是从二十四开始。

清明时人们去山上，根据兄弟们是否都全部在家以及天气，在清明前后上山祭坟，并不是一定要在"正清明"。

珠岙村一年四季传统公共活动比较丰富。划龙灯、唱戏、作福、唱灵经、土地公公生辰、迎佛等公共活动不同时间段在村庄举办。部分村民外出做生意，甚至有部分到国外做生意。深度卷入现代理性经济的村民，依然没有放弃传统的地方信仰。每年年关，珠岙村庄内外的生意人络绎不绝，往来于珠岙殿烧香祭拜。过年前后，是人们辛苦劳作一年回来休养放松的时间，他们也聚集在珠岙殿打牌游戏消遣娱乐。有村民在访谈中谈道："其他村像我们这样的少，就我们珠岙，一直很团结，我们知道的祖辈都住在这里，有乡情、乡亲。我们下一代人乡情并没有淡薄，因为我们经济实力好了反而更浓。年轻人参加划龙灯、庙会，他们更愿意做这些。"

（二）现代公共活动

现代公共活动主要在近十年兴起。2013 年，村委牵头组织村民集资建起了文化活动中心。珠岙村目前还组织起了模特队、舞蹈队、军鼓队等，经常参加街道和县里的比赛。活动的组织主要是村委会，具体活动由村妇女主任组织。参加村里这些文化活动的共两百多人，"平时参加都没有费用，有时候会交一两百块钱作为聚会使用"。参加活动的人年龄在 50 岁左右的居多，"年纪轻的要带孩子，没有时间"。活动的服装有的由企业赞助，有的由村里的老人协会赞助，平时活动的经费则从俱乐部、村委获得。

舞蹈队在七八年前组建，"因为有部分人爱好这些，就慢慢组织起来了"，舞蹈动作一般会由带队的人教，她在电脑上学会以后教给其他人，平时大家自学，有比赛的时候则会请专业的人来村里教，大家利用晚上的时间在文化活动中心排舞厅练习，珠岙村舞蹈队多次在街道的比赛中获奖，还代表街道到市县里参赛。模特队每年出去表演四五次，都不用请人教。珠岙村还有自己的村歌《珠岙之歌》，并制作了 MV，这在附近村中是最早的。广场舞是妇女主任投入最多的活动，一到晚上，文化活动中心前面的广场上

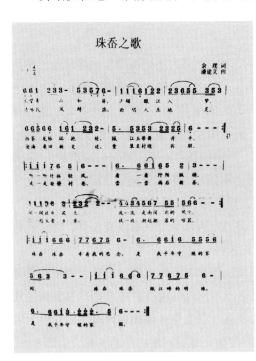

图 1.35　珠岙村村歌

就有几十个人和着音乐跳舞，有老有少。"在瓯北买房的人，晚上开车回来跳舞，而不在瓯北广场跳舞，大家对村里有感情"，"如果发现外地人在里面跳得不错，就会把她们吸收到舞蹈队里面去"。军鼓队里面则全是本地人，有26个，队里的服装是企业赞助的，军鼓则是老人协会帮助出资购买的。军鼓队很少外出演出，谁家有老人过世，会免费去做些演出。

妇女主任在访谈中谈道："白水村（珠岙村邻村，二者仅隔几百米）一个节目都没有，别的村都羡慕我们村文化搞得好。"

（三）宗教信仰

珠岙村共430户村民，其中信仰天主教的有十几户，信仰基督教的有二十几户，其余的全部都信仰佛教或道教，大约占比例93%。珠岙人佛道不分，我们询问他们是否信教，他们会回答信佛，而追问之后常常发现，他们不是佛教徒，而是信仰本地的地方神。

（1）佛教信仰

珠岙村的佛教信仰已有很长的历史，从寺庙的变迁就可以看出。

珠岙村目前有两座寺庙，一座是祇园禅寺，另一座是永庆寺。祇园禅寺坐落于珠岙村最北边，紧贴山脚。2002年修建。以前，禅寺所在位置在村庄的磨山南麓，有一座寺庙叫祁寺院，有800多年历史，40多年前因年久失修坍塌，2002年得以重建。祇园禅寺是珠岙村主要的佛教场所，村民烧香拜佛一般都前往禅寺。

在我们走访期间，来禅寺烧香祭拜的人不多，显得不如村口的村庙珠岙殿"热闹"。

关于这座佛寺的修建，背后有一个故事。组织新修佛寺的，是珠岙村中虔诚的11位佛教徒。他们组织带头、四处化缘、动员信徒捐资，前后历经几年。为了集资有一定的"合法性"，他们以"侨胞思乡院"的名义发起集资动员。翻修佛寺的经费达四五百万元，全部靠他们化缘、信徒捐资而得。一开始经费不足，他们还在佛寺旁边开发建设楼房，出租或出售给信徒，所得经费全部投入寺庙的翻修。

另一座寺庙永庆寺位于珠岙村东边半山腰，是一座女众寺庙，大概有200年历史。寺庙由可善师父管理，可善师父是中年出家，瑞安人，来珠

图 1.36—图 1.37　祗园禅寺

岙 30 年了。寺庙以前比较破，拆除后花费 4 万多元重建。寺庙前有 40 多家阀门厂，阀门厂老板常到庙里点灯，现在阀门厂全部拆迁了，香火受到很大的影响。由于是女众寺庙，本村人到此烧香的人不多。

（2）道教信仰

在珠岙，佛道相互交融其实是很难区分的，很多村民都说自己信佛，其实很多时候道教的成分更多一些。道教信仰在珠岙非常盛行，孝佑宫是主要的道教场所，里面供奉着卢氏元君、陈十四娘娘和五岳圣帝。

卢氏元君指的是卢氏孝佑娘娘。孝佑娘娘，唐时楠溪卢岙人，因舍身饲虎以救其母，老虎感动，成为她的坐骑。她跨虎成神，宋代受敕封为"孝佑夫人"，所祀之庙为"孝佑宫"。祖殿在上塘，民间又称上塘娘娘。二月十四日为卢氏孝女娘娘诞辰，每年娘娘诞辰日前后几天，举行祭祀仪式，请戏班来演出神戏，庙会上有文娱活动和物资交易。有民谣："上塘娘娘真显灵，十三落雨十四晴"。说的是娘娘显灵，物资交流那几天是晴天。物资交流一般持续五六天，庙会期间，游人、商贾齐聚，人头攒动。

陈十四，原名陈靖姑，福建古田县人，自幼到庐山学法，后为民除妖赶魔，成为女神。逢农历正月十五日或三月二十六日或十月初十，未生育的妇女，往往结伴到孝佑宫中向陈十四娘娘求赐子息，神案前摆列着米制粉桃，桃上塑有男婴。无子女的妇女争抢粉桃，归而食之，谓可生子，叫作"送喜桃"。有诗云："陈家十四娘，立庙遍城乡，始自何年我弗详。元宵佳节夜初长，喜桃分送卜麟祥，上有童儿貌秀良，谁家谁娶谁家昌。"若真生子，则每年这天，用十倍的喜桃还愿，有钱人家还加送娘娘的珠冠、蟒袍以及案前祭物之类（《永嘉民俗》，2014:177）。

五岳圣帝搬进孝佑宫才十来年时间，之前住在孝佑宫外的一个小庙，后来庙坍塌了才搬进孝佑宫。"传说五岳圣帝是五个兄弟，原来是打猎的。一次，他们看到一个老太婆在哭，就上前询问为什么哭。老太婆说，我要上山去烧香，刚刚一不小心把一只蚂蚁踩死了。五兄弟就说，蚂蚁死了有什么好哭的。老太婆说，蚂蚁死了也是一条命啊！五兄弟想，这个老太婆把蚂蚁踩死了都这么伤心，我们打了多少野兽杀了多少生命啊！深感罪孽深重，纷纷跳下八丈崖，然后就立即成佛了。这警示大家，人干了坏事没关系，知错能改，善莫大焉"（2015年7月珠岙村拜忏大师访谈）。

一年四季，围绕陈十四娘娘、卢氏元君、五岳圣帝、土地公公等举办的活动众多，孝佑宫每个月都会热闹那么几回。改革开放以后，国家层面允许宗教信仰自由，很多民间信仰得到恢复，村民信仰佛道教的比例也逐渐升高。

珠岙村还有一座包公道庙，坐落于珠岙村民房之中，庙宇和普通民房无异，只是在大门上高挂"包公道院"的牌匾。据了解，这个庙是2000年左右童装城建设的时候搬到村里，之前是在瓯北罗浮，那边地方比较小，后来到珠岙买地建房。据村民介绍，这个庙自称是包公庙，实际上所祭拜的是"花粉娘娘"，是阴间的妓女。这个庙也是私人的庙，没有经过正式注册的。但这个包公庙里香火很旺，包公生日时宴席就有200多桌，庙一年的收入达几百万。很多人拜庙的负责人为"干爹"，有身体不好的或做生意的经常上门拜忏。之所以香火旺盛，一个原因是之前在罗浮的时候就已经很出名，搬过来后把顾客也带过来了，大多数顾客是外村人；另一个原因是庙的负责人愿意花钱雇好的先生来拜忏，本村的村民也更愿意去包公庙拜忏。

（3）基督教、天主教

与信仰佛道教的人相比，珠岙村信仰基督教、

图1.38　包公道庙

天主教的非常少，这与隔壁白水村形成鲜明的差别。据了解，珠岙村以前基本都信仰佛道教，后来才有部分人信仰基督教，且主要受白水村的影响。白水村的人大多是从大田山上搬下来的，以前英国人在山上盖了一座教堂，当地村民信基督教的逐渐增多，后来因为修建水库移民，村民搬到白水村后一直延续信基督的传统。据访谈，白水村的基督教徒占村庄人口一半以上，还有大量信仰天主教的教徒。而信仰地方神的反而是少数。白水村有个新修的基督教堂，珠岙村的基督徒的宗教活动都在这个教堂举行。

信仰天主教、基督教与信仰佛教道教之间有明显的互斥性，主要在于基督教和天主教具有明显的排他性，所以不能与其他信仰混合。而佛教与道教之间的区分不太明显，佛教徒与道教教徒常常相互交叠，但也有少部分人信仰佛教，排斥道教。如我们所访谈的珠岙村寺庙大雄宝殿的修建组织者之一郑先生，他谈及宗教信仰时，表达了以下观点："平常和信基督的也来往的，他们把宗教看得太严重了。我们还去他们教堂里看一下，但我们有什么活动他们看都不看的，划龙灯的时候看都不来看的。"

那在地方神信仰占据主导地位的珠岙村，为什么还有村民选择信仰基督教与天主教？我们在访谈中发现，大部分珠岙人信教（基督教或天主教）是因为生病而信教。访谈的信徒谈及基督教信仰说："基督教不是邪教，拯救人的灵魂，救助人的疾病，并不是像西方伊斯兰教那样的教，我们的基督教都是正规的基督教，对人是有帮助的。""教堂每一次活动都是一样的，唱诗、祷告、读经。周三和周五人少一些，礼拜天人多时间也比较长。"

因病信教，或许不在于信教多大程度上成功解决了信徒的疑难杂症，而在于人们在孤立无依的情况下，宗教伸出援助之手，给予人们在心灵和精神上的强大社会支持。

七、珠岙的人口

（一）本村人口

据村委余会计介绍，村庄人口的变化大致经历三个阶段。第一阶段，中华人民共和国成立前后。这一时期，村庄只有人口400人左右，大约80户，不足100户。第二阶段，20世纪80年代家庭联产承包责任制时期，

村庄人口增加到 1000 人，大约 280 户。第三阶段，童装业发展至今，村庄
人口增加至 1710 人，大约 430 户。

　　珠岙村庄 410 家童装企业，只有四分之一的企业主为珠岙村人，其他
均为外村瓯北镇人或外省人。40% 以上的珠岙人已在村庄外瓯北镇买房，
常年居住在镇上，只有收租、生产管理以及参与村庄传统节庆的公共活动
时才回到村里。

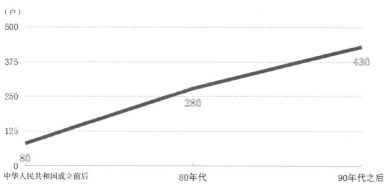

图 1.39　珠岙村人口数量变迁图

（二）外来人口趋势分析

　　我们参考了浙江省流动人口居住信息管理系统中，温州永嘉江北派出
所流动人口居住登记系统的统计数据，筛选并集中获取了 2001 年以来珠岙
村的流动人口数量及其来源地的变迁情况。

表 1.5　珠岙村流动人口数据（2001 年至 2015 年 7 月）

单位：人

时间	总数	浙江	江西	安徽	贵州	四川	湖南	湖北	河南
2001 年	1917	172	1016	387	81	43	35	136	16
2002 年	5221	510	2538	772	444	133	139	476	65
2003 年	4524	349	2138	719	415	136	147	395	69
2004 年	4336	267	1977	603	436	181	183	447	83
2005 年	5254	280	2309	782	732	179	214	430	126

续表

时间	总数	浙江	江西	安徽	贵州	四川	湖南	湖北	河南
2006 年	7912	803	3033	1177	1060	270	319	667	202
2007 年	7057	389	2976	1063	978	306	285	604	182
2008 年	9645	594	4178	1454	1363	324	466	675	225
2009 年	10784	633	4619	1619	1567	373	429	744	349
2010 年	12872	1100	5353	1751	1970	430	495	884	420
2011 年	12686	283	5647	1821	2150	459	513	864	405
2012 年	9908	150	4955	1443	1366	383	364	596	231
2013 年	11297	262	5287	1876	1427	462	461	641	258
2014 年	9240	184	4686	1401	1149	367	328	586	153
2015 年（1—7 月份）	5297	152	2598	776	763	215	128	307	102

注：由于此部分的调研时间为 2015 年暑期，本表仅录到 2015 年 1—7 月份数据。童装行业生产具有季节性（2 月至 7 月是春夏季，8 月至次年 1 月是秋冬季），登记数据也按照季节更新，在 8—10 月份还将会有一次调整变化。当时预计，2015 年珠岙村流动人口总数量与 2014 年相比会下降 1000 人左右。

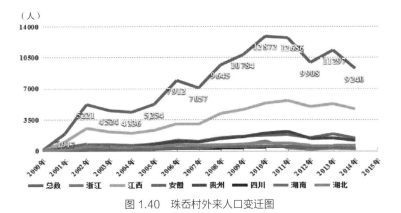

图 1.40　珠岙村外来人口变迁图

基于以上统计数据，我们发现：

第一，珠岙村外来务工人员，主要来源于浙江、江西、安徽、贵州、四川、湖南、湖北以及河南等省份。其中以江西、安徽、湖北和贵州省为主。

第二，从数量变化趋势来看，2000 年以后，珠岙村的外来务工人员，不论来源于省内还是省外，其数量均呈直线上升状态。尤其是省外流动人口上升趋势非常显著。

第三，珠岙村外来务工人员的高峰期大约在 2011 年到 2012 年期间。其间经历了 2008 年的国际金融危机和 2011 年的温州区域金融危机——主要是"房灾"与民间信贷危机。2008 年之后务工人员仍继续增长的原因，可能有以下几点：2008 年国际金融危机首受冲击当其冲的是温州外贸与出口型产业，而珠岙村童装产业的市场主要集中于国内批发市场，受影响较小。我们对童装城相关企业主的访谈资料表明，国际金融危机使得大部分原来在瓯北工业园区出口外贸的服装厂破产倒闭，勉强生存下来的服装厂，为适应国内市场，转型生产童装，由于珠岙村具备完整的童装生产产业链，逐渐吸纳了这部分外来服装厂。因此，村庄童装生产的就业机会，不降反升。

2011 年温州区域金融危机导致大批涉及房地产与依赖借贷的企业资金链断裂，进而破产，大量工厂停工停产。而珠岙村的主要产业集中在小规模、家庭作坊式的童装生产，所需资金量较小，基本可以由企业主、个体户自己解决，或亲朋好友互助解决，对借贷与融资的依赖程度较低。因此影响不大。

第四，2013 年后，珠岙村外来务工人员数量开始呈逐年下降趋势，这主要是市场需求量下降和产业外迁所致。

在访谈中，XB 童装厂老板娘也向我们介绍了厂里的用工情况：

问：那您现在招的工人都是从哪儿来的啊？

答：都是外地的。

问：本村的很少？

答：本村的没有。

问：那本村人是都开这个童装厂吗？

答：有一部分开，有一部分在外面做生意啊。

问：这村子里面本地人多还是外地人多？

答：外地人多。

问：外地人一般都是从哪些地方来的？

答：都有吧，像重庆的也有，不过比较少，安徽的江西的江苏的都有。

问：那隔壁村的有吗？

答：没有。

问：那浙江省的呢？浙江的人多吗？

答：本省的应该有吧，贵州的都有，这几个地方比较多。

（三）外来人口个案分析

珠岙村有着大量的外来人口。他们在村庄的生活、居住与社会融入情况如何？他们对自己的职业与未来生活是否有过规划与想象？如果就业形势没有好转，他们将何去何从？是返乡回归土地、回到原点，还是继续漂泊于城市打拼？抑或是"回不去的乡村，留不下的城市"，只能徘徊于乡村与城市之间？这些是我们关注与试图探讨的问题。调研期间我们随机抽取村庄16位外来务工人员，就其打工史进行半结构式访谈，倾听他们在珠岙村的就业与生活融入现状，倾听他们的返乡意愿与未来打算。

16个案例中，男性和女性各占一半，各有8人。其中已婚男性6人，已婚女性6人，未婚男性2人，未婚女性2人。年龄段上，60后1人，70后5人，80后7人，90后3人。这些外来务工人员主要来自于浙江省内、江西、安徽、四川以及湖北等省份。他们有着不同的家庭背景、土地情况、打工经历以及从事着不同的职业，且对未来有着不同的打算。

（1）土地与农业生产

16个被访者中，只有3个被访者是半脱离土地农业生产，其余13个被访者均已完全脱离土地与农业生产。就家庭收入来源而言，所有被访者的家庭主要收入来源于打工收入，即便仍然从事耕种的家庭，农业生产收入也只是家庭收入的微小补充。通过案例分析，我们发现，从事农业生产需要一定的条件。3个仍然从事耕种的家庭，均是70后，有过农业生产的经验；均有条件进行规模化与机械化的耕种方式，相反，其他13个被访者，大部分是80后与90后，没有任何土地与农业生产的经验；来自江西、四川等地区的被访者，人均耕地面积小，没有规模化、机械化农业生产的条件。这些因素让他们已经完全脱离土地与农业生产，如果城市就业困难，他们也难以返乡依靠土地生存。因此，完全脱离土地与农业生产的这部分外来务工人员返乡意愿较低。

表1.6 案例访谈基本信息

编号/基本信息	性别	年龄	婚姻状况	孩子/情况	职业	户籍地	是否参与农业生产	返乡意愿	未来打算	类别
case1（倪先生）	男	80后	已婚	2个孩子/妻子带，老家农村上学	个体户（卖麦饼）	浙江丽水	完全脱离土地，不会种地	不清楚	还没想过	迁徙型（流动于城市—城市间）
case2（李先生）	男	70后	已婚	3个孩子/外地打工	个体户（收废品）	安徽阜阳	半脱离土地。父母老家种地（十几亩，机械化）	返乡意愿低（务农会折本，老农工作机会少。孩子，妻子都不在同城市打工）	在外继续打拼十几年，等老了做不动了再回老家种地	流动型（流动于城市—城市间）
case3（陈先生）	男	70后	已婚	3个孩子/妻子带，老家农村上学	非正规就业（童装厂普工）	江西瑞金	半脱离土地。妻子在家承包种十几亩地，带孩子	返乡意愿低。农业生产收入少，主要收入靠在外打工	继续在不同城市打工	流动型（流动于城市—城市间）
case4（周女士）	女	80后	已婚	2个孩子/坚持带在身边（城市）上学	个体户（与老公一起办童装厂）	江西鄱阳	完全脱离土地，不会种地	返乡意愿低	就地发展，办好童装厂	发展型（夫妻共同就地发展业，相对稳定）
case5（吕先生）	男	80后	已婚	2个孩子/母带，老家农村上学	正规就业（阀门厂中层管理）	湖北黄冈	完全脱离土地，不会种地	返乡意愿低	就地发展，职业规划清晰	发展型（夫妻共同就地发展事业，相对稳定）
case6（田先生）	男	80后	已婚	3个孩子/父母带，老家农村上学	正规就业（童装厂车间总管）	湖北黄冈	完全脱离土地，不会种地	返乡意愿低	就地发展，职业规划清晰	发展型（夫妻共同就地发展事业，相对稳定）

续表

编号/基本信息	性别	年龄	婚姻状况	孩子/情况	职业	户籍地	是否参与农业生产	返乡意愿	未来打算	类别
case7（周女士）	女	60后	已婚	1个孩子/丈夫、孩子在其他城市打工	正规就业（童装厂车间组长）	四川	完全脱离土地，老家不种地	返乡意愿低（丈夫孩子都在不同城市打工）	继续打工，老了回家养老	流动型（城市—城市流动。假期去到丈夫孩子打工所在城市）
case8（尹女士）	女	90后	未婚	无	非正规就业（童装厂普工）	安徽安庆	完全脱离土地，不会种地	返乡意愿低（父母都在不同城市打工）	没有清晰规划	流动型（打工，流动于城市—城市间）
case9（田先生）	男	90后	未婚	无	非正规就业（童装厂普工）	贵州	完全脱离土地，不会种地	有一定返乡意愿（家里没有合适的厂，但有亲戚朋友）	"做了一段时间没意思了就回家"，未来没什么打算	迷茫型（流动于乡村—城市间）
case10	男	90后	已婚	1个孩子/父母带，在老家农村	非正规就业（童装厂普工）	四川	完全脱离土地，不会种地	有一定的返乡意愿（为了抚养小孩子与孩子教育）	"再做三年就回去，看小孩子方便"	迷茫型（流动于乡村—城市间）
case11	男	80后	未婚	无	非正规就业（童装厂普工）	江西鄱阳	完全脱离土地，不会种地	返乡意愿低	"跟老板在一起你可能会想搏一下，但是跟工人在一起就可能比较懒"	迷茫型（打工，流动于城市—城市间）

续表

编号/基本信息	性别	年龄	婚姻状况	孩子/情况	职业	户籍地	是否参与农业生产	返乡意愿	未来打算	类别
case12（温女士）	女	80后	未婚	无	非正规就业（童装厂普工）	江西鄱阳	完全脱离土地，不会种地	返乡意愿低（父母在厂东打工，家里没人，没想过回去）	争取在一个地方（城市打工）稳定下来	流动型（打工，流动于城市—城市间）
case13（张女士）	女	70后	已婚	2个孩子/婆婆、老家县城上学	非正规就业（童装厂普工）	安徽阜阳	半脱离土地。过几年可回老家种地（机械化，种地容易）	有返乡计划（公婆年纪大了，过几年必须要回去带孩子）	过几年回老家带孩子、种地、就近打工	流动型（为了孩子教育，游离离流动于乡村—城市间）
case14	女	70后	已婚	2个孩子/小的带在身边上小学	个体户（晚上在文化广场卖儿童玩具）	四川	完全脱离土地，老家不种地	返乡意愿低（夫妻孩子都在浙江打工）	跟着丈夫在城市漂泊、务工、带孩子	流动型（最终为了孩子教育，游离流动于乡村—城市间）
case15（程先生）	男	70后	已婚	2个孩子/父母带、老家农村上学	非正规就业（童装厂普工）	江西鄱阳	完全脱离土地，老家不种地	返乡意愿低（夫妻双方都在童装厂打工）	继续打工	流动型（打工，城市—城市流动）
case16	女	80后	已婚	1个孩子/婆婆带、老家县城上学	非正规就业（童装厂普工）	安徽安庆	完全脱离土地，不会种地	返乡意愿低（丈夫在永嘉做建筑）	继续打工	流动型（跟着丈夫城市打工，但最终可能因为孩子教育而回老家县城）

（2）就业与收入变化

经济形势的波动与变化，直接影响了从事个体经营与非正规就业普通工人的外来务工人员的收入水平。2015 年相比于 2014 年收入，从事个体经营的，收入下降 1/2 到 2/3；从事非正规就业的工厂普通工人，收入下降一半，现大概与 2008 年前后工资持平；从事正规就业的工厂管理人员，收入较为稳定，下降趋势不太显著。

从长期来看，如果外来务工人员的收入水平持续下降，势必会影响他们进一步的流动与迁移。如访谈中，一些被访者提及，"现在活儿少了，钱不好赚，可能会到其他服装市场看看，如杭州、宁波、湖州织里等地，换个地方"。

如果说，收入水平的变化暂时还未影响外来务工人员的去留与迁移，

图 1.41—图 1.43　外来务工人员的居住条件

那么，就业性质则直接影响了他们的返乡意愿与未来打算。我们分析发现，正规就业的外来务工人员，他们有着清晰的职业规划，事业上有一定的发展空间，倾向于在务工城市就地发展，基本没有返乡计划。个体经营者，因生意经营需要，可能会在不同城市之间流动，返乡意愿较低。非正规就业的普通工人，大部分人的返乡意愿较低，尤其是男性非正规就业者，就业形势不好时，会辗转流动于不同城市寻求务工机会；而已婚女性非正规就业者，虽然返乡意愿不强，但如果因为子女抚养与教育的问题，会选择返乡。

（3）生活与社会融入情况

分析发现，在珠岙村，除了工作与生意上的往来，外来务工人员基本不与村庄的本地人交往。珠岙村有着比较丰富的传统公共活动，也鲜有外来务工人员参与融入其中。正规就业者与个体经营者一般在村里租房居住，大部分时间忙于工作与生意，没有闲暇时间娱乐或与当地人交往。非正规就业者，主要居住在工厂的集体宿舍里，他们的工作时间很长，平均每天工作十几个小时，为数不多的闲暇时间，男性普工一般在宿舍或网吧玩电脑网络游戏，女性普工一般逛街、上网或在宿舍睡觉休息。

因制度与文化区隔，外来务工人员难以很好地融入当地社会生活，这在一定程度上也成为他们不停流动的推力。珠岙只是他们暂时的落脚点，但他们的未来却难以归属于这里。

（4）子女教育问题

2015年7月的调研中，我们选取了几十位村庄干部、企业主以及一般村民进行访谈。几乎每一位被访者，在谈及外来务工人员的去留问题时，首先谈到的就是子女教育问题。"外地人的孩子在这边上学太难了，不是贵不贵的问题，你找关系、有钱都不一定进得去（学校）。人家（外来务工人员）在这边打拼几十年一辈子，你连孩子上学都不给解决，你说谁还会留下来？只能回老家上学"。我们访谈的16位外来务工人员，十个家庭还有就学年龄的子女，其中八个家庭的孩子在老家上学，只有两个家庭坚持想办法将孩子带在身边，就地上学，但也只是因为孩子还小，暂时可以带在身边就学。几乎所有的女性被访者，都将因子女在老家上学，而不得不返乡，事实上，她们并没有强烈的返乡意愿，但这种无奈是她们给出返乡的

图 1.44-45　傍晚的文化广场

唯一理由。

　　分析外来务工人员子女就地入学困难的原因，主要有以下几点：首先，制度性区隔。被访者反映，"外地人小孩在本地上学需要十证：社保证、暂住证、出生证、预防针证、结婚证、老家监护人证等，证件齐全之后，才有资格报公立学校。有资格报名也不一定可以上，还必须再摇号。所以证件齐全后还要找关系"（2015 年 7 月珠矶访谈）。这个制度性的区隔，几乎将所有外来务工人员的子女阻滞于本地就学之外。

其次，经济因素。这是制度性区隔带来的直接后果。因为公立学校难进，大部分外来务工人员子女就学只能选择私立学校。私立学校在师资、教育质量等方面次于公立学校，但学费却远远高于公立学校。一位被访者说道："这里幼儿园不需要证件都可以上，不过好的学费要 6000—7000 元 / 学期，差的也要 3000—4000 元 / 学期。一般外地人的孩子只能上 3000 元左右的。但是上小学就难了，中心小学名额，现在 12 万元买一个名额都买不到"（2015 年 7 月珠岙访谈）。这样的经济条件，是外来务工人员难以承受的。

许多外来务工人员夫妻双方都在城市，但因工作时间长，强度大，基本没有时间照顾孩子，更不用说接送孩子上学。所以大部分外来务工人员选择将孩子放在老家就学，由老家的父母或公婆照看。或者已婚女性外来务工人员返乡抚育子女，已婚男性务工人员继续在城市打工，这在很大程度上破坏了他们家庭的完整性，但也是不得已的选择。从长远来看，如果乡村发展有限，孩子高考之后，她们依然将追随丈夫流动于不同城市。

（5）生活空间外移

常年的城市务工，外来务工人员的生活空间甚至家庭都已经外移到城市。在我们访谈的所有案例中，所有已婚的被访者，不仅夫妻双方都在城市打工，而且成年的子女也加入了打工的队伍，漂泊于不同的城市。他们逢年过节常常不回家乡，而是妻子、孩子去往丈夫 / 父亲所在的务工城市；当就业困难时，他们也常辗转于家人所在的不同城市，并不返乡。只有家乡留守有年迈父母或年幼子女的，年终时返乡逗留。对于大部分的外来务工人员，他们的生活空间早已外移到城市，生命中重要的人也在城市。

最终来看，对外来务工人员而言，与家乡最重要的联系，不是土地，不是其他，而是生命中最重要的家人。如果家人不在家乡了，家乡对他们而言，只是乡，不是家，也就没有返乡的必要与意义了。空有一亩三分地的家乡，不会是他们生活的依靠，更不会是他们精神心灵的归处。

总而言之，不论还有哪些因素影响外来务工人员的流动与迁移，他们中大部分人的返乡意愿较低，非正规、不稳定的城市务工状况，将推着他们继续流动于不同城市，寻求可能的生存与发展空间。

（四）外来人口的治理与融合

我们在调研访谈中了解到，拥有大量外来人口的珠岙村，不仅外来人口的融合是一个大问题，而且也带来了外来人口的治理问题，尤其突出的是治安问题。我们在现任村书记余书记的访谈中，谈及这个问题。他说，至今，发生外来人口／工人非正常死亡的事件有过七八次。最严重的一次，是 2009 年的江西工人非正常死亡事件，引发了大规模的群体性冲突。

"外来人口这个管理起来有难度，经常闹事。2009 年有一个事件，这里有个工人，江西的，非正常死亡，晚上在家睡觉心肌梗死。按照规定，正常厂里人道主义给点补偿，比如你家庭困难啊、有孩子啊，给你补偿几万块钱。但他是要 80 多万！老板肯定不给，村委来协调说通过司法途径来解决，但他们都要求你先拿钱，闹了好几天，村里 1 天，镇政府 1 天，在国道可能 1 天。一开始把所有工人召集起来把老板工厂围起来，后来将近 3000 多人闹到瓯北镇政府，后来把 104 国道堵塞了，带着横幅，头上带着毛巾，'还我人命'，跟特警都冲突了。当时市特警派了 500 多人在瓯北镇三桥底下待命。后来县长、镇长、县公安局局长在我们村委办公室，叫几个工人先进来，有什么要求尽量满足他，但是不要过高，最后赔了 8 万块钱。"

"后来可能他们也看到这一点，有几个人什么事都不做，专门挑起这些事。谁家出事了，他跑过来，说这个事你不用管，我来包办，你拿到 10 万他这几个人最起码得 5 万，工人也就得到 5 万块。有个协会一样，打电话叫其他人过来，参加活动补贴 100 块钱，你不过来的话下次你有事我们不帮你忙。"

"去年也有一起，有五六百人，也是江西人，到瓯北派出所。老板是本村的，最后通过其他途径，法律知识各种渠道，赔了 15 万。这里江西人最多，有 6000 多。贵州人在瓯北是最厉害的，闹事到市里去了，但贵州在我们村不多，主要在那个工业村。"

"我们也跟政府部门提，再盖栋大楼，里面电视啊、空调啊、有热水洗澡啊，让工人住进去，这样子人家住在这里，打工好一些。我们今年还考虑文化这一块，跳跳舞、打打球、上网，慢慢把江西打工的都带进来，出来了就不会老是挤在一块儿了。"

群体性事件，实质反映的是背后的社会关系问题。

首先，反映了村庄内外社会关系的问题。主要是指珠岙村本地人与外来人口之间的融合问题。因制度、语言、文化等区隔，外来人口难以很好融入村庄，他们在村庄只是生产者的角色，生活的部分与当地分离。外来人口与珠岙村庄本地人的生活世界基本是平行的，他们在生产与工作之外鲜有彼此交往互动的机会。重要的问题是，这更反映了在积极推进外来人口融合的工作部分，缺少正式组织加以规范和引导。由此，以"同乡会"为名的地下黑恶组织，实际上是在正式组织缺失情况下的一种替代性非正式组织。学界普遍认同的一个观点是，在正式组织缺失的情况下，社会将发展起非正式组织替代履行正式组织本应发挥的功能和作用。

其次，类似的群体性事件的爆发点常常是基于生产关系中的劳资矛盾问题。这背后，也突出了签订劳动合同的必要性。劳动合同，对于生产中的工伤问题都有明文规定，可以以正式的制度与法律程序调解与解决生产事故问题。而在不签订劳动合同的情况下，企业主可能逃避对工人工伤的赔偿与相应的法律责任，而工人也可能放大事件，向企业主索赔高额的赔偿金，不仅工人与企业主的相应权益难以得到保障，同时也提高了非正式社会组织介入工伤纠纷的概率。我们在调研访谈中了解到，珠岙村童装产业中工人签订劳动合同的比例很小，有些企业主为了降低生产和用工成本，并不积极履行劳动合同的相关职责；而工人为了就业灵活性等原因，签订合同的意愿也不高。

八、小结

首先，村庄已经走过了工业化的第一段历程。珠岙第一代人凭借浑然天成的"温州精神"，成功完成了从农业生产向童装工业生产转型的使命，但如前所述，当前珠岙村庄童装产业的守业与传承正面临着自身与外界环境变迁的巨大压力与挑战。"温州精神"的内涵与意义是否仍旧传承？"温州精神"能否在变迁与转型挑战中继续发挥核心影响作用，将珠岙人带向全新的征程？这些都值得我们进一步关注与思考。

其次，村庄在非农化生产过程中，不断吸纳数量庞大的外来人口。如何处理好外来人口与本地村民的生产、生活融合问题，将是一个巨大的挑战。不同地域人口的聚集，带来的是公共环境卫生、秩序治安与公共物品供给等相关的问题（如冲突与搭便车等）。

再次，珠岙村庄是从农业文明向工业文明演进的典型，在这个过程中，该如何平衡好农业生产与工业生产之间的关系？珠岙村村口还保留些许耕地，主要由外来人口承包耕种。但以工业生产为主导的村庄，农业生产已经基本被边缘化，同时，由边缘化的外来人口代耕生产，这两方面的问题相互叠加也更被放大了。

最后，在现代化推进过程中，如何处理好传统旧村与现代"新村"之间的关系？如何理解珠岙人价值信仰与精神状态的变迁？目前看来，我们走访的珠岙，在改变自我与世界的现代性进程中，并未完全摧毁村庄原来所知、所有的一切。我们在总结经验与继续挖掘传统旧村的意义价值之时，也时刻清醒前瞻，努力平衡好传统与现代性在变迁中各自应有的位置。

安徽凤台县
店集村
你们进城去务工，合作社帮你把田耕

概述

　　淮南店集村是打工经济，约 1/3 的人在外打工，同时村内实现了人集中居住、土地集中耕作，新村建设让邻村都羡慕。店集的 40 年，描述了一个工农良性互动的生动局面：工业为农业提供机械以及现金投入，农业通过机械化减少活劳力投入，为工业提供劳动力。打工经济改变了农民的生产生活方式和思想观念，也带来了留守老人、留守儿童的问题。

一、村庄概况

店集村是安徽省淮南市凤台县杨村镇的一个行政村。凤台县位于安徽省西北部，淮河中游，据说最早称为州来，东周时期，因蔡国都城由河南新蔡迁入，改名为下蔡。之后又多次改名。在清朝雍正十一年，设凤台县，沿用至今。凤台县所处位置为东经116° 21′ —116° 56′，北纬32° 33′ —33° 。县域东连淮南市区，西与颍上县、利辛县接壤，南与寿县毗邻，北与蒙城县以茨淮新河划界。淮河流经境内，水运发达便利，但也常遭水患之害。

图2.1　店集地理位置

店集自古处于阜阳到淮南的官道上，西淝河在店集东南改向，因此一直是交通便利之所。有官道则有人行止，因此必然有栈，久之形成食宿之地与交换之所，即"店"与"集"。"店集"之名，盖出于此。

杨村镇地处淮北平原南部，地形特征基本平坦，平均海拔在 22 米左右，呈北高南低的地形走势，沿西淝河两岸有部分湾洼地。可耕地面积为 48944 亩，种植小麦、水稻、大豆、山芋等粮经作物，是全县的产粮大乡之一，已建成 1.5 万亩优质小麦、水稻高产攻关示范田。全乡水资源丰富，沟、塘可养水面达到 2900 亩，适宜发展水产养殖。

全镇处在暖温带向亚热带过渡的边缘，属于中纬度温带季风气候区，气候温和，四季分明，日照充足，雨量充沛，无霜时间长，气候资源丰富。年均气温 15.2℃，7 月最高，平均 28℃，1 月最低，平均 1.2℃，年平均无霜期 250 天。冬季盛行西北至北风，夏季盛行东到东南风。雨量较为充足，平均降雨量为 903.5 毫米，降雨主要集中在 6、7、8 三个月。

杨村镇探明的主要矿产为煤矿，地下储量约 7 亿吨，煤质优良，为高发热量、低灰低硫的动力用煤和焦煤。正在开工建设的杨村煤矿，设计年产原煤 500 吨，预计可开采 140 年，但由于近年来煤矿效益下降，现已停止继续建设。

西淝河从杨村镇西北入境，一直往南流，然后再向东转，从东南口的店集村流出，其后一直由西北向东南流，由硖山口进入淮河，在凤台县全线长 45.2 公里，流域面积 410 平方公里，总水量为 4.2 万立方米，因为店集处在西淝河岸边，水资源丰富。

杨村全境主要有三种类型的土壤：黄潮土、粘盘黄棕土、普通砂礓黑土，黄潮土分布在西淝河沿岸，粘盘黄棕土分布在西淝河沿岸岗地及沿河缓坡二级阶梯上，除这些区域之外，其他地方大部分是普通砂礓黑土。

凤台县属于气象灾害多发地区，主要灾害有水、旱、风、雷电等。1991 年夏季遭遇百年未遇洪涝灾害，5 月 22 日至 7 月 9 日连降暴雨，雨量达 1032 毫米，全县 69.4 万亩作物绝收，倒塌房屋 15.9 万间，受灾群众 48.5 万人，直接经济损失达 6.86 亿元。

店集村处在杨村镇的东南角。自然环境方面与以上杨村镇总体情况并无差别。但是，店集处在西淝河的转弯处，地平面比河流面稍高，只要

图2.2　店集老村受灾时情况

连续降雨，西淝河的水位上涨，就会威胁到店集村人的生命财产安全。在2005年以前，店集基本上是十年九淹，其中最严重的两次是在1972年、1991年，这两次大洪水将房屋、田地全部淹没，造成粮食颗粒无收，房屋倒塌。一个妇女和一个小孩分别在这两次水灾中丧生。

店集村下辖7个自然庄，1个集镇，11个村民小组[①]。截至2015年8月，店集村有957户，共3457人。（根据2010年店集村"三资"清理资源类资料[②]，店集村统计的土地利用类型共11种，总面积7442.11亩。其中，村集体地（农户承包地）5078.84亩，占68.24%；水域及水利设施用地（沟塘、渠）905.75亩，占12.17%；农村道路用地（生产生活路）754.07亩，占10.13%；村庄占地590.6亩，占7.94%；公共管理与公共服务用地（村部、学校）6.19亩，占0.09%；其他用地（老粮仓、机动地、五保地、公墓地）106.66亩，占1.44%。）

店集周边集镇煤矿丰富，经济发达。但店集村不涉矿，所以无法依靠煤矿发展经济。

---

①《凤台县情》统计9个村民小组，6个自然庄。

② 2010年6月下旬至9月底，安徽省全面开展农村集体"三资"（资金、资产和资源）清理工作，其中，清理资源包括集体所有的土地、林木、山岭、园地、荒地、滩涂、水面等。清理登记时点为2009年12月31日。

二、店集的经济变迁

（一）改革开放之前：一年要缺半年粮

（1）农业情况

集体化时期，这里的农民主要以种地为生。店集村种植的农作物主要是小麦和大豆，还有少量玉米、高粱、红薯等。由于产量低，人口也多，又经常受到西淝河水患的侵扰，那时人们基本吃不饱饭。一个顺口溜如此形容店集：

晴天灰茫茫，阴天雾茫茫，

茅草屋，土坯墙，一年要缺半年粮。

图 2.3　店集老村景象

当时，耕种小麦主要依靠人工，牛是最主要的劳动工具，犁地和耙地全依靠它。那时也有拖拉机，属于公社的农机站，但是数量很少，一个公社仅几台。拖拉机播种很简单，拖拉机犁完地后挂一个漏斗播撒种子。每到农忙时，各个大队争着用拖拉机，拖拉机到这个大队干两天，又被抢到另外一个大队干两天。但因为拖拉机数量很少，当地主要还是靠人工播种。

当时，施肥以农家肥为主。只有富裕的队才用得起化肥，而且量很少，主要使用的是磷肥和氰胺以及少量的进口尿素。例如，店集一个比较富裕的队，地有两百多亩，一年才用3—5吨（现在一户的化肥用量就达1—2吨）。公社时期的村民还不知道怎么使用化肥，经常出现化肥用多了，直接把苗烧死的情况。

（2）务工情况

按照国家规定，那时不允许个人外出务工[①]，一旦被政府发现，就会被拘留遣送回户籍所在地。店集村民因为生活所迫，只能偷偷地出去。按照他们自己的话，那根本不叫出去打工，而叫作逃荒或者说外流。当时村民出去的目的很简单，就是为了有饭吃，因为那时候粮食产量低，人们基本吃不上饭，每年种完小麦以后，基本上没有事了，如果在家的话，就会不断地消耗家里的粮食，所以都想着出门混口饭吃，等到第二年春忙的时候再回来。当时出去也没有明确的方向，只要哪里给饭吃就去哪里干活儿，走到哪里算哪里。

在店集米园，一个叫胡学灵的人在 1970 年就跟着颍上县谢桥镇（隔壁县）一个姓李的人逃荒出去，最后走到了安徽东至县，此后，就有更多人出去。根据店集村书记陈宏斌讲述，在 1975—1976 年的时候，有大概二三十店集人去到安徽省东至县的山区修水库，这是当时出去人数最多的一支，还有一些去到江西九江等地。这些人都不是盲目地出去，而是以前出去的人知道那边有活儿干，回来后又把别人带出去的。到外市和外省打工的只有一小部分人，大部分人外出还是在本县以内。

当时必须请生产队开具证明，证明某某是哪里人，外流的人拿着证明才能出去找活儿干。不过，外流村民需要给生产队上交一定数额的钱。据店集村主任苏振杰回忆，在 1975 年以前，外流的村民一天要给所在生产队上交 5 毛钱，外流村民最初都如数上交，但其中一部分人在外挣不到钱，交了几个月后再也拿不出钱。为了再次出去，他们回乡后消极怠工，专门给生产队找麻烦，生产队无奈只好给他们出证明，允许他们出去。最后，只有那些在外能挣到钱又比较老实的人会继续交钱。大约在 1976 年以后，需上交的钱变成 1 元 / 天。

---

① 该规定指 1958 年 1 月 9 日公布实施了《中华人民共和国户口登记条例》，该条例第十条规定："公民由农村往城市，必须持有城市劳动部门的录用证明，学校的录取证明，或者城市户口登记机关的准予迁入的证明，向常住地户口登记机关申请办理迁出手续。"1975 年 1 月 17 日，第四届全国人大第一次会议通过的《宪法》历史性地去掉了关于"中华人民共和国居民有居住和迁徙的自由"的条文。

店集老村街上的做铁门的苏长喜，属于店集五队人，1957 年出生，出生两个月后父亲就去世了。之后母亲改嫁，是姥姥把他抚养长大。由于家里经济困难，吃不上饭，他在 16 岁左右，也就是 1973 年的时候，就到江西一带打工了，一直到 1983 年结婚后才回家生活，在外务工长达十多年。他说，在 1976 年的时候，出去的人要给村里每天 1 块钱，一个月就得给30 块钱。那时的工资能有两块六七左右，一天的生活费七八毛，因此除去交给村里的钱和生活费，大概一天能挣一块钱左右。

（二）80 年代：粮食产量快速增长

（1）农业情况

80 年代，土地制度改革和农产品市场开放，使店集人迅速结束了食不果腹、衣不蔽体的历史。1985 年店集人实施大规模的"旱改水"，一麦一豆的种植结构变为一麦一稻，同时引进良种，施用化肥，农业生产能力明显提高，农民粮食占有量、纯收入都有了快速增长。1979 年，店集农民人均粮食占有量只有 110 公斤 / 年，纯收入只有 72 元 / 年。到 1989 年，这两个指标分别上升到 253 公斤 / 年和 600 元 / 年。80 年代是店集乃至我国整个农村发展的黄金期，其主导性的推动力是党的农村政策。

根据村民回忆，在 1983 年左右，小麦亩产 400 斤到 500 斤，黄豆亩产100 斤到 200 斤。刚刚改稻时，生产的水稻主要是自家食用，亩产达到 700斤至 800 斤。

开始时绝大部分家庭主要还是靠牛耕，只有极少数的富裕农民能自己买得起拖拉机。在以牛、人力为主要生产动力的时代，生产效率很低：两头牛加一个人，一天最多犁（加上耙）一亩地。至于播种，一人一天大概仅能播两亩左右。收割耗时更长，首先需要把稻麦从田里收割打捆后拉回家，然后将稻麦摆在平地上再用机器或石磙把谷麦打出来，俗称"打场"。对于一个有十亩田地的家庭，这个过程一般得要十天左右。

那时每家每户都有粪池和固定堆放地点，收集鸡、鸭、鹅、猪、牛的粪便，发酵后还田。只有比较富裕的人家才会用一些化肥，化肥的种类还是氰胺、磷肥、尿素。随后，化肥的使用越来越普遍，村民把农家肥和化肥结合起来使用，翻地之前放农家肥，耕种时一亩地放 70 斤底肥（碳铵和磷肥），随后是返青肥一次，30 斤碳铵，穗肥（又称拔节肥）一次，20 斤左右尿素。

（2）务工情况

80 年代中后期，由于人口流动的政策放宽，店集外出务工的也增多了，但是规模不算大。当时户粮关系是制约人口流动的重大障碍。1984 年的中央一号文件写道："各省、自治区、直辖市可选若干集镇进行试点，允许务工、经商、办服务业的农民自理口粮到集镇落户。" 1989 年 10 月 5 日和 1991 年 7 月 25 日两次颁布实施的《全民所有制企业临时工管理暂行规定》《全民所有制企业招用农民合同制工人的规定》均规定：从农村招用的临时工和农民合同工不得转户粮关系。

80 年代，店集人有去淮南修铁路的，有去湖南干建筑的，有去湖北、江西修路、采矿的，虽然去的省份不一样，但用工形式基本一致——雇主都是国有企业，店集人干的都是体力活儿，基本都从事基础设施建设，吃住条件非常艰苦。外出原因大致有三种类型，第一类人是家庭经济条件太艰苦，出去能吃上饭；第二类人已经解决温饱问题，出来挣钱盖房子；第三类人还希望外出打工的同时找到对象。据粗略统计，这时去湖北江西一带的店集人有两三百，而且绝大部分是年轻人，有的年轻人就在务工地找到了对象。从我们调查的 64 名外地媳妇中，就有 18 位来自安徽东至县。1985 年以后，店集已婚男青年也开始出去务工。

我们采访了几位当时外出务工的村民。

店集的苏国凯是个老打工了，1986 年他到江西一家厂子的工地打工，当时每天报酬是 2 元，住在工棚，吃的是小餐馆用收集的剩饭做的"素丐"饭，每份 2 毛钱。用他的话说，当时就跟要饭的差不多。

胡学辉："1986 年，我 16 岁，去了滁州，那个时候打工是最好的，是最繁华的时候，跟着村里的齐传超出去的。齐传超那时是老板，他小学都没有毕业，确实有本事，我就是帮他打工，油漆，我和他是亲戚关系。那个时候出去也不是苦，感觉比家里的生活条件要好。为什么出去打工，一句话概括，在家吃不了饭，出去吃得了饭，就这么简单。那个时候我们工资每天 2 块 6 毛 4。1987 年工资是 3 块 7，到 1989 年就是 5 块钱一天，1990 年的时候又不一样了，大概十一二块的样子。"

陈宏斌："当时我们去过以后呢，到东至、江西，发现那里的女孩比我们这儿长得漂亮，所以我们店集村有湖北有东至的媳妇。她们山区的女孩子愿意来我们平原。所以后期不是单纯打工了，出去打工还能找对象，我1984年念初中，我母亲也说到湖北去到四川去，到那几个湾子去。到1985年的时候，那几个湾子（地方），媳妇500、700块就买来了。"

起初，外出打工的店集人辛辛苦苦忙完一年后，大概能挣300—500元。1986年到1989年，一年能挣800—900元。经过几年的闯荡，一部分外出打工的店集人从只会种田的农民变成了技术工。

陈宏斌："我1985年2月到湖北修柏油马路，修了四个月以后，到江西725矿，就开始学技术了。从我们这里去的有三四百人，搞土方砸石头搞预制厂，其中将近一二十人有初中学历的去参加培训，土质钢筋预算、瓦工、泥工、电工、机油，那时候有人开始从繁重体力劳动开始转型，从修路挖山转向技术，这是在1985年左右。到1986年，我们那批人去蚌埠干的时候，我们逐渐可以修楼了。1987年、1988年、1989年，还是干建筑这一块。"

（三）90年代：招亲带友，举家外出

90年代，农村改革带来的政策效力已经释放，以企业制度改革为先导的城市改革开始推进。借助东南亚国家和地区劳动密集型产业转移的机遇，沿海地区率先启动了大规模工业化进展。国家的发展重心开始从农村、农业向城市、工业转移。这个十年，店集农业徘徊不前，收入增长缓慢，各项税费负担加重。十年里，店集粮食亩产增加了大约100公斤，农民收入增长了630元。而农民负担最高时达到人均260元。由于各项税费按照农业收入计提，店集的干部群众大都认为当时上报的农民收入被大大高估了。

"一九八几年的时候不用交税，到了1990年前后就要交各种各样的税。当时大概有27种税，包括犁耙等机械、养的家禽家畜，卖鸡蛋也有人来要税，每个大概一分钱。后来还说要锅灶冒烟的污染税。修路要按地亩摊，一亩地交三十多块。"

人们不再重视土地，很多店集人开始外出打工，村庄中出现了土地抛荒现象。以此为发端，农民的工资性收入开始成为收入增长的主导因素。

大量农村劳动力被"挤出"土地，四处寻找打工机会，给工业提供了几乎无限供给的廉价劳动力。这客观上为我国大规模承接劳动密集型产业创造了条件。

（1）务工情况

90年代初期，广东、上海、浙江等地相继废止了粮食凭票供应的制度。之后，1992年12月，国务院发布政令，宣布1993年1月1日起废止粮票的流通，同时放开粮油市场价格，实行30多年的粮食统购统销政策终于寿终正寝。

进入90年代，店集外出务工人数迅速增长。在1991年，店集发生一次大水灾，房屋和田地都被淹了，房屋倒塌，粮食颗粒无收，大批店集人举家流入城市打工讨生活。接着，由于1993—1997年农民负担过重，仍然有大量农民举家外出务工。店集在1993年前很少有女孩外出务工（主要是父母不放心），1992年，一个江苏纺织厂老板在店集投资办厂失败，纺织厂老板回江苏的时候和当时的村委签订协议，每年按规定给村委一些钱，让他把女工带到江苏的工厂工作。这样由村委牵头组织，连续输送两批女工到江苏的纺织厂工作。有的女工还嫁在了当地。她们回来后给村里人讲述外面的世界，慢慢地，女孩子也提起勇气加入了外出务工的队伍。

1990年以后，店集人外出务工的地点和形式才真正多样化。北到黑龙江，南到广州，东到江苏、上海、浙江，处处都有店集人的足迹。女孩们进纺织厂、服装厂做工或者当服务员，男的进工地干建筑、拾荒、摆地摊等等。

从店集人外出务工的经历看，很少有单独外出务工的情况，大部分是"一同出去"，或通过老乡网络或亲属或朋友关系"带"到外省市。这种"同去"和"帮带"关系形成了店集"团簇型"的外出务工格局：

陈宏斌："怎么出去呢？比方你今年出去了，头一天回家了，我在家炒几个菜叫你来（吃饭），问问你挣钱怎么样，要是不错，又不累，一年也能挣几个钱。我就会说：'走吧，你也带我一起去！'"

"同去"或被"带"出的店集人，经过主动或被动适应和调整，最后会选择某一项工种作为职业坚持下来，形成店集在城市中从事某一职业的固定人群，直到没有出路时才会换工作。建筑业中，还有着更细致的内部分工，如木工队、瓦工队、电工队等等。队员绝大部分是老乡或亲戚，队里有一个领班，包括领班在内的每一个队员都干同样的活儿。他们以团队形式接活儿，由领班联系工地或老板，有活儿的时候就带队过去。

店集人在宁波的带头人姓齐，1991年4月，他和其他三个同村人一起到宁波找活儿干，一开始他们都是盲目去的，没有睡的地方就睡在马路边上，可谁也没想到他们能够在宁波立足下来，并且源源不断将店集人带出去，直到今天宁波还是店集人主要的劳动力输出目的地。他们初到宁波时，以打架方式帮老板争工地，争到工地后，老板便会把一些活儿分包给他们。店集人当上了小包工头，自然从村里叫人过来干活儿，慢慢地，在宁波的店集人越来越多，最后在宁波扎下了根，最初一批在宁波闯荡的店集人慢慢成为包工头，甚至老板。

"宁波鄞州区的区委书记是六安人，所以六安人在鄞州也很多，他们拥有二三百辆大车，称为六安帮，经常打人、聚会、抢工地。齐某一班人过去之后，先是在工地干活儿，因为他人高马大，干活儿快，被老板提为领班，之后就开始给老板当打手，和六安帮打架，为老板争工地，争到之后，老板就会把打地基或焊钢筋的活儿包给他们作为回报。当时都是抢工地，没有什么招标，能打下来就有工地干。店集人虽然少但是不怕打架。店集村的女人都很厉害，她们在工地开饭店或看工棚。有一次，店集4个女人和对方13个女人打，还把她们打赢了，其中有一个女人抱着孩子都能跟人打。"

"他当上带班以后，不断地把店集人带到外面的工地上干活儿，他带出去的店集人又不断把其他老乡带出去，他最多的时候手下有三百人，八九十年代就挣到几百万，在我们镇特别有名气。他这个人对朋友非常热情，只要这一方去过宁波的，没有没吃过他东西、拿过他东西的。"

店集人在江苏启东，则是以收废品为主。

"在江苏启东，以收废品为主，现在到启东进厂的少。我们这边去的人都住在一起。最早是曹西队的人去的，刚过去就拾废品，到后来收废品。（在店集村，）曹庄（队）、孙庄（队）、杨塘（队）在启东的多，有十几户人，去了有十几年了。"

整个20世纪90年代以及到21世纪初期，店集外出打工的特点有四：

一是出现大量举家外出务工的现象，并不断增多；二是劳动输入地遍布全国各地，但以东部地区为主；三是年轻女性也加入打工队伍；四是就业的类型不断多样化，供打工者选择的机会不断增多。这些特点与国家户籍制度和流动人口管理政策调整以及全国的经济发展形势密切相关，尤其与东部地区房地产市场和乡镇企业的迅速发展密切相关。东部沿海省份经济的发展提高了用工需求，因此大量的店集人流向东部沿海省份，男的在工地上干活儿，女的在纺织厂和服装厂上班。

在这个阶段，在外奋斗的店集人逐渐积累经验、关系和资金，慢慢实现了职业的转变和地位的提升。村书记陈宏斌总结说："店集人的思想（追求）一直在转变，朝更高级的转变，从铲石子到开小铲车，再到买桩机包工程，一直到投资办厂。在启东，我们店集有几家人，刚开始过去只是拿着袋子拾垃圾卖，现在已经开店收废品。在上海的呢，原来是进厂打工，现在有的搞个小门面自己开饭店有的开宾馆，有的自己搞个房屋再租给别人。在宁波，最早过去就是建筑工，瓦匠、泥匠、木匠等等，到后面就是自己包活儿干，主要是打桩，老板把一块活儿包给你，你再找人干活儿，几个月一个包工头就能挣二三十万，不再像以前我再找你干活儿了。"

（2）农业情况

与此同时，店集的农业也在缓慢发展着。在1993年进行二轮承包时，杂交稻的亩产量已经上升到1000斤，小麦亩产变为700斤。同时小型手扶拖拉机也开始普及。店集村的主任苏振杰记得非常清楚，他家是在1993年买了一辆手扶拖拉机，那时他们自然庄才有几辆。到了90年代后期，村庄大概有50%—60%的家庭买了小型手扶拖拉机。拖拉机为农业生产带来较多的便利，犁地的速度翻了一番，一台拖拉机一天能犁两亩地，还可以用来打场以及抽水。种地所需的人力减少，这又进一步推动村民外出打工。只是在农忙季节，需要外出打工的人回来帮忙，或者花钱雇人帮忙。

（四）2000年前后：种地和务工的反复

1996年底，国家新一轮减负政策开始实施，农民负担开始减轻。2000年，中央决定在安徽全省范围内进行旨在减轻农民负担的农村税费改革试点工作,取消和调整部分向农民征收的税费项目^①,试点工作到 2003 年被推向全国。2003 年,安徽在全省范围内实行粮食直补的试点,到 2004 年全面实施。

在农业技术上,90 年代末期出现了复合肥,复合肥出现后,一亩地上 40 斤复合肥加 30 斤尿素做底肥,追肥用尿素或碳铵,穗肥仍用尿素,基本不用磷肥。2000 年以后,人们普遍开始种产量高、收购价格也高的糯稻。店集粮食产量又上了一个台阶。

免除农业税和粮食直补的政策落实以后,部分外出务工的店集人回到家中,把曾经让给亲戚、邻居种的地要回来经营。但是尝试两年后,发现种地的收入虽然有所增长,但一年也不过几千块钱,还是不如打工的收入,于是他们就又纷纷外出。在 2002 年左右,店集土地抛荒十分严重,甚至出现了村民外出打工,掏钱让别人种地的情况。

(五)2006 年后:你们进城去务工,合作社帮你把田耕

(1)务工情况

蓬勃兴起的工业化,使严重倾斜的劳动力市场发生了巨大变化,农民工的工资水平不断提高,特别是 2006 年至 2011 年五年间工资水平翻了接近一倍,外出找工作不再意味着"被选择",而是店集人也逐步拥有了选择权。2010 年,苏国凯在宁波建筑工地打工,每天 100 元报酬,老板管吃管住,还要时不时请工人们喝酒加餐。

从 2006 年起,店集外出打工人数趋于稳定,有九百多店集人长年在外打工。外出务工已经成为店集家庭收入增长的主要途径。一个农户是否达到小康或富足主要取决于家庭中在外打工的人数、工种以及务工时间。店集人上学、就医、购买生产资料、盖房子等现金支出项目基本都依赖打工收入。我们曾访问了 32 家农户,2009 年人均工资性收入 3606 元,占纯收

---

① 2000 年,中央确定在安徽省以省为单位进行农村税费改革试点,其主要内容可以概括为"三取消、两调整、一改革"。"三取消",是指取消乡统筹和农村教育集资等专门向农民征收的行政事业性收费和政府性基金、集资;取消屠宰税;取消统一规定的劳动积累工和义务工。"两调整",是指调整现行农业税政策和调整农业特产税政策。"一改革",是指改革现行村提留征收使用办法。

入的67%。陈君90年代开始在外打工，两个儿子初中毕业后，索性全家四口都出去打工，2010年家庭打工总收入接近10万，除去各类花销，带回现金5万元，并花15万元在村里买了两处楼房。

但是务工收入和行业红火程度息息相关。2012年、2013年早些年的时候，是建筑业生意最好的时候，承包工程的齐某当时一年能有五六十万的收入，工程项目一个接着一个，还需要加班赶工，甚至需要同时干好几个工地。一个工人一年干大概10个月，能赚2万—3万。"照着当时的情况下，谁不叫我发财都不行"，这也是当时在建筑业圈子里流行的一句话。到了2014年的下半年，房地产行业开始不景气，很多时候接不到工地里的事情，只能待在家中，郁郁地吃着老本，有些人还在宁波那边等活儿，但是却什么也没等来，也还是聚在一起天天打牌。"2008年金融危机的时候是有活儿不给钱，现在是彻底没活儿干了"。即便如此，齐某还是无法放弃建筑行业另谋出路，只能守株待兔，努力联系找活儿。

总体来说，店集的主导趋势仍然是在外打工，只有极小部分的劳动力会选择回到店集。他们大多数是家里有特殊情况，比如父母生病、孩子刚出生，等等。但是也有人表示，苏北宿迁那里的农村工厂很多，他们的农民就不怎么出去，这里农村没企业，所以都跑到外面，其实如果家门口有两千多的工作，就都不愿意干外面三千多的工作。

纵观店集打工历史，我们发现：店集人早期外出务工是由单一的年轻的男性剩余劳动力组成，后来慢慢变成各个年龄层的男女劳动力大军。原来以种地为生的农民慢慢变成"农忙种地，农闲打工"或者"放弃种地，一心转到城市务工"的农民工。可以发现，前期和中后期的农民工群体有着本质的不同：早期的农民工是农业内卷化造成的剩余劳动力——在其他的条件不变的情况下，投入劳动越多，农业却不能产出更多，劳动力处在高度剩余的状态，只有劳动力转移后，一个单位劳动的投入所产生的农业边际效益才会增大，同时家庭收益得到大幅提高。而中后期各种类型的农民大量外出务工，是由于农村生产、生活、教育等各个方面都卷入了市场经济，按照市场经济的逻辑来运作——市场化和商品化程度不断提高，仅依靠种地，收入微薄且增长缓慢，难以与打工收入相比——这样，打工成为了最有效和最快速的创收方式。农民为了获得高收入，流向最易挣得工资和工资最高的地方。

（2）农业情况

由于大量青壮年劳动力放弃种地，外出打工，店集村种地户迅速减少，完全不种地的家庭已经占到1/3。合作社的兴起，迅速弥补了这一空缺。最早的是沿溎糯稻专业合作社，于2007年成立。在政府指导下，合作社集中从省农委指定的竞标厂家调回水稻专用肥，从种子公司调回良种，集中采购生物农药，请来技术人员指导，并引进新型插秧机，当年种植成本减少20%，而糯稻亩产增加了200多斤。到2009年底，店集村入社农户超过90%，土地耕作达4900亩。在此示范下，店集村又相继成立了骞骞农机专业合作社、宏天黄牛养殖专业合作社、店集粮油工贸有限公司、骞丰农业科技服务有限公司等专业组织。各专业组织各司其职，职能覆盖了农业生产的各个领域。

在发展合作社的同时，店集村发展出一个土地托管、代管的土地规模经营模式。从2006年开始，店集一些大户开始大量购置农业机械，包括拖拉机、旋耕机、插秧机、开沟机、收割机等十多种机械，由村委会组织推行统一供种、统一施肥、统一旋耕、统一机条播、统一开沟"五统一"。这种统一特别受到一些没有壮劳力的农户的欢迎，农机户也有可观的收入。到2010年，店集在"五统一"的基础上，增加了统防统治、统管统水、统一收割、统一回收销售、统一秸秆综合利用的服务，成为"十统一"，为农户提供从种到管到收、从物资供应到技术服务的全程"保姆式"托管服务。以前收麦时，外出务工的人都必须赶回家来帮忙，来回不仅耽误工作，还要花不少钱。现在农业机械的应用，农业生产的"十统一"，使农业不再依赖活劳力的投入，一些留守在家的老人、妇女，只要能参加合作社的活动，也能经营耕地，外出务工的年轻人只要寄钱回来就行了。现在店集村有一条横幅——"你们进城去务工，合作社帮你把田耕"，就是这种情况的真实写照。

2006年以前，小麦亩产600—700斤、水稻亩产700—800斤。2006年以后，店集粮食单产、总产连创新高。到2013年，小麦亩产960斤、水稻亩产1020斤。2016年，水稻的平均产量能在1000斤/亩，好的每亩能有1100斤至1200斤，小麦的亩产量也能稳定在800—900斤，好的每亩能有1000斤。

三、打工经济分析

（一）基本信息

　　根据调查，店集现有人口 3457 人，其中长期在外务工人数 927 人，外出务工人口占总人口的 27%。男性务工人员 602 人，女性务工人员 325 人，各占比例分别为 65%、35%，与全国外出务工人员的男女比例分布基本一致。从年龄上来看，店集外出务工人员主要为青壮年，21—50 岁的人占绝大部分，占外出总人口的 85.4%，其中，20 岁及以下占 2.5%，21—30 岁占 28.1%，31—40 岁占 26.5%，41—50 岁占 28.3%。51 岁以上的占 14.6%，其中 61 岁及以上的 3.5%。这与全国农民工监测调查的数据基本吻合。另外，店集外出务工人员年龄最小为 17 岁，最高 76 岁，平均年龄 38.5 岁，与全国农民工平均年龄基本一致。

表 2.1　店集长期在外务工人员基本情况

单位：人，户，%

		人数	百分比	总人数
性别	男	602	65	927
	女	325	35	
年龄分布	20 岁及以下	23	2.5	918
	21—30 岁	258	28.1	
	31—40 岁	244	26.5	
	41—50 岁	259	28.3	
	51—60 岁	102	11.1	
	61 岁及以上	32	3.5	
		户数	百分比	总户数
一户中外出的人数	一人	138	31.3	441
	二人	181	41	
	三人	78	17.7	
	四人	33	7.5	
	五人	6	1.4	
	六人及以上	5	1.1	

在 90 年代以前，店集外出务工以年轻的男性劳动力为主，1991 年以后，店集主要以家庭或夫妻的形式外出务工。在我们的调查中，一个人外出务工的家庭比例为 31.3%，约为外出总户数的三分之一，其中有男性 110 人，占到 80%，女性只有 28 人，占 20%，可见，一人外出的农民工主要为家中的男性劳动力。两人一起外出务工的家庭占 41%，为所有外出务工家庭类型中比例最高，其中，这两人主要为夫妻关系，还有少数为父子关系，由此可见，夫妻一起外出成为了店集外出务工的主要模式。外出三人的家庭占到 17.7%，外出四人的家庭的比例为 7.5%，这两类主要是父母和子女一起外出打工，里面也有些是举家外出的。五人及以上基本为全家外出，外出务工的夫妻把父母和子女都带在身边，但这样的家庭类型只有极少数，占 2.5%。在中国，一般将主干家庭 ① 视为一个完整的家庭。假设四人及以上外出务工已经接近一个完整的家庭外出务工，从店集的数据来看，有 90% 的家庭处于撕裂状态，家中青壮年劳动力在城市打工，家中老人和孩子留在农村。

（二）店集外出务工的流向

就现在来看，店集人在本省务工只占 17%，去外省务工占 83%。外省范围主要集中在东部长三角地区，其中前往上海人数最多，有 343 人，占到外出务工人数总数的 37%，其次是浙江，159 人，占到 17%，江苏 95 人，占 10.3%，剩下的主要分布在其他东部沿海省份，如福建、山东、广东、天津，各是 33 人、20 人、14 人、15 人。由此可以看出，经济发达的沿海省份对店集务工者依旧保持强大的吸引力，这与全国农民工调查的数据显示的中西部省份对劳动力吸引力增强的趋势相差较大。

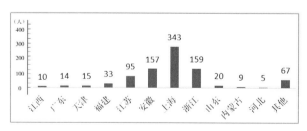

图 2.4　店集外出务工省份分布

① 主干家庭的一般由父母、夫妻加上孩子组成，在家庭结构上表现为三代人。

（三）店集外出务工的工作类型

从店集人外出务工的简史中，我们可以发现，店集外出务工的工作种类经历从最初的单一工作类型（修路、干建筑）到现在自由择业，就业多元的转变，本质的变化是：店集人不再只依靠出卖自己的体力挣钱，而是变成使用简单体力劳动、技术劳动、脑力劳动并存的就业局面。

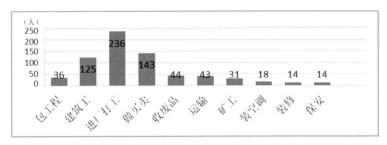

图 2.5　店集外出主要工作类型

经过统计，店集务工的最主要形式是进厂打工，有 236 人，占 25.4%，其次，自主经营（做买卖）有 143 人，占 15.4%，他们具体从事的工作是卖小吃、开饭馆、卖瓜果蔬菜等等。从事建筑行业的店集人有 161 人，占 17.4%，其中包工程成为小老板的有 36 人，剩下的建筑工有 125 人，他们主要是瓦工、泥工、木工、钢筋工、电工、小工。专门从事收废品和跑运输的分别有 44 人、43 人，分别占到 5% 左右。由于店集周边煤矿丰富，有多个规模较大的煤矿企业，因此，吸引了部分店集人在煤矿企业上班，人数有 31 人。剩下的分布在各个行业，如装空调、装修、保安等。总体而言，店集外出务工者有三分之一的职业为自雇职业，其余大部分为受雇职业。

在建筑行业，多是延续以往打包生产的方式，由包工头统一接活儿，然后再分配给各个不同的小工，一个完整的团队需要包括包工头、瓦工、木工、装潢人员，等等。建筑活儿技术要求较低，除了每天工作累一点外，收入较为可观，因此受到大多数年轻人的青睐。

（四）店集外出务工的动力和具体案例

从访谈对象来看，不同的群体外出务工有着不同的动力：年轻人首先是向往城市生活，然后希望出去长见识、学技能，通过自己的努力买房娶妻；中年人身上肩负挣钱养家的重担——维持生活开销，养育儿女，年纪更大一点的要为儿子准备买房娶媳妇的钱；还能外出务工的老年人则希望通过自己的劳动满足日常花销，或是自己挣钱养老，给子女减少负担。

而在大多数店集人看来，在外打工如果挣不到钱，是没有面子回村里的，"外面的发展机会是比店集好很多的"，一般只有一些在外混了多年、有名头的人才会选择返乡发展。此外，店集村本地可供选择的职业不多，以建筑业为主，工资还不如外地。在面子与经济层面的双重考虑下，大部分外出务工者不愿回到家乡，宁愿在他乡拼搏，即使这意味着一笔巨大的额外生活支出。当然，家里种地仍需要一定的劳动力，如果家里老人身体不适或是劳动力不足，这些外出的打工者到农忙季节也是会回来的，但这种回归终究只是短暂的。

每一个农民的进城之路都是一部精彩的故事。

2010 年我们记录了如下的故事：

40 岁的胡克勇、苏德玲夫妇 2000 年开始一起去宁波打工，刚开始在当地磁钢厂上班，胡从事电焊工作，苏在工厂食堂工作，两口子一个月工资 2000 元左右。当时他们租住在当地居民的自建房里，8 平方米左右的房子每月要 110 元。经过几年的打拼，夫妻俩有了一定的积蓄，于 2006 年开始自立门户承接电焊活儿，每年净收入 10 多万元。现在大孩子初中毕业后也来到宁波和他们一起干，小孩子则在宁波当地上幼儿园。全家以每月 500 元价格租住在 60 平方米的楼房里。他们的计划是在凤台县城和店集新村买房子，以后等小孩都带出来了，还是要回老家生活，"毕竟这边人头熟，生活有感觉"。

王顺 1997 年后到上海摆地摊，开始卖些日用品、皮夹等，所得收入基本能满足家用。2001 年开始与妻子一起进入当地一家涂料厂工作，两口子一年收入 3 万元左右（包吃住）。2003 年开始自己贩卖涂料，一年净赚 5 万元左右。目前他们的生意越来越好，去年收入约 10 万元，租住在郊区的农民自建房里，已经有了十多年的上海人经历。

店集人王传卜已经快 70 岁了，每天穿着体面的衣服在村里下棋打牌，生活富足而悠闲。他的幸福生活来自三个女儿。1991 年淮河发大水，店集人受灾严重，由于生活困难，大女儿王芳决定去上海打工。刚到上海时在小饭店里端盘子，月收入300元（包吃包住）。1994年，王芳将其两个妹妹也带往上海，据说都在餐馆打工。1996年，村支书陈宏斌去上海探望打工人员时，看到三姐妹在上海市区租住了一套二层小楼，里面家电齐全。此后，姐妹仨陆续与当地人结婚，并把户口转往上海。现在，三姐妹每月轮流给父亲寄1000元的生活费。关于她们成功的道路，店集人有着诸多猜测。

42岁的苏某1993年开始去天津当保安，月收入300—400元。后遇到邻村的熟人，经介绍加入盗窃团伙，事发后被判处有期徒刑一年半。出狱后苏开始在天津收废品（无固定住所），半年后，经历了数次打架斗殴、抢地盘的较量，包下了天津农学院的废品收购，成为小的废品中转商。1997年回乡结婚后把妻子也带到天津，当时在天津郊区租住一处20平方米左右的砖瓦房，条件简陋，生活非常艰苦。随着经济实力的增强，夫妇俩在自己承包下的废品堆积场内自建了60平方米两室一厅住房，生活得以改善。现在他们的一男二女三个小孩都在天津上学，每年仅学费支出就3万元。苏准备在凤台县城买房子，等年龄大了返乡养老，并在店集村参加了新农合，为自己买了养老保险。

2015年几位北京大学社会学系的学生到店集村访谈时，记录了如下的故事：

胡大哥现在一家三口，父母早年去世，虽然没有养老压力，但负担仍然很重，妻子体弱多病，从未外出打工，只能在家管理田地，田地收入很少，根本不够开销。儿子20岁，在一个二本大学念大二，一年全部费用两万多，全家的日常花销和儿子上学的全部费用主要靠胡大哥的打工收入。他说道："最近这几年吧，我打工就只够我儿子上学的。"胡大哥因为工程结束，刚从上海回来。在上海建筑工地上当小工时，一天130元，包住不包吃。前几年在新村买了房，现在还欠着几万元的房款，也还没有装修。

陈大妈和苏大爷三个女儿，一个儿子。女儿全部出嫁，三十多岁的儿子和妻子，带着两个上小学的孩子在苏州打工。家中五亩多地被新村建房占用，只剩两亩多，田地收入微薄。儿子带着小孩负担重，所以，陈大妈的老伴儿苏大爷六十多岁还在宁波工地上打小工，一天一百来块钱，陈大妈很心疼他，但因为家里要用钱，也没有办法。她说道："家里有好几口人，（不出去）活不着啊，庄稼忙完了就出去，多少（能）累两个呀！够花的，是不是？家里买个化肥呀，这的那的，大风小俗的也不得了（花钱多）。"

（五）店集外出务工收入情况

（1）低收入者比例较大

以下是店集外出务工者的收入分布表，数据来源为访谈对象自述。从表中我们得知，收入在 2 万元到 3 万元之间人数最多，占到 26%，其次是 4 万元到 6 万元之间，占 22.3%，接下来是 1 万元到 2 万元之间，占 21.1%，收入在 3 万元到 4 万元之间排在第四位，占 18.6%，这就说明店集外出务工者中 90% 以上的收入是在 6 万元以下。年收入 10 万元以上的占 2%，其中，12 万元以上的占 1.6%。

但我们认为年收入超过 10 万元的比例（2%）不符合店集的实际情况，有可能是习惯将收入往少了说，或者只说刨去支出后的净收入。根据我们的访谈调查，在外包工程的店集人有 36 人，保守估计他们一年收入至少能有 20 万元以上，加上在外做生意中收入超过 10 万元的，肯定能超过 2% 的比例。就我们访谈到的一户，其在宁波包工程打桩，年收入至少在 60 万元以上，他告诉我们，像他这个收入在宁波的店集人中有很多。

但这不影响低收入者比例较大的总体判断。

表 2.2 店集外出务工收入分布

单位：人，%

年收入	人数	百分比
1 万元以下（包括 1 万元）	17	3
1 万—2 万元（包括 2 万元）	120	21.1
2 万—3 万元（包括 3 万元）	148	26
3 万—4 万元（包括 4 万元）	106	18.6
4 万—6 万元（包括 6 万元）	127	22.3
6 万—8 万元（包括 8 万元）	27	4.7
8 万—10 万元（包括 10 万元）	13	2.3
10 万—12 万元（包括 12 万元）	2	0.4
12 万元以上	9	1.6
总计	569	100

（2）内部贫富差距加大

店集外出务工者在收入上呈现出越来越明显的内部贫富分化，收入高的人一年能有几十万甚至上百万，收入低的人一年只有几千块钱，存在着巨大收入鸿沟。这是因为并不是所有的外出务工者能有同样的能力、机遇顺利地流向更高收入的职业。就像从建筑工到包工头一样，只是少数人成功转型，大部分人未能实现这种跨越。但是，村庄贫富分化的人群最初都站在同一起跑线上，所拥有的政治、经济、社会、人力资本几乎是一样的，对于每个人而言，致富的机会是平等的，"致富的程序"是公正的。最后不平等的结果是由于个人机遇、能力、奋斗过程产生的。因此，这种贫富分化在村民眼中具有合法性，村民也认同这一结果。

（3）三十五年来收入增长明显，高于全国平均水平

我们绘制了店集农民工收入曲线图。从1979年到2014年，店集外出务工者的平均月工资增长了48.6倍。在1979年，店集人外出务工的月平均工资为90元左右，2014年达到了4375元，比全国农民工月平均工资2864元要高出1511元。总体而言，从1979年到2014年，店集农民工的工资呈上升趋势，年平均增长率为11.7%，但在个别年份也会随着经济形势下滑呈现下降趋势，如1989年，工资由1984年的240元下降到129.9元。

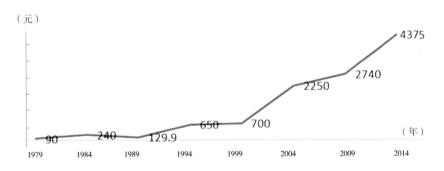

图2.6 店集农民工收入曲线图

注：1979年、1984年、1989年三年的数据无法获得，用全国农民工工资代替，数据来源《中国农民工工资走势：1979—2010》，载于《中国社会科学》2012年第7期。其他年份的数据根据不同访谈对象在不同年份提到的月工资制作而成。

值得思考的是：虽然几乎每个职业的工资从过去到现在都有增长，但是这种增长是与物价水平上涨（经济发展导致）同时发生的[①]，因此，他们的购买力并没有显著提升。对于大多数从事的是低端工作和低端职业的农民工而言，增加购买力最安全的办法就是存钱和储蓄，进行一次性消费。因为农民工在职业上难以发生向上流动，最多的只是横向流动，而这种横向流动难以带来收入的大幅度上涨。随着年龄的增长和体能的下降，工资反而可能会变得更低。因此，打工者使自己富起来采用得最多的办法，不是依靠职业的向上流动或工资的稳步增长，更多靠的是在他们每个工作中的节约开支、积累工资。

（六）店集外出务工者的生活、休闲、消费

早期外出务工的店集人，大部分是在偏远的山区修路和修水库。住宿上，要么租村民的房子住，一个月 10 块到 15 块，要么工地提供住宿。吃饭一般来讲，工程队里会抽人做饭烧菜。务工人员早上起来到傍晚都在干活儿，那时电视还没有普及，吃完饭差不多就睡觉，中午至多再休息一下，基本没有时间休闲和娱乐，最多在停工的时候，和老乡们、工友们出去吃吃饭，看看电影，这是他们当时最常见的生活状态。

后期甚至到现在，工地上仍然如此，很少有休闲娱乐活动。紧张的工作状态导致他们只能把娱乐、消费放在年终前：回家前，这些年轻人往往要把自己打扮得特别体面，买一套好看的衣服，一双皮鞋，一块手表。这些是回家必备的，只有穿戴上这些之后，回到家才会觉得脸上有光。如果不买这些，他们觉得没脸回去，村里人会觉得他们在外面没有挣到钱，笑话他们。

90 年代，他们紧张的工作状态并没有得到缓解，反而因为赶工程需要经常加班，一位店集人讲述他 1991 年最苦的时候：

米万松："最苦的时候还是在宁波打桩的时候，那时候我们铲石子，下雨也得干，有工期（限制）的，不干不行啊！雨下很大，白天干，晚上还得干，穿一条裤子，大腿边都磨烂了！我腿上还有一条疤，就是锹把磨的。

---

① 根据已有的统计数据，1980 年至 2014 年的三十五年间，物价总上涨 4.84 倍，年均上涨 5.17%。

（那时候）早上 6 点钟起来干，干到 11 点吃饭，吃完 12 点又开始干，再干到晚上 6 点，有时晚上还要加班，干到晚上 9 点，（总共）干十多个小时！辛苦还挣不了钱。"

随着经济的发展，工人务工的地点从早期的山区转移到城市，原来由人工操作的一些活儿变成了机械操作，工人们也因此受益——工作没有以前累了，上班时间也规范许多，相对来说有了一些休闲时间。与此同时，城市中各种商品和娱乐活动愈加丰富，商场、超市、饭馆、夜摊、娱乐场所遍布大街小巷，工人们不必像早期那样积攒到年终才能进行大消费。但是，从店集外出务工者的讲述中，我们发现存在两种截然不同的生活状态：一种是为挣钱奔波的农民工生活状态，另一种是享受型的生活状态。

苏某家在杨塘，今年 50 多岁，有两个小孩，一个 18 岁，一个 16 岁，都在上高中，父母都健在，但不能干活儿，由他和兄弟照顾着。家里种着 7 亩田，妻子没有跟他一起外出，在家照顾孩子和田地。他跟着一个工程队，在上海干泥工，因为没有活儿，回到了家。他给我们讲了在工地上一天的时间安排：早上 4 点多就起来，6 点半上班，起来之后就洗脸刷牙，上个厕所，然后吃饭，再准备上班。4 点半下班，5 点左右就吃过饭了，看看电视，听听《新闻联播》，8 点钟就睡觉。差不多天天如此。然后他总结道："现在（已经）好多了，工地样样机械化了，没有以前用人工时候累了。"

胡某今年 31 岁，初中毕业以后就去宁波的工地干活儿，后面自己包工程打桩，前几年，轻轻松松就能挣到五六十万。他的老乡古严，23 岁，刚开始包工程（其父较早去宁波，也是一位包工头，很有钱，带着他干）。他们俩以及其他十多个在宁波包工程的老乡经常玩在一起，这些老乡年龄都差不多，最大不过四十岁，他们在一起经常花钱，据他们自己讲，花来花去都是他们圈子里面的，都是能挣钱的人。在这个圈子里，今天不是你请客，就是他请客，一天吃两顿饭，一顿两千块钱，光吃饭一天就吃去四千块，晚上还去 KTV 唱歌，这是他们最经常光顾的地方，点个上档次的 KTV，一场就会花费一万多。他们平时自己这样玩，老乡来宁波了，他们也这样接待，不这样接待就会显得怠慢。除此之外，他们经常出去旅游，住高档酒店、钓鱼、唱 KTV，出去几天就会花掉几万块。有一次一个月就花了三十多万！

以上是两种截然不同的生活模式。在第一个案例中，苏某基本没有"生活"，工作几乎就是全部的生活，唯一的休闲就是在晚上看一会儿《新闻联播》。这是大部分外出打工者的状态——除了工作，基本没有休闲娱乐活动，很少有消费活动，他们的工作与生活是分离的，来到城市务工的目的就是为了挣钱养家，休闲与消费只有在家中才能实现。第二个案例反映了外出打工者中的成功者的生活状态——并不需要花大量的时间投入工作，工作是在生活中完成的，简单管理就能挣到巨额收入，休闲娱乐成为他们生活中的重要部分。对他们而言，工作只是挣钱的手段，是为休闲娱乐服务的，他们不用担心家庭负担，保持或扩大自己的事业是为了维持或提高现有的生活状态，从工作和生活上看，他们已经融入城市。

如果把店集外出务工者生活状态看成一条连续谱，那么以上两种生活状态就是处在两端的典型。但是，我们不能分别用第一代农民工和第二代农民工的生活状态来对应到这两种类型上，因为很多第二代农民工仍然处在第一种生活状态中，或是处在连续谱的中间，第一代农民工的生活状态也有可能是第二种。背后真正的问题是：外出打工者不再是同质的整体，他们内部正在或已经形成分化，一部分成为企业主、老板、中层管理者，一部分还是从事低端劳动的打工者，后一部分仍占据大多数。这种分化首先体现在职业和收入的分化，他们分为受雇职业、自营职业和企业主，受雇职业的务工者们一般收入微薄，劳动过程和时间受到管理方严格的控制，企业主们拥有较高收入，工作时间自由，不受约束，可自主分配，自营职业恰好处在中间的状态，收入比受雇高一些，工作时间相对自由，具有弹性。正是职业和收入的分化导致了生活方式和消费方式的分化。

（七）店集外出务工者的社会保障

从店集外出务工人员的职业来看，三分之一的人为自雇就业，其余三分之二受雇就业中，大部分是非正式就业，因此，除了在国有煤矿上班的职工，店集外出务工者基本难以享受到国家的"五险一金"。外出务工人员绝大部分仍是农村户口，他们所享受到的社会保障主要为"新农合"和"新农保"。根据店集村委提供的数据计算得出，外出务工者中有95%以上的人参加了"新农合"，"新农合"以前需个人缴费45元，今年上调到75

元，只要缴费后就可以享受新型农村医疗保险；大约有 53% 的人购买了新农保，级别都为一档，一年缴费 100 元，60 岁以后可以拿每月 60 元的养老金。

四、店集农业分析

（一）基本信息

根据 2010 年店集村"三资"清理资源类资料，店集村统计的土地利用类型共 11 种，总面积 7442.11 亩。其中，村集体地（农户承包地）5078.84 亩，占 68.24%；水域及水利设施用地（沟塘、渠）905.75 亩，占 12.17%；农村道路用地（生产生活路）754.07 亩，占 10.13%；村庄占地 590.6 亩，占 7.94%；公共管理与公共服务用地（村部、学校）6.19 亩，占 0.09%；其他用地（老粮仓、机动地、五保地、公墓地）106.66 亩，占 1.44%。

表2.3 店集村村庄面积和村民小组承包地面积统计

单位：亩，%

类别	面积	百分比	村组	农户承包地面积	户均承包面积
生产生活路	754.07	10.13	店一	224.56	4.40
村部	1.3	0.02	店二	650.63	7.39
老粮仓	1.87	0.03	店三	464.9	4.60
学校	4.89	0.07	店四	509.86	6.29
机动地、五保地	59.74	0.80	店五	349.32	5.46
村集体地	5078.84	68.24	孙庄	618.07	6.37
公墓地	45.05	0.61	苏庄	292.2	6.11
村庄占地	590.6	7.94	杨塘	586.3	7.13
沟塘	786.33	10.57	米园	799.8	9.87
渠	119.42	1.60	曹庄	583.2	4.67
总计	7442.11	100.00	总计	5078.84	6.16

注：以上数据来源于店集村 2010 年"三资"清理资源类资料；生产生活路中含 350 亩林地；村集体地（农户承包地）中含 230 亩林地。曹庄包括曹西和曹东两个小组，农户承包面积分别为 248 亩和 335.2 亩，总户数为 825 户。

具体到每个村民小组承包地面积和户均面积，米园、店二和孙庄三个小组的组承包面积最多，分别为 799.8 亩、650.63 亩和 618.07 亩，共 2068.5 亩，占农户承包总数的 40.73%；米园、店二和杨塘三个小组的户均面积最多，分别为 9.87 亩、7.39 亩和 7.13 亩，远高出平均水平 6.16 亩。店一、苏庄和店五三个组承包面积最少，分别为 224.56 亩、292.2 亩、349.32 亩，共 866.08 亩，占农户承包总数的 17.05%，店一、店三、曹庄三个组的户均承包面积最小，分别为 4.40 亩、4.60 亩、4.67 亩。承包面积最多的三组之和是承包面积最少的三组之和的 2.37 倍。户均面积最多的三个组（米园、店二、杨塘）的平均水平是户均面积最少三个组（店一、店三、曹庄）平均水平的 1.78 倍。总体来看，村民小组之间的差距相对较大 ①。米园无论是组承包面积还是户均承包面积都最多，而店一无论是组承包面积还是户均承包面积都最少。

在有统计的 756 户农户中，经营耕地规模在 10 亩以下的有 400 户，占 52.91%；经营耕地规模在 10—30 亩的有 316 户，占 41.80%；经营耕地规模在 30 亩以上的仅有 4 户，未经营耕地的有 36 户。在农民经营耕地规模方面，近 95% 的农户经营耕地规模在 30 亩以下，超过一半的农户经营耕地规模在 10 亩以下。

有的承包户将土地流转给合作社耕种，土地质量较好且成块的土地的流转费能达到每亩 1000 元，这样的土地在店集村有 600 亩。另有 5000 亩土地参加合作社的"十统一"托管。合作社提供的服务包括统一供种、统一供肥、统一旋耕、统一机条播（机插秧）、统一开沟、统防统治、统管统水、统一收割、统一回收加工销售、统一秸秆综合利用。社员可以根据自己的需求选择其中的若干项服务，并支付相应的费用。粮食收割后，愿意卖粮食的村民可以在田里直接把稻子和小麦卖掉，想卖个好价钱的村民也可以把稻子拉回家留着以后卖。

店集村有三分之一的家庭已经不再种地，继续种地的家庭有 66.6%，其中，半工半农的家庭占 43.7%，全年在家务农的家庭占 22.9%。从人员

---

① 从标准差也可以看出，组承包面积标准差为 177.43 亩，户均承包面积标准差为 1.65 亩。

构成上看，这些全年务农的家庭主要是老人。

表2.4　现在店集村家庭户种地的情况

单位：户，%

	不种地家庭	半工半农的家庭	全年务农的家庭
户数	181	237	124
百分比	33.4	43.7	22.9

（二）"十统一"带来的变化

1. 机械化

现在，店集的合作社有拖拉机12台，插秧机10台，收割机8台，打捆机6台，育秧机4组，秸秆灭茬、粉碎、开沟、提浆、旋耕等配套机械80台，育秧基地50亩。除此之外，还有私人购买的机械为村民提供服务。合作社依靠各种机械，对农业生产过程进行细化分解，为农民提供"订单服务"。但在实际情况中，因为特定阶段"抢种抢收"的要求和地理环境的限制，将土地全程交给合作社托管的几乎没有。不过，在化肥、农药方面村民确实享受到了切实的优惠。

村民老贵今年六十多了，在村南预制板厂上班，家里有七亩地。老贵今年播种就没有找合作社，而是找私人用小机子直播的。"合作社它得先旋一遍，有时候来不及呀，这小机子方便一点，随便一叫它就去了。公家的要论旷，大队的有规定，今天搞这一旷，明天搞那个。每家的地又不在一起，今天它规划了你这里，停三四天才能规划到那一块。买药、买化肥得走合作社，因为它便宜。化肥买了之后就是自己撒。合作社也给撒化肥，它的机子连耕带化肥一下给你弄进去了，一遍清。但是你得能等到它。它的机子也没有那么多，不能全大队的田两三天都突击完了。所以能就上就就上，就不上就找外面的，越快越好，抢种抢收。"

一位合作社的骨干也说："就要用地方（私人）的机器，（谈好）多少钱一亩，（农民）给钱，这样的情况多。村民使用机器用我们的还是没有用地方的多，（因为）量达不到。种和收都是抢种抢收。"

图 2.7　机械化犁田

2. 购种和播种

2007 年，村委与县种子公司合作，店集村成为县种子公司的种子基地，麦种由种子公司提供。2010 年合作社承接村委与种子公司的合作，合作方式和合作内容并没有变化。在买种子之前，由村委每个队的队长询问本队村民种植麦种的意愿，申报种植亩数，然后汇总报到种子公司，种子公司再将相应的种子运到村里，经合作社向村民出售。

种子公司提供的麦种有平价和高价两种，平价是补贴价，高价是市场价。高价麦种 2 元 / 斤，平价麦种 1.25 元 / 斤，但是每户每亩限购 16 斤平价种，一般来说不够种植，不够的种子需要村民全额购买，也就是按市场价购买。为什么会有平价种，是因为国家对种子有补贴，直接补贴给种子公司，这样一来，村民也能得到部分优惠。

在播种机出现以前，主要靠农民自己撒种，合作社购买了播种机后，一些农民为了方便就请机器播种，播种机慢慢推广开来。现在机器播种一亩地的价格为 40 元。当前，店集用播种机播种能占到一半，另一半还是靠人工。播种的时间一般在头一年的 10 月上旬，坝南种的是黄豆，成熟早，因此种小麦的时间会早一些，不会遇到下雨天气，所以用机器播种更多；坝北的地是水田，水稻成熟得晚，如果遇上多雨水的年份，就没法用播种机播种，只能靠人工。

水稻的种植，在机插秧出现以前，都是人工栽秧，就是将种子比较密地撒在秧田里，等种子发芽成苗后，再将秧苗手栽进其他田里。2004 年之后机插秧协会成立，村里开始出现机插秧，2005 年开始试用，2006 年时正式推广。机插秧最初由镇农机局推广，但是推广困难，那时即使不要老百姓花钱，免费帮他们插秧（刚开始国家补贴机插秧种植），老百姓也不相信，帮助他们用机器插完秧后，他们还是拔掉自己再重新栽。直到2007年，在使用机插秧田地获得大丰收后，老百姓才开始接受，机插秧田的范围也一下子从160亩上升到1600亩。到了2008—2009年的时候，水稻田机插和手插对半开。

机插秧的产量比较稳定，不过气候对产量影响比较大。店集稻麦轮作，旱涝保收，与南方和北方相比也是有一定优势的。机插的秧苗虽然没有手插的直，不好看，但是机插的秧苗更多。机插的秧苗每块地能达到14万—15万株，而手插的秧苗每块地只有7万—8万株，在这种情况下机插的水稻亩产更高。而且如果农民采用机插秧的话，也不再需要自己育秧与市场上买稻种。一般一亩水田需要30盘秧苗，因此育秧节省土地。如果育秧1亩就可以栽100亩土地。以前撒种的时候，半亩地的秧芽只够栽两三亩。统一育秧后，种子不容易损失，节省种子。目前，店集整个村的秧苗都是沿淝糯米合作社提供，没有人自己育秧。此外，合作社还向潘集区、毛集区等周边区县提供机插秧。

直播于2008年、2009年出现，到了2010年，店集就只剩下直播和机插秧了，不会再像以前一样先育秧然后栽插到其他田里去。直播就是直接把稻种撒到田里，省去育秧和插秧的程序，比机插秧要方便很多。机插秧比较费劲——先翻地把秸秆还田，有的地块还得提浆，之后弄平才能机插秧，所以很多人倾向直播。另外，全部机插秧比较贵，村民会不愿意使用。

"现在老百姓就图轻松方便，少收点就少点。为什么大家烧秸秆，就是图轻松，一把火烧了赶紧种上，该打工还是去打工。"

图2.8 机械化插秧

3.农药的统防统治

在合作社成立以前，农民根据病情或经验到市场上买农药回来打（卖药的老板提供一定的指导），整个局面是"今天你打，明天我打"。同时，以前还流行高毒农药，如敌敌畏、六六粉、1605、889 等，现在这些农药已经被国家禁用。

2009 年以后，店集主要进行统防统治，由县植保站、农机推广站、县农委三个部门负责，县植保站负责防治虫害，县农委负责防治病害，药品免费向村民提供。三个部门一直会对农作物的病、虫情进行监控。当病、虫情较为严重的时候，就会下发打药通知，由店集村合作社（村委）组织打药。只要是合作社的成员，都会免费领到农药，就算有极少数的村民不是合作社的成员，如果其需要的话也会向他提供。合作社将田地分为东西两片，以村民组为单位，每组组织五六个人进行打药，其他不愿意参加或没有时间打药的村民出钱让合作社找人打药，麦子一亩地 7—8 块，水稻10 块一亩。每季小麦和水稻会发两次药。小麦是纹枯病一次，赤霉病一次，水稻是纹枯病和稻曲病各一次。每亩地打多少药，县农委和植保站都会配好比例，每个农药一亩地多少袋，都会说清楚。以前水稻至少 4—5 遍药，农户只要看到里面有虫了，不管多少，就要打药。而现在如果不达到防治的指标，农户们都不会打药。现在一季最多打药三遍，而大多数情况下是两遍。虽然一般是到了某一个时间段统一打药，但作物如果在药发下来之前就会得病，农户等不及了，就自行去市场上买农药，自己先打。

4.测土配方施肥

在合作社出现以前，村民根据经验前往村里或乡里的化肥店购买，所买的化肥不统一或者盲目跟风。合作社成立之后，村民大部分加入了合作社，统一从合作社按原价购买。合作社还请了县一个测土配方的公司在店集进行测土配方，测量土壤元素结构后让化肥厂根据土质需求配好化

图 2.9　机械化收割

肥，这样的化肥能够促进作物的生长，使作物增产。

在具体操作方面，由合作社联系化肥厂以出厂价订购测土复合肥（40公斤装，92元左右）并支付运费和卸载费，直接送到各村民组。而农户以90元/袋（40公斤装）价格购买，其中的差价由国家拨给合作社的补贴支付，大概每袋补5块钱。如果其他散户去市场上买同样的化肥，价格要高出10元。在化肥送来的前一天，村委会向村民通知，并把肥料钱收好，然后给化肥厂打过去，化肥厂会把肥料送到村口。而运费和卸载费，合作社会先行垫付，农委之后会打到合作社的账户。

图2.10　合作社农机肥料存放点

（三）粮食的市场化

八九十年代，收获的小麦和水稻主要是自家食用，出现余粮时，才会拿出去卖。大约在十年前，村里开始把粮食全部卖掉，从市场上购买面和米。现在，不管是小麦还是水稻，在经过晒干后，基本上都会被村民直接卖掉。当然，也有少部分人把粮食储存起来，等到价格好的时候再卖。卖粮食的钱，除了满足食用的花销外，还会用作其他开支。

（四）农业生产用工计算

生产工具和生产方式的变革以及生产资料的进步，也改变了传统的用工情况，使得农民种地效率不断提高，用工天数不断减少。如下表所示，在牛+人力阶段，种8亩麦总出工需要37天，种4亩水稻需要27天，到了机械化时期，种10亩麦只需要11天，种4亩水稻只需要13天。

表2.5　店集村某家庭近四十年来种地出工情况

阶段	程序	犁地、耙地以及播种/插秧	拔草	打药	施肥	收割	总出工天数
牛+人力阶段（80年代）	麦8亩	犁地和耙地：两头牛加一个人，一天只能完成两亩，播种：一人一天能完成两亩，整个过程12天左右	4天	5次左右，每次1天，共5天	多次（磷肥、农家肥），需5天	手割，两人一天一亩，需要7天，打场需4天，共11天	37天
	稻4亩	犁地和耙地：两头牛加一个人，一天能完成一亩，插秧：两人一天能完成一亩，整个过程8天左右	3天	5次左右，每次1天，共5天	多次（磷肥、农家肥），需5天	手割，两人一天一亩，需4天，打场需2天，共6天	27天
小型拖拉机+人力阶段（90年代—2005年左右）	麦8亩	犁地和耙地：一个人用一台拖拉机，撒化肥，然后再播种，整个过程4天左右	4天	5次左右，每次1天，共5天	施化肥2次，第一次随播种下地，第二次、一人一天能完成	手割，两人一天一亩，需要7天，打场4天，共11天	25天
	稻4亩	犁地和耙地：一个人用一台拖拉机，用时2天；插秧，两人一天插秧一亩，用时4天，整个过程6天左右	3天	5次左右，每次1天，共5天	施化肥3次，第一次在耙地的时候下，另外两次分别是返青肥和技节肥，分别一人一天就能完成，共2天	手割，两人一天一亩，需4天，打场需2天，共6天	22天
机械化时期（从2005年开始至今）	麦10亩	4天完成（包括犁地、耙地），个人只需将种子和化肥运到田里，其他都由机器操作	无	3次，每次只需一人劳动一天，共3天	2次，第一次随播种下地，第二次、一人一天能完成	最多3天收完（无须打场，只需要开着拖拉机将麦子从田里运回）	11天
	稻4亩	3天完成（犁地和耙地1天完成，机器插秧2天），个人只需运送化肥到田里	3天	打药4次，共4天	3次，第一次在耙地时候和技节肥，另外两次分别是返青肥，分别只需1天（1人）就能完成，共2天	1天收完（无须打场）	13天

（五）农业成本与收入计算

以水稻为例：

水稻播种有直播和机插秧两种方式，两种方式的成本不一样。直播种的费用：播种每亩60元，种子每亩42元，水费一年30元，化肥172元（150斤），除草剂30元，共334元。机插秧的费用：耙地每亩40元，秧苗每亩240元，水费30元一年，化肥150元（130斤），除草剂10元，提浆30元，共500元。除此之外，联合收割机收割的费用是70元/亩（小麦60元/亩）。

普通村民一般采用直播的方式，因为不仅成本低，而且更方便。只有种植大户和少量农民使用机插秧的方式——合作社提供秧苗并用插田机插好，一盘收8块钱。如果村民只购买合作社的秧苗，自己找其他插秧机插种，每盘只要6元。

自耕农访谈：

我一个人种着自家10多亩地。一季水稻一季麦，一年毛钱卖2万左右，要是去掉农药水费化肥什么的，1万块钱剩不下来，最多一亩地就能弄1000块钱，这是正常年成来说的。

水稻的收入比较高，纯收入能干到1500块/亩，去掉机插秧等投入的费用，能有1200元/亩的收入。而种小麦挣的钱只够弥补化肥和种子费用。黄豆不行，一亩才收100多斤。

经过与农户仔细计算，以2014年的小麦（1.1元/斤）和水稻价格（1.4元/斤）为例，水田一麦一稻，每亩全年毛收入2300元，除去种植成本1000元，纯收入达1300元。旱地种一麦一豆，每亩黄豆产量200斤，毛收入500元，小麦毛收入1000元，去掉成本600元，一麦一豆一年纯收入为900元。

图 2.11　田间水渠

合作社访谈：

首先，2010 年合作社与县种子公司合作，店集村近 5000 亩地成为县种子公司的种子基地，种子公司低价提供部分原种，并予以技术指导，小麦成熟后，种子公司又以高于市场价格回收，比如，现在（2015 年）一斤麦市场价格只能卖到 9 毛多，比去年低了两毛，但卖给种子公司的价格没有变，比市场价高一毛多一斤，这就使得农民每亩小麦增收 150 元左右。其次，合作社统一向公司以低于市场的价格采购肥料和种子，然后按原价卖给农户，使得农户每亩就能减少投入 40 元。另外，由于科学管理、采购优良品种、施用测土配方肥，每亩增产 10%—15%，两季一共会多增收 360—400 元。对于合作社而言，当进行规模化生产以后，也能够享受到政府的各项补贴，如燃油补贴等，每亩达 400 元。所以合作社从土地的规模化、集约化、机械化上是得利的，比自己种划算。

（六）牲畜家禽养殖情况

在 90 年代及以前，店集村差不多家家户户都养猪牛、鸡鸭，而现在村民很少养家禽牲畜。在牲畜中，养羊户最多，占村总户数的 5.6%，这是最近几年兴起来的，原因在于一些老人为了增加自己的收入；养牛只占村总户的 0.6%；养猪最少，只占 0.3%。养家禽的比例高一点，其中养鸡比例最高，为 16.6%，养鸭的比例为 7.6%，养鹅的则最少，只有 1.1%。养家禽的比例比养牲畜高一点，因为养家禽不是为了挣钱，而是自家吃，较少受市场价格的影响，所以养家禽比养牲畜从效用上更划算，而养牛猪成本高，盈利微薄。

表 2.6　店集村牲畜家禽养殖情况

单位：户，%

队名 \ 项目	养羊	养牛	养猪	养鸡	养鸭	养鹅
店一	2	0	0	3	0	0
店二	3	1	0	7	3	0
店三	2	1	0	5	2	0
店四	2	0	0	3	3	3

续表

项目 队名	养羊	养牛	养猪	养鸡	养鸭	养鹅
店五	1	0	0	2	2	0
曹东	15	1	1	15	15	0
曹西	4	1	0	15	15	0
米园	12	1	0	60	10	6
杨塘	4	1	2	4	5	0
苏庄	1	0	0	5	3	0
孙庄	8	0	0	40	15	2
总和	54	6	3	159	73	11
占村总户百分比	5.6	0.6	0.3	16.6	7.6	1.1

注：店集村总户数为 957 户。

农民养家禽牲畜的比例下降，主要是因为现在市场上能够提供价格相对便宜的肉类，农民方便省事，不愿意再自己养。另外，大量的农民外出务工，没有人来喂养。最后就是村民们搬到新村，不再具有饲养家禽牲畜的条件。

五、店集农村企业的发展

90 年代，村办企业在杨村乡开始兴起。在这之前，除了集体时期村民曾以生产队为单位"搞搞副业"以外，几乎没有成规模的非农业生产组织。在店集村，从 60 年代初期开始，各联队曾建立起集体所有的作坊。米园联队办了一个窑厂，为当地人生产盖房子用的青砖，但窑厂始终处于半运转状态。杨塘联队开过一个炸撒子和烙饼的作坊，孙庄有一个做豆腐的作坊，但这些小作坊只能基本满足村民极其有限的需求。这些小规模的"集体副业"往往局限于村庄之内，盈亏与否都由生产队承担，经营这些副业的社员和下田劳作的社员一样，都按天核算工分。分田到户以后，生产队不再经营这些作坊，大部分作坊解散。

（一）90 年代的"大办企业"

1991 年，马店区政府撤销，拆分为 3 个乡镇，店集村所在的杨村乡获得了更多的资金与行政职权。那时正值国家大力倡导乡镇企业的发展，一时整个杨村乡各个村庄都各尽所能组建村办工厂和村办企业。村书记陈宏斌还能回忆起 90 年代推动大办企业的宣传口号："乡办、村办、联户办、个体办，四个轮子一起转"，"宁可办了亏本不可不办"等等。乡领导班子还购置了一辆北京吉普，组织干部们去沿海乡镇进行考察。考察归来，杨村乡就以行政化手段部署了各村"大办企业"的任务，每村一个预制厂，一个窑厂，一个打面井房。

在这样的背景下，从 1991 年到 1997 年，店集村先后兴办了一个塑料厂、两个小型吊窑、一个面粉厂、一个预制厂、一个针织厂。这些工厂有的是本村成员自发组建，有的则是村干部招商引资的结果。但是因为各种原因，这些村办企业几乎都没有实现盈利，反而花费了不少村集体资金，都以亏损、破产告终。

店集村的面粉厂就是由村集体扶持，村民自发组建的。1988 年，由 3 个在外闯荡归来的村民牵头，27 个人入股建立了面粉厂。当时购置新型的设备需要投资 4.5 万元，那是一笔不小的数目。村委扶持面粉厂 1.5 万元并提供 9 间屋子的厂房，30 个村民各拿出 1000 元，共同购置了设备，雇用将近 20 个本村人。一开始，面粉厂主要由 3 个牵头村民来经营，要求年底给入股的村民每人 250 元的分红，起步阶段暂时不需向村集体上缴利润。1988 年到 1990 年，因为通货膨胀，面粉厂收购的小麦全都大幅增值，这三年顺利实现了分红。到了 1991 年，村集体向 30 名村民赎回股份，名义上将面粉厂收回集体所有，但实际上却交由村干部的亲属来个人经营。然而，当通货膨胀的影响消退之后，面粉厂的利润就明显下降了。1991 年下半年的洪水淹毁了面粉厂仓库，面粉厂损失不小。最终，面粉厂在 1993 年倒闭，当年花 4.5 万买的设备也以 8000 元的价格卖出。

与此同时，在店集村兴办的针织厂和预制厂是招商引资的成果。经对口帮扶单位的介绍，1991 年，一家江苏启东的小厂商在店集村进行毛衣被单的加工生产，一开始雇用了 50 人左右。村集体不仅为工厂提供厂房，还提供了 1.5 万元的资金，规定厂商每年给村集体上缴 5000 元。但是启东老板干了一年后，觉得挣不到钱，1993 年他最终选择撤厂。

经营预制厂的老板是针织厂老板的亲戚。1991 年，村集体投资 4.5 万元建设场地，启东老板负责组织生产，年终仅需向村集体缴纳 3000 元。预制厂在启东老板的组织下经营了 3 年，但是到了 1995 年，因为利润较少，老板也决定撤走。村集体又向预制厂投资 1.5 万元，将预制厂交给老村长经营，年终预制厂只需向村集体缴纳 2000 元，规模有十多个人。随后预制厂又维持了 4 年时间，1999 年村集体还未收回投入，预制厂就宣告倒闭了。

90 年代店集村投资兴办的工厂企业很难获得利润，仅依靠村集体的扶持是不足以维持生产的。利润率的低下至少有三个原因：一是国税地税征收不规范，如果没有人脉疏通，外地厂商很可能被征以不合理的税额。二是各个乡镇村庄重复建设，造成严重竞争，压缩了利润空间。三是由于技术有限，产品质量不高，难以走出地方获得更大的市场。基于方方面面复杂的原因，店集村在 90 年代投资兴办的工厂企业都在 2000 年前倒闭。

行政指令下的"大办企业"使村集体投资了大笔资金，在不到 10 年的时间里，店集村集体投资工厂企业已经超过 30 万元。最终投资失败使得村集体负债，村集体只得每年从老百姓身上提取资金。90 年代以来，店集每个村民每年须多上缴 30 斤粮食以支持村乡"大办企业"，这意味店集村每年要额外上缴 15 万斤粮食，约合 10 万多元。这无疑大大加重了村民的负担。1997 年左右，安徽省开始进行农村税费改革的试点。各乡镇行政化推动"大办企业"的做法也被叫停。大概十年的时间里，工厂和企业已经在店集村里销声匿迹了。

（二）农村私人企业的发展

进入 21 世纪以来，农业政策的调整与国家资金的注入增加了村庄的活力。新农村建设和粮食规模化生产给当地带来了商机。一些通过外出打工或经商积累了资金的农民开始尝试在当地兴办私人工厂或企业。目前，店集村民已经在本村建起了两家这样的私人工厂或企业。

2008 年一名店集村村民投资十几万元在店集村经营一家预制厂，占地 3 亩多。店集村新农村建设为这家预制厂带来不少订单。同时，杨村乡承接国家工程开展建设，也为他带来 20 万元的订单，其中供货利润有 6 万元左右，在开业第一年这个村民就收回了一半的成本。在国家加大农村建设的条件下，只要能掌握信息和人脉资本，能拉到活儿，就会有效益。这家预制厂属于私人企业，虽然无法提供村集体收入，但是解决了 7 个当地村民的就业，平均工资在 2700 元／月左右。

另一家私人企业是店集粮油供贸公司，它是店集村唯一一家实现规模生产的企业。2006 年，粮油公司建立，包括陈宏斌书记在内有四个股东，后来有一人退出，陈书记中途也将股份转给了别人。起初，这个粮油公司的主要业务是收购周边鲜糯米进行粗加工，然后销售至各地的食品加工厂与酒厂。近十年来，企业规模不断扩大，收购鲜米的范围从本村逐渐扩大到附近 3 个乡镇，产品已卖到北京、内蒙古、河南、江西等地的经销商。现在，公司的产量稳定在 1 万吨左右，雇用 30 多个本地人。目前，凤台县内有同类企业 15 家，店集粮油供贸公司在其中属于中等规模，获评淮南市龙头企业。

表 2.7　米厂近十年发展状况

年份	年产值（万元）	年产量（吨）	年糯稻收购量（吨）	纳税（万元）	工人人数（人）	年用电量（度）	年柴油用量（吨）
2006	198.7	709	1098		9	8190	
2007	378.9	1330	2070		17	17890	
2008	1871.3	5460	8740	0.4983	23	312710	
2009	2398.4	6000	9300	0.6789	24	376180	2.15
2010	3189.5	7980	9100	0.8378	28	387819	2.30
2011	3617.3	8700	9250	1.1347	27	400800	2.47
2012	4010.5	9200	9400	2.3539	31	401000	2.39
2013	4689.6	10194	9170	4.8573	33	391870	2.41
2014	4838.7	10800	9160	3.6749	35	389176	2.38
2015	4988.3	10400	9230	1.8534	36	398760	2.07
年均增长率（%）	43.06	34.77	26.69	20.64	16.65	53.99	−0.63
均值	3018.12	7077.3	7651.8	1.9862	26.3	308439.5	2.31
总计	30181.2	70773	76518	15.8892	—	3084395	16.17

注：2010—2015 年年产量中包含购入量，分别为 2000 吨、2700 吨、3100 吨、4100 吨、4850 吨、4400 吨；工人人数含企业管理人员等。

虽然店集粮油供贸公司整体上经济效益不错，但生产过程技术含量较低，因此公司的利润会受到糯米价格的影响。自从 2006 年投入运营开始，粮油供贸公司做到了第一年保本，第二年盈利，除第三年亏损之外，2010 年至今都实现了稳定盈利。相比建厂时，现在这家公司的产值已经大幅提高，所需流动资金已经达到了 1000 万元 / 年，但是利润率基本不变。在米价较好的短时段里（如 2008—2009 年），企业年利润有 70 万—80 万元，在一般年份，年利润在 20 万—30 万元。近几年来米厂的利润大部分被用于扩大再生产。

十年间，粮油公司的厂房面积不断扩大，从 2006 年的 2000 平方米扩大到今天的 7000 平方米。2006 年所占用的土地是店集村通过占补平衡而获得的集体建设用地，米厂以 1.8 万元 / 亩的价格补偿农户。在 2009 年厂房扩大时，补偿款已经提升到 3 万元 / 亩。目前，厂房已经扩大至新村规划中的耕地红线，很难继续扩张。除了厂房扩大以外，公司的扩大再生产主要依赖新设备的引进，而设备购买需要集中的大笔资金投入。例如，目前如果购置一套新的生产线需要投入 40 万元左右，如果想延伸产业链，增加米粉加工的规模化生产线，至少需要投入几百万的资金。

低技术、低利润率和高投入，给店集粮油供贸公司进一步发展带来了困难，其中最大的问题就是缺乏资金和融资困难。每年企业所需的 1000 万元流动资金中，至少有 800 万元左右需要融资解决。而厂房土地属于集体建设用地，无法抵押贷款，因此粮油公司主要依靠县政府担保在建设银行获得 350 万元贷款，担保加利息共 9 厘 5。此外，公司还得向商业银行贷款 200 万元，利息 1 分左右。剩下的资金缺口只能依靠农户集资解决，集资对象主要是本村相熟的农户，利息大约为 1 分 2。在融资困难的情况下，粮油公司扩大生产规模的动力在不断减弱。

目前政府为农村中小企业提供了一定的扶持。一是税收优惠，即收购本地农产品加工免税；二是融资扶持，包括县财政局担保贷款和银行部分贴息；三是中小企业负责人培训，粮油公司程老板也曾经去中南大学和浙江大学学习企业管理。这些支持在中小企业完善管理、企业的正常运行与渡过企业危机中起到了重要作用。

（三）振兴"集体经济"的尝试

从 2012 年起，政策开始倡导激励村集体重新尝试兴办集体企业。相比之下，凤台县已经拥有规模化集体企业的乡镇和村庄往往更容易得到政府扶持，投资建设园区；还有的乡镇和村庄涉矿，因为占地补偿有了较好的资金基础，可以自己投建工厂或企业；店集村这样的农业村，不论自己投资建设还是招商引资都困难重重。

2012 年，经本村打工者介绍，一个浙江台州的商人试图在店集村办制衣厂。村里提供场地并提供免费水电，老板带来了 100 多台制衣机，一开始招纳了 40 多名本村妇女，老板承诺一年给村集体上缴 3 万元。但恰逢服装业寒冬，工厂开工不到一年时间，就因为工人流失、产品质量不达标以及运输意外事故而倒闭。

2013 年，村里的几个在外打工的女孩想在本村组建义乌某箱包厂的代工点，村集体给出了与对待制衣厂类似的条件。然而，箱包代工的订单不稳定，代工工资较低（50—70 元 / 天），特别是箱包制作所用的胶水对身体有害，这个小型代工点维持不过 4 个月，就面临了招不到工人的难题，很快就停工了。

店集村因为几乎没有集体收入，所以很难积累资金投建企业。返乡创业则面临着生产技术不过硬和产品销路经验不足的风险。这些年招商引资的尝试都以失败告终。店集村提振村庄集体经济似乎还需尝试其他的道路。

总的来看，乡村工业化与乡镇企业一直被认为是缩小城乡差距，提高农村造血能力的一剂药方。但是从位于我国中部地区的店集村来看，90 年代的尝试并没有给村庄生产力带来较大发展，反而增加了农民负担。这种失败的后果与村办企业的行政化和指标化推动过程不无关系。进入 2000 年，随着村庄活力的缓慢恢复和国家资金的进入，个别积累了少量资本的农民开始兴办私人企业。借助于地方优势和人脉资源，这些企业有希望达到一定程度的规模化，并带动部分村民就业。但我们也必须看到，像店集这样集体经济本就发育不良的村庄，在毫无资本和经验积累的情况下，想要振兴集体经济依然困难重重。

六、店集的基础设施建设

店集不仅在农业上实现了跨越式发展，整个村庄环境也发生了翻天覆地的变化，主要就体现在其生活环境和居住条件上。

（一）村庄房屋的变迁

村庄的变迁首先体现在房屋的变化上。从集体化时期到现在，店集村的房屋大致经历了四个发展时期。

在 70 年代和更早之前，店集村的房屋大都是土坯房。土坯房下面是砖，上面垒土坯，顶上是麦秸麦秆。一个土坯 40 厘米长，26 厘米宽，由泥土和麦秆混合后放到模具里压制而成，压制的时间很短，一般一分钟左右。但是，和泥很费力气，所以某家建房的时候，亲戚朋友都会过来帮忙，帮忙不需要给工钱，只需要中午和晚上请他们吃顿饭。一般而言，一座土坯房几天就能建好。

80 年代，店集的房屋变成了砖瓦房。砖瓦房也经过了两种形式，一种带有走廊，一种没有走廊，带走廊的房屋属于改良版，更加实用和美观。主要的建造材料变成了土窑烧出的青砖或红砖、瓦片以及沙灰。在这个时候，建房已经出现了专门建筑

图 2.12　第一代房屋：土屋

图 2.13　老村的灶台

图 2.14　老村的厕所

图 2.15　第二代房屋：砖瓦房　　　图 2.16　第三代房屋：带檐柱的砖瓦房

队。村民只要在建房之前把材料备好，再请建筑队（当时叫毛巾班）过来建，建好后给他们开工钱就行。不过，传统的互助形式并没完全消失，亲戚朋友也会过来帮忙。那时候建房的工钱开支不多，一个瓦匠大工能拿到8 块钱，小工只有 5 块钱，花费主要在材料上。

小苏庄的苏某某是店集第一个建造走廊砖瓦房的，时间大概是在 1985年。三间房屋，总共花费了 3000 块钱。材料都是自己先买好，然后找木工瓦工师傅盖。建造的过程有八九人干活儿，苏某某管他们吃。盖好后，工钱花了 150 块，一个亲戚不要钱，实际只花了 130 块。那时建房，主要花费都在材料上，比如砖头 4—5 分钱一块，三间房就拉了 15000 块，近 600块钱，占花费的五分之一。苏某某当时在凤台上班，一个月 30—40 块。他是积蓄了很久，同时向银行贷款后，才把房屋建起来。"那时建房是一笔很大的支出，基本没有人不欠账的。"

90 年代，大量农民外出务工。进城以后，他们发现城市的楼房比家里的房屋漂亮多了。挣到钱以后，他们不愿意再建砖瓦房，而是建像城市一样的楼房。1991 年，杨塘庄的吴家兄弟建造了店集第一栋楼房，引起了全村的轰动。之后，店集陆陆续续出现了平房和楼房，平房只有一层，楼房有两层，那时钱不太够的人家就建平房，有钱的人家就建楼房。而房屋材料也变成了钢筋水泥、红砖、沙灰、预制板，有钱的人还会在外墙贴上一层瓷砖。计工方式除了原来的按天算之外，还出现房屋承包，即建筑队从材料到建造再到粉刷装修，提供一条龙服务，村民只需要出钱就行。总的来说，20 世纪 90 年代到 2005 年，店集村增加了许多气派的楼房。店集村主任在 2002 年建了一套两层楼房，花费了 3 万多元，是 1985 年建房费用的十倍。

2005 年，店集开始新农村建设，新建的房屋都是楼房，后来随着新农村建设的推进，又变成了联排式的别墅和独栋式别墅。从新农村建设到现在，房屋不再由自己建造，而是由村里统一建设，村民只需要出钱（每年的价格不一样）。统一规划后的房屋比老村的楼房更加整齐漂亮。一些有钱的村民把房屋装修得非常精致和现代化，基本上与城市住房没有区别了。

（二）新农村建设

20 世纪西淝河经常泛滥。为了防洪，政府在 50 年代组织修建了淝左防洪大堤。因此，店集村分为了南北两侧。淝左堤成为抵御洪水的屏障，北侧村庄（苏庄、孙庄和杨塘）几乎没有洪水之虞，南侧 4 个自然庄仍经常受到洪水之害。因此，早就有人提议把坝南房屋搬到坝北，免受洪水袭扰。

2003 年又一次河水大涨，村委在组织防汛时，有不少村民说起村舍北迁的提议。那时，村书记陈宏斌第一次萌生了在坝北建房的想法。这项计

图 2.17　第四代房屋：平房

图 2.18　第五代房屋：二层楼房

图 2.19　店集老村的房屋

图 2.20　店集新村的房屋

划的实行首先从村小学开始，因为村小学在堤坝南面，一方面年久失修，另一方面是只要河水上涨，小学楼房就会遭水淹，因此村民都赞成小学北迁。2003年店集新的小学开始建设，教育局资助了50万元，占用的是村民耕地。

2005年6月，中央提出建设社会主义新农村，村书记陈宏斌认为房屋北迁的政策转机已经到来。他还清醒地认识到：第一，"新农村"肯定不像老村庄那样，"一条路两边房，前面稻草垛，后面臭水塘"；第二，"新农村建设"要有整体和长远的规划，不仅仅是建新房还要建新村。

2005年末，店集村村委开会讨论了新村建设的事项，虽然村委普遍存在畏难情绪，但在村书记的推动下，第一批房屋还是开工了。为了第一批工程，村书记借钱100万元，村委其他成员凑钱20万元，将这120万元作为启动资金。

当时坝北正对泚左堤处有两条大沟，东边是田地，西边是一片公墓林。村委将沟渠土地用作新增的宅基地。因为如果向村民买地会增加建房成本，还会遇到土地审批的困难。沟渠土地归集体所有和支配，不需要占用耕地，可以免去土地审批的麻烦。因此2005年底开始，村书记的建筑队在大沟里打下了墩子，建起了房屋基础。在此期间，村书记曾去萧山市和江阴市的村庄考察，特别参观了华西村，在房屋外观设计上受到了启发。他决定不再盖"火柴盒子上摞豆腐块子"的老样式，打算建起脊的二层楼房，选择白墙绿瓦的色彩搭配。

在房屋建设的过程中，村书记也开始动员村民购买新村房屋，一套两个门面的二层楼房卖5.4万元。这个价格对于村民来说不算太贵，毕竟自家盖房的成本价格也与此相当。而且村民有住房改善需求，例如王某，他和村书记沾着亲戚，2005年的他刚刚结婚，正发愁没有宅基地盖房。因此他从村书记手中买下房屋后成为店集新村第一位住户。他回忆说："那时候整个坝北一片漆黑，除了建筑工地的汽灯外，只有我们这一家的光亮。"总之，在村书记的游说和动员下，新村的第一批房屋都在盖好前卖了出去。

第一期工程完成以后，村书记开始着手推动东南小区的建设。这一批房屋建设开始触及耕地占用的问题。小区建设所用的土地是店集四组村民的耕地，村书记以1.8万元/亩的价格与村民协商，征用他们的土地，之所以采取这个价格是因为当时杨村镇街道征地价格就是 1.8 万元 / 亩。被征走土地的村民具有优先购买权,同时,征房款也可以冲抵房屋款。如果被征地村民仍然想保留土地,也可通过全村统筹置换土地的方式获得同等质量的土地。总体来说,土地征用的过程较为顺利,因为,村民比较倾向于用土地兑换一套位置较好的房屋。

在第二期的建设过程中,为了减少占地,合理规划,降低成本,店集村提出了农民新村建设的七统一原则:统一选址规划设计、统一住房模式、统一招标施工、统一基础设施、统一房屋价格、统一退宅还田、村里统一开发建设,建成后交由村民搬迁入住。

东南小区 2007 年建设完毕,一共占地 41 亩,建起的是独院的二层小别墅,180 平方米的户型卖 6 万,200 平方米的户型卖 6 万 6。小区建设过程中,东西两向的街道也相继建设起来,下水道和路面绿化逐渐完成。村民们看到新村粗具规模,买房的人也多了起来。2008 年的时候,29 户村民已经在小区里购买了房屋。

2008 年,凤台县个别村庄建设被指责为"房地产开发",省纪委与省国土局开始介入并展开调查。店集村的新村建设被紧急叫停,村书记接受审查。"耕地占用"和"房屋卖出价格"是两个重要的审查问题。在省纪委和省国土局了解真实情况后,审查给出了正面的结论,店集新村建设不算房地产开发,可以继续进行。

以此为契机,从 2009 年以后,店集村新村建设的土地使用和建设规划得到了上级正式承认和规范管理。当时的决议是,店集村已经建设完毕的

图 2.21-22　正在建设中的店集新村

50 多亩土地正式批复为合法的建设用地，除此之外店集村又获得了额外的 40 亩建设用地指标。加上一些废荒地，在 2009 年初，可用于新村建设的合法土地共有将近 110 亩。自此，店集村的新村建设从摸索阶段进展至规范化推进的阶段。

自 2009 年起规范化推进以来，店集村的新村建设发生了三点变化。第一，新村建设用地开始实行"占补平衡"的原则。第二，新村建设的主体从村委变为多元主体。第三，公共设施建设得到了国家项目资金的集中扶持。

第一，新村建设用地的获得，自此遵循"占补平衡"的原则，这为店集村的"耕地占用"的问题确立了规范。"占补平衡"意味着，新村用地所占用的每一亩土地都要通过老村土地整理和旧屋拆除来弥补。预计老村全部搬迁后，将整治老村占地和低洼地 1200 亩，能新增农田 600 多亩，水塘 280 亩。经过集中整理，店集老街的一些老屋拆除，已经完成复垦 120 亩左右，但是 2009 年以后，因为补偿政策的变动，村民搬迁很难开展，土地整理工作也被延后了。

第二，村书记与村委曾是新村规划和建设的主体，但是 2009 年以后，村中其他建筑队和有能力的村民开始参与到房屋修建和销售的活动中来。在村委确立建设规划之后，有能力的建筑队通过与土地使用者协调，可以按照统一的价格征用土地开展建设。但是房屋样式和户型必须依照统一的建设规划，最终房屋出售的价格也不能超过村委所限定的价格标准。因此，在 2009 年村书记开始修建西南小区的同时，平安大道西北侧、迎宾大道北端、孙庄以及杨塘等处也开始由不同的村民组织修建新房，并以不高于 7.8 万元的价格向村民出售。

第三，新村规划已经为公共设施留下了空间，村委争取资金去逐步完善。由于店集的新村建设被乡镇和县树为典型，一些特殊扶持项目开始向其倾斜，村委通过积极争取项目来逐步完善新村公共设施。例如，乡镇领导也曾专门补贴店集村十多万元，为新村装上了一部分太阳能路灯。新村两条主要道路"迎宾大道"与"平安大道"的初步建设就是得益于 2007 年的"村村通"工程。2012 年左右，一个惠农项目提供 30 万元为新村修建活动空间，村委利用这笔钱建起篮球场和农民公园，为新村创造出更宜居的环境。

在新农村建设的基础上，2011 年，店集又迎来新的发展机遇。店集通过紧抓安徽省"美好乡村"建设项目，使店集新村又上了一个新台阶。按照美好乡村建设"11+4"的要求，店集的基础设施已基本建成。现在的店集，除了式样别致的住宅小楼，还有农民休闲中心、便民超市、迎宾公园、科普中心、文化广场、自来水厂、污水处理厂等。村内基本实现道路硬化、排水畅化、夜晚亮化、环境美化、庭院绿化、厕所净化。在此基础上，店集村还应用和推广了太阳能路灯、太阳能热水器等新型能源。总而言之，现在店集俨然是乡村城市小区的景象。

截至目前，新村建设已成规模，占地 265 亩，建设成片小区，共 685 户，入住 500 多户，其中外村购买入

图 2.23　店集新村村口

图 2.24　店集新村的南北大街

住 40 多户。值得一提的是：新村后几期的房屋价格因为成本的上涨而有所提高，就现在而言，按照不同的户型，价格在 10 万元到 15 万元，但始终在村民可接受的范围之内。当然，新村的建成以及公共设施的完善离不开政府的大力支持。据村委统计，从新农村建设到美好乡村建设，政府在店集村投入资金 1599.37 万元。其中美好乡村建设资金最多，达 923.5 万元，其次是农房改造资金，共 376.6 万元，另外还有"一事一议"项目资金266.49 万元和环境整治资金 32.78 万元。这些项目资金基本都是专项资金。

表 2.8　店集村 2007—2018 年村级收入

项目名称	金额（万元）
美好项目建设资金	923.5
农房改造工程资金	376.6
"一事一议"项目资金	266.49
环境整治资金	32.78
总计	1599.37

村庄统一规划建设让农民从散漫宽敞的田园生活退出，集中居住到小区楼房里，这一举措为什么没有受到明显的阻力？通过在店集的深入生活，我们发现有几个原因：

一是村民通过外出务工，收入大幅度提升。稳定而较高的经济收入是村民买房的基础，近年来，村民外出打工收入不断增长，农业收入稳定在较高水平，农民有了一定的积蓄，经济购买能力不断增强，买房不再成为负担。

二是农户养殖业的衰落。传统"家"的概念是有房子、房子能养牲畜。在从事农耕的同时兼顾养殖，一直是我国传统的农户经营模式。但我们在店集的老村庄只看到很多作为宠物的狗，而没有见到猪牛、鸡鸭等。经过了解发现，随着企业大规模涉足养殖业，农户养殖由于成本太高已经完全退出。现在农村人不仅吃肉不靠自己养，粮食也是近乎商品化，很多农户都是收获后全部出售，一日三餐或者从集市上买现成的面条、馒头，或者从商店买米。此前农村随处可见的加工米、面的小作坊已经基本绝迹。农民生活的巨大变化由此可见一斑。

三是随着农业机械的大量应用以及农业集约化、专业化的发展，农户拥有各种农具的传统也逐渐消失。

四是新一代农民对生活方式的追求在变化。新一代农民对居住的追求是要有有线电视、能上网、有上下水，下雨天也能穿干净衣服。显然像城里人那样集中居住在小区里才能最快解决这些问题。

（三）新农村的生活

新村建设以后，大多数村民从原来破旧简陋的砖瓦房搬进了漂亮雅致的别墅，原来常走的坑洼砂石路变成了宽敞平坦的水泥路和柏油路。从对自给自足的菜园子的依赖到去菜市场买菜，从靠烧麦秆做饭的泥锅变成使用液化气和电的高级厨卫，洗衣机、液晶电视、冰箱、空调、电脑等都进入普通村民的家中。村民的生活得到极大的改善。

以前老村都是小商店，物资缺乏，现在便民超市随处可见，商品琳琅满目，生活用品基本不用再跑到乡镇和县城去买。在美好乡村建设之前，店集没有金融服务点，取款存钱都要去镇上，很不方便。2013 年成立了金融服务室，安装了二十四小时取款机，村民在任何时候都可以取款，十分便利。

村民的生活环境也发生惊人的变化。在以前老村，随处可见任意丢弃的垃圾，脏臭的水塘，简单的旱厕，胡乱生长的杂草。现在的新村，随着美好乡村建设的开展，家家门前都有垃圾桶，固定清洁队每天打扫村里的卫生，街道干净而整洁。生活污水也通过排污管道进入污水处理厂，还有专人清理公共厕所。

随着新农合医疗制度的建立，店集村成立村卫生室，足不出户就可以看病，小病大病都可以享受"新农合"报销，农民看病负担减少许多。村里还新修建了小学、幼儿园，小学占地面积 3375 平方米，其中教室 36 间，面积 972 平方米，现有学生 306 人；幼儿园建筑面积 3200 平方米，共有教室 12 间，能容纳学前儿童 300 人，为村里的小孩提供了宽敞而又舒适的校园环境，使得家长放心地让孩子在村里接受教育，不需要再把孩子送到镇上或县城上学。

店集的文化娱乐活动随着店集新村的建成也变得丰富起来。以前店集文化活动比较单一，最早是听戏看戏，平时聚在一起聊天。现在村里有两个休闲空间场所，一个位于村部附近，迎宾大道的西侧，这里有部分健身器材和一条林荫道。另外一个是以篮球场为中心的文化广场，范围更大，除篮球场外还包括一个小公园、一个电子大屏和一批健身设施。每天晚上 7 点，只要不下雨，村中小姑娘、大妈们甚至老奶奶都准时地聚在文化广场，伴着欢快的歌声跳广场舞，村里的小伙子和中年男子则在另一旁打篮球。2016 年三月初五逢会，店集还成功举办了首届农民文化艺术节，当天，各种商品小铺、县推剧团、秧歌队、市艺术团集聚店集，敲锣打鼓，载歌载舞，好不热闹。村里还建立了文化书屋，村民可以在闲暇时间阅读上网。

图 2.25　店集农贸市场

图 2.26　新村的便民服务超市

图 2.27　新村的金融服务室

图 2.28　新村的卫生室

图 2.29　公共厕所

图 2.30　店集茶馆

图 2.31　村民在文化广场跳广场舞

图 2.32　村民在广场锻炼身体

七、店集的乡村治理

每个村庄都有自己的面貌气质，它反映着一个村庄最为直观、最希望为外人所知，或最容易为外部人所知的一面。某种程度上说，店集村最容易为外人所知的特点是它的"先进"。历史上的店集与淮北平原上的许多村庄一样，饱受旱涝之苦。在 50 年代西淝河整治之前，店集村十年九涝，一年只能收一季麦子。虽然常遭洪涝之灾，在全乡最为困苦，但是店集村在行政评价中很早就跻身先进。自店集第二任书记苏万顶时期（1965—1984年）起，村子就"干得不错"，到了第三任书记苏万玉时期（1984—1996年），店集就成为了全县为数不多的先进村。到了 2002 年起担任书记至今的陈宏斌时期，店集更是搭上了新农村建设的政策快车，中心村建设被树成全县乃至淮南市的样板。

我们对店集强人、能人治村和村庄协同行动能力进行了考察。

（一）打坝：协同行动的历史基础

店集村是在 80 年代公社解体、分田到户之后才从诸村中脱颖而出的，这一先进称号与当时店集开展的防汛打坝工作密切相关。店集村临近西淝河，更是西淝河两次破坝口所在地，南边的村庄曾两度淹没，所以村民无论男女年年冬天除了参与乡级和县级的集体工程兴修外，还要不断维护本村内的沿淝堤坝。

店集村沿河堤坝的修建是"四清"驻村工作组首先发动而起。1963—1966 年的"四清"运动期间，工作组驻村近一年时间，组织店集村在西淝河畔修起了一座小坝子以防御西淝河水患，这座小坝形成了今天店集村沿河堤坝的基础。在"文革"期间，村内的沟渠和田垄被大规模修整，排涝设施得以完善。除了设施兴修之外，农历五六月份的防汛工作与 11 月至次年 2 月的河坝维护工作从 60 年代初维持至今。在集体化时期，政府组织店集村农民协同行动，奠定了今天店集绝大多数水利公共物品的基础。

80 年代初废除人民公社以后，多元化的力量开始介入村庄，集体化时期村庄协同行动的基础受到了挑战。杨村乡的一些村的村组班子开始趋于涣散，村委权威下滑，用苏振杰主任的话说，"税款收不上来，出义务工糊弄了事"。与这种趋势相反，店集村却成为了全乡的先进。店集人将这一成绩归于当时强势的书记苏万玉。苏万玉任书记时的村委副主任说："他哥当书记，苏万玉退伍来家就当民兵营长。他本来个性就硬，他哥当的时候，店集村是后进村，工作完成不了，在杨村乡挨批评。苏万玉个性比较强，愿意争个先，能收拾住人，就把店集带先进了。我们村各方面组织能力都比人家强，做前不做后。"

苏万玉做事好争先，比如乡里安排打坝子，分三段三年打，但苏万玉带着人加工加点迅速完成，甚至比集体化时期干得更好更快。曹庄一位上了年纪的大娘回忆说："看时间还早，又打一节，一段段顺利完成，一年打了三年的断面。那时候苦啊，一冬天打坝子，年过完没两天又挑着干起来了。"

苏万玉书记能"收拾住人"、能有效组织村庄协同行动的原因很大程度上他有弟兄四人，子又生子，门子内壮劳力数超过十二人，且本人也好勇斗狠，从不畏事，安排工作富有效率。"平时俺村里开会交代任务，包括队长在内，晚上8点开会，必须准时到，迟到两分钟就罚款，挨批评。交代下面完成任务就必须完成，做不到就罚款。""让你抬土，你抬两锹就跑了，你怎么认识这么不高？不下水马上挨打，一皮带就到水里去了。防汛等于打仗，个别不好影响全盘。领导心硬些，行为'左'些没事！"（村民访谈记录）

确实，当时的村民普遍对书记暴力手段的理解或者容忍很大程度上与"防汛等于打仗"的认识有关。当时无论男女都有打坝和防汛的经历，村干部在这一过程中也要冲在最前线，因此会生发出一种强烈的命运共同体意识。严峻的治水任务需要严明的纪律防止搭便车等阻碍协同行动的行为，也使强势的干部充分地发挥了优势。在"一言堂"和暴力手段之下，店集村锻炼出了一个"权力集中、纪律严明、协同行动"的领导班子，有效地达成了村庄的协同行动。

（二）中心村建设：新时期村庄的协同行动

新时期店集村最重要的协同行动就是中心村（新村）的建设。在"项目进村"的条件下，能否主动"抓包"并接住很大程度上决定了一个村庄能否开展大规模基础设施建设。店集村就是在 2005 年相关政策出台之前开始中心村建设，随后承接了大批项目资金，成为"省级新农村建设示范村"。这件事情的做成与现任书记陈宏斌的努力密不可分。陈宏斌也是一个"敢想敢干"的人，年轻时做过村里的民兵营长。2002 年他接任店集村书记，并且书记主任一肩挑。

就任之初的一次防汛直接刺激了陈宏斌提出搬迁的计划；到了 2005 年十六届五中全会召开，陈书记开始认真思考如何将村庄搬迁、新村建设与新农村建设的政策相结合。对于行动较早的店集来说，迈出第一步就是摸石头过河。陈书记回忆说："2005 年冬天，就在东边的老村部，当时开会，别人都在讲是村干部集资，他们都怕，都持怀疑的态度。我讲大家一起干，但他们都怕。冬天的时候都是硬撑着，从沟底下开始建，是我自己借了 100 多万，他们跟着我一起凑钱借了 20 万，其他钱，都没有一个人去借。五万四的房子就是这么盖的，现在就卖到二十万了，那时候有一种赌博的感觉。就想建这个房子可以不挣钱，但只要把事做成，就可以起步了。"

除了资金外，新村建设还有两个重要的问题。第一是就建设用地的选取和占用在村中达成广泛同意。第二是劝服村民放弃原有宅基地，按照统一规划修建房屋。即使在今天，这两大难题在很多村庄都无法得到解决。在这一点上，陈书记利用了当时很多村民想盖新房的契机，和工程队老板等人挨家挨户劝说，历陈南边村庄的水患风险。水患记忆使得一些村民接受了搬迁的想法。

在村小学率先成功搬迁后，开始了为村民搬迁进行的住房建设。由陈书记带领的包工队承包，主要在沟上和沿着沟盖房。由于是批量建设，一方面房屋样式统一，另一方面原材料批发，减少了成本，提高了效率。一套住房两层四间，平均 320 元 / 平方米，沟里一套的价格是 5.4 万元，地上一套的价格是 5.6 万元。村民先付首付或定金，钱不足的村民可以在包工队的工地上干活儿抵扣购房款，也可以用自己的土地按 1.8 万元 / 亩的标准抵扣购房款。这样，建设也有了起步资金，也减轻了土地补偿款的压力。这一"建房—购房"模式加速了村庄房屋的建设步伐，相比同期村民自建房屋，也极大地减少了村民的建房成本。同时，扶贫办的资金也促进了配套的基础设施建设，加快了新村搬迁建设的步伐。

不过，说服全部村民放弃原有的宅基地及住房并搬到新村，不是一个轻松顺利的过程。操作过程中也有村民因为赔偿问题与陈书记闹了矛盾。还有村民提到，村里的新村开发有的落到了一些混混开发商的手里，比如"将这10—20套房子的一片承包给这几个人，建设过程中牵涉到道路、下水道等方面，就会因为各种原因批不下来手续，结果开发商就撒手不管了"，因此出现一些人提前交了钱，却住不了房的情况。

（三）能人治村问题

如前所述，从打坝治水时期到新村建设时期，店集村的每一项突出的成就都不免打上了时任村庄一把手的个人烙印。一方面，村庄的规划与发展需要村干部引导和推动，村民多样化的利益和纠纷需要权威的协调。另一方面，在项目制的背景下，村干部的"抓包"能力与"接包"效果至关重要。"抓包"需要依靠村干部的社会资本与关系运作，"接包"具体落实时，还要整合村庄利益、协调村民的分歧、动员村民共同参与。

近些年来，一些地方政府将"鼓励能人治村"当作推动农村发展的新举措。"能人治村"是指具备较强社会资本和经济能力的村民担任村委干部的现象。在经济发达地区，经济能人当选村干部的情况较为普遍。而店集村的能人属于干事能人。1988年，陈宏斌才22岁，就参与了村里面粉厂的经营。当面粉厂被收回村集体时，他也一同被"收编"进村担任民兵营长。在村委工作期间，他包地、办预制场、搞建筑队，一方面夯实经济基础，另一方面也积累了社会资本与个人实力。2002年，陈宏斌当选为村党支部书记。基于过去十几年的经验和历练，他具备了足够的能力与胆魄去推开新村建设的工作，也得到了足够的信任与权威去整合村庄的多元利益。

能人治村是社会转型的产物。在求发展的社会风气里，门院与亲疏之见很可能会让位于村民对美好生活的追求。能够做到为人正派、办事公道，凭借个人资源与能力能给村民带来实惠的人，会在村中获得较高的威望，通过票选成为村庄发展的带头人。以往专注完成上级行政任务的干部，就会逐渐在村中丧失地位。在中国社会转型过程中，村庄权威向能人转移具有内在合理性。

能人主导下的村治往往会给村庄发展带来新面貌，但也会产生新问题。

一方面，能人常常敢想敢干，在社会转型和政策调整的过程中，他们具有更强的适应能力，勇于先人一步"摸着石头过河"。店集村的新村建设就是"快人一步"的成果。2005年，"进入十一五，建设新农村"的口号刚刚喊出来，地方政府还处于摸索阶段，店集新村在当年冬季就开工建设了。但另一方面，"敢为人先"的能人也会给地方秩序带来一定麻烦，在规范尚未定型时，他们往往敢于突破陈规，另辟蹊径，这可能会带来基层管理失序的风险。

另外，在干部选举的制度下，能人所树立起的权威是通过民主程序产生的，本质上是村庄自治的体现。然而，且不论贿选可能会导致村干部的位置落入具有极强盈利目的的能人之手，就仅从民主过程来看，在投票选举以外，其他民主环节在治理中基本上是发育不足的，例如民主决策、民主管理和民主监督等制度在村治中极其薄弱。由此而来，能人作为民主选举出的新权威，他个人的主观意志将发挥极大的作用，村民自治实际上成为了"能人带领下的村民自治"。因此，能人个人的道德水平与价值追求很可能会影响村治的结果，给基层治理带来变数。在这种条件下，如何保证能人与国家大方向保持一致？这将成为基层治理所要面对的问题。

培养接班人也是目前困扰店集村干部的一个难题。村的发展要具备持久的动力，必须确保有"新能人"来接班。实际上，村委一般都会选择去吸纳与培养个别"有潜力者"，这种传承的关系不仅有助于年轻人在工作锻炼中提升能力，还有利于领导班子的稳定性。但今天的店集村已不同以往，村庄人才流失成为一个严重的问题。许多有潜力的年轻人开始拥有更多的选择和出路。随着公务员考试的规范化，由村干部通向公务系统的道路变得困难，有能力和抱负的年轻人似乎更愿意走出家门打工或做生意，而不是留在村委。不仅年轻人如此，较低的薪水与繁重的工作有时也会让老村干部心生退意。

为了应对这个困境，店集村委一直支持村干部通过承包土地或经营生意来增加收入，目前村委成员大多承包超过20亩土地来经营。现在，已有两个80后的年轻人进入村两委工作，但这两个年轻人是否能够积累足够的社会资本与个人实力，继而带领店集村继续发展？他们是否愿意留任村委？或者推而广之，"能人治村"的治理模式是否能够持久？未来会发生什么样的变化？这都有待我们继续观察与探索。

（四）项目制问题

在店集村庄变迁过程中，国家宏观政策发挥了重要的指导作用，如新农村建设、美好乡村，同时，上级政府以"专项资金"的形式从财政上给予了支持，取得了显著的成效。但是，对于这样一种专项资金的使用，或者说项目治村的方式，依然存在着一些问题，以下我们就以店集为例展开探讨。

集体化时期，村庄各种公共设施的建设主要依靠公社组织、农民投劳的方式完成。改革开放以后，农村公共服务体制发生了重大改变，主要靠向农民收取税费来提供。尤其是分税制改革以来，地方政府财权上移，而事权不减反增，财政变得十分困难。因此，村庄（主要在中西部地区）一级的公共服务主要是向农民集资"摊派"。简而言之，收农民的钱为农民提供公共服务。2002年开始税费改革，基层政府向农民征收费用补充财政收入的途径被切断，导致基层财政（主要是中西部的基层政府，包括村委一级）进一步空壳化，越来越依靠从中央下达的转移支付。因此，"转移支付"中的"专项转移支付"逐渐成为农村公共服务提供的主导方式。近十年来，店集村的道路水渠、新村建设的配套设施等各项公共物品的提供就是主要依靠"项目"。

项目制下的公共服务提供过程是：中央设立项目并下达到县乡级政府，村委申请项目；上级政府审批、核算，并下拨资金；村委（或地方政府）负责招标①，最后交给市场化的工程队完成。

在这样的一个过程中，很容易产生以下两个问题：

中央为"反哺"农村设立的专项资金，并没有覆盖到每一个村。对于有限的专项资金，需要村庄争取才能获得，俗称"跑项目"。这种情况下，一个村的项目和资金多少，主要不是与这个村的需求有关，而是和村领导的跑项目能力有关，一个"有能力"的村委十分重要。只有村委充满活力，积极为村庄办事，并与上层政府有良好的互动（也就是跑项目的能力），才

---

① 小额资金的项目由村委负责招标，大额项目由县政府或乡政府负责。

有可能获得项目资金（暂且不论滋生腐败）。但是，由于大量青壮年劳动力外出，留下的只是儿童和老人，导致很多村委名存实亡，处在一种瘫痪状态。这就导致即使上级政府有项目和资金，大多数村庄也难以充分利用起来。另外一个随之而来的后果是：少数"跑项目"能力强的村庄能够源源不断地争取到更多的项目和资金，进行公共设施的建设，而"没有能力"的村庄只能维持原样。因此，政府项目制的运行使得村庄在公共服务方面出现明显的分化。在我们的调查中发现，店集北边的一个村子，是典型的"瘫痪村"，村委常年关门，不履行村委之职，到现在，村中的基础设施基本没有发生改变。

另外，项目有建无管、难以持续的问题依然存在。建设农村公共服务的专项资金并没有包括后期维修和保养的费用，一般默认由村里自行管理维护。但是，不是每个乡村都能拿出维护的费用。例如，店集的自来水厂是"美好乡村11+4项目"中一个项目，由专项资金拨款建成，现因损坏不能使用，如果重新修理，需要3万多元，这对于村财政是一笔很大的支出，直到现在村委还没法解决。另外，专项资金通过政府层级下达到农村基层非常困难，在这个过程中很容易被上级政府截留、拖延、挤占、挪用。项目一般是审批在先，拨款在后，分期拨款。审批和拨款之间、各期款项之间往往会隔很长时间。更有甚者，有的项目在前期拨款后，后期因为各种事由不再拨款，村里负债建设后无法解决。以店集为例，按照预算，店集美好乡村建设的项目资金需要400多万元。店集采取先建设后付款的方式，现已全部建好，通过了政府的验收，但是县政府到目前（2015年）为止，只拨了300万元左右，使得店集村委欠建筑公司近100万元的工程款。

村庄公共服务的改善是提高村民生活质量的必要条件，但如果仅仅是村容村貌、基础设施的变化，对于村庄整体和长远的发展还远远不够。农村要想实现真正发展，未来必须要有一部分青壮年劳动力回归农村。店集村之所以能够不断发展，关键一点即在于：村庄留住了一批中青年人。他们通过努力在村里创建了稳定而又较高的收入来源，然后，其中一部分有能力的村民加入到村组织，带动整个村庄的发展。

随着时间的流逝，一部分村庄必然会消亡，这是历史规律。只有那些有产业，能够实现一部分农民在本地谋生致富的村庄，才能够继续发展。

对于这些村庄，通过各种方式让（一部分）村民能在村庄内部或周边找到"安身立命"之所在，并加强社区建设保持社区活力，这才是村庄建设的根本。也就是说，未来的村庄不仅应该成为农民生活养老的家园，还应该是农民生产和工作的中心，只不过这种生产不再是传统的单一的农业生产，而是朝着现代化规模经营、农产品深加工、新型工业企业等方向迈进。只有在这个基础上，建设和完善农村公共服务设施才变得具有实质意义，村庄才能够获得持续发展的动力。

八、人口、婚姻、家庭的变迁

社会习俗的变迁一定程度上反映了社会变迁。对于店集人来说，青年人的嫁娶对于整个农村家庭来说尤为重要，因为子女的嫁娶象征着父母人生使命的完成和生命意义的实现。正是因为婚嫁的重要性，店集村这一共同体在长期的行为传统中衍生出了一套与之相对应的习俗仪礼，这套准则也在社会变迁的过程中不断翻新。同时，受到婚姻结构本身及打工流动等因素带来的影响，店集村传统的家庭结构也在不断地被重构，研究家庭代际流动的变迁，有助于我们更好地窥视其中的时代变迁。

（一）人口变迁

截至 2015 年 8 月，店集村有 957 户，共 3457 人，其中男性 1820 人，女性 1630 人，劳动力人数 1950 人。60 岁及以上老人 525 人，平均年龄 71.30 岁，占总人口比例 15.18%。80 岁及以上老人 76 人，平均年龄 86.02 岁，占总人口比例 2.2%。

1. 总人口与农户数变化情况

店集村从 1998 年开始人口超过 3000 人，1999 年农户数 681 户，3014 人，从 2000 年开始农户数超过 700 户。2015 年农户数达到 957 户[①]，共 3457 人。从 1999 年到 2015 年，农户增加 276 户，总人口增加 456 人。农户增加了 40.5%，而总人口只增加了 15%。

---

① 根据 2013 年杨村镇农经站统计报表，纯农户数 450 户，农业兼业户 335 户，非农业兼业户 20 户，非农户 109 户。

2004 年以前店集村农户数增加缓慢，1999—2004 年农户数仅增加了 23 户，年均增加不足 5 户，而 2004—2010 年间农户数增加了 116 户，年均增加近 20 户，2010—2015 年农户数增加了 137 户，年均增加 27 户[1]。店集村户均人口数从 1999 年户均人口 4.43 人下降到 2015 年 3.61 人，总体呈下降趋势，但仍小于全国平均水平[2]。

表 2.9　店集村历年人口与户数变化情况

单位：户，人，人／户

年份	户数	人口数	户均人口数
1998	—	3001	—
1999	681	3014	4.43
2000	700	3034	4.32
2001	—	3018	4.29
2004	704	3158	4.49
2005	—	3209	—
2008	—	3212	—
2010	820	3230	3.94
2011	—	3237	—
2012	850	3247	3.82
2013	914	3288	3.60
2014	—	—	—
2015	957	3457	3.61

注：根据杨村镇农经站与凤台县情统计资料整理，其中 1999–2012 年人口数以凤台县情统计数据为准。农户数以杨村镇农经站统计的汇总农户数为准。

----

[1] 这一增长趋势的变化与新村建设项目的进展密切关联，而人口数增长缓慢则与计划生育政策等因素有关。

[2] 根据《中国家庭发展报告（2015 年）》，20 世纪 80 年代以来，家庭户平均规模缩小的趋势更加显著，1990 年缩减到 3.96 人，2010 年缩减到 3.10 人，2012 年居民家庭户的平均规模为 3.02 人。

2. 劳动力数[1]与外出务工人员变化情况

店集村 1998—2013 年间劳动力数的变化，大体上呈波折上升的趋势。1999 年统计的劳动力数最少，为 1811 人，2008 年统计的劳动力数最多，为 2098 人，两者相差 287 人。历年平均劳动力数为 1961 人，占 1998—2013 年统计的历年平均人口数（3157 人）的 62.29%。历年平均抚养比[2]为 60.55%，远高于 2013 年安徽省总抚养比（40.83%）和全国总抚养比（35.29%）。历年平均的每个劳动力负担人口为 1.61 人，抚养负担较重。

店集村从事家庭经营的人口包括从事第一产业的劳动力数总体是越来越少，而外出劳动力包括常年外出劳动力数总体上越来越多，这与国家的经济社会发展方向是一致的。仅使用有统计的少量数据[3]，从各项指标占劳动力数的比例来看，发现从事家庭经营的劳动力所占比重，1999 年为 61.84%，2013 年为 36.56%，下降了 25.28%；从事第一产业劳动力所占比重，1999 年为 55.27%，2013 年为 19.62%，下降了 35.65%；外出劳动力所占比重，1999 年为 11.87%，2013 年为 63.44%，上升了 51.57%；常年外出劳动力所占比重，1999 年为 4.31%，2013 年为 47.5%，上升了 43.22%，详见下表。

表 2.10　店集村劳动力数与外出务工人员变化情况

单位：人

年份	劳动力	从事家庭经营劳动力	从事第一产业劳动力	外出劳动力 1	常年外出劳动力 2
1999	1811	1120	1001	215	78
2000	1813	1121	978	279	187
2001	1924	1004	934	438	179

① 劳动力数即汇总劳动力数，指汇总人口中在劳动年龄内（男 16—59 岁、女 16—54 岁）的人口总数。在劳动年龄以外，能经常参加生产劳动，并能顶劳动力使用的成员，也应统计在内；在劳动年龄之内，不能经常参加劳动的，则不应统计在内。——农村集体经济统计指标解释，下同。

② 抚养比又称抚养系数是指在人口当中，非劳动年龄人口数对劳动年龄人口数之比。文中历年平均抚养比的定义为历年平均的非劳动年龄人口数（1188 人）与历年平均的劳动年龄人口数（1962 人）之比。

③ 1999 年、2000 年、2001 年、2002 年、2010 年和 2013 年，总共 6 年的数据。

年份	劳动力	从事家庭经营劳动力	从事第一产业劳动力	外出劳动力1	常年外出劳动力2
2002	1914	1100	954	519	180
2004	1998	—	—	1026	—
2005	1996	—	—	1086	—
2006	1998	—	—	1076	—
2008	2098	—	—	1216	—
2010	2012	680	600	1240	426
2011	2020	—	—	1930	—
2012	2024	—	—	1100	—
2013	2090	764	410	1326	1028
2015	1950				927

注：1999—2012 年的劳动力数据和 2004—2012 年的外出劳动力数来自 2000—2012 年的《凤台县情》，其他数据来自杨村镇农经站报表。由于两者对劳动力数据的统计有出入（括号内数字来自农经站填报的《农村经济基本情况统计表》），而且缺失较多，因此只从趋势上来进行大体的描述。

3. 人口出生率、死亡率与自然增长率的变化情况

从 1999 年到 2008 年间，店集村的人口出生率都在 8‰以上，2008 年最高达到 11.88‰，2005 年最低为 8.95‰，历年平均人口出生率为 10.38‰，围绕均值上下波动，没有明确的趋势。同期全国人口出生率都在 12‰以上，1999 年最高达 14.64‰，2006 年最低为 12.09‰，历年平均人口出生率为 12.83‰，总体上呈下降趋势。从这十年的统计数据看，店集村的平均人口出生率小于全国平均水平。由于人口死亡率和自然增长率缺失太多，很难进行判断。

总结来说，根据已有统计数据的简单分析发现，近十多年来店集村总人口增加并不多，增幅远小于农户数的增加，家庭规模呈现逐渐缩小趋势；人口负担加重，人口老龄化明显；从事家庭经营和从事农业的劳动力日益减少，外出务工和常年外出务工的劳动力日益增加，且增加幅度大于减少幅度。

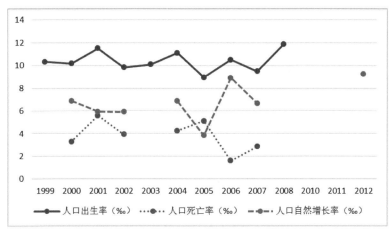

图 2.33　店集村人口出生率、死亡率与自然增长率变化情况 ①

（二）婚姻礼俗

1."父母之命、媒妁之言"：媒人的中介地位

店集村从 80 年代以来，"媒婆"的地位一直没有得到削减，相反，随着计划生育的政策实施以来，男女性别比例失调，反而加强了媒人在婚姻嫁娶的中介地位。80 年代及以前，结婚对象多靠介绍认识，双方在简单了解后，双方家庭如果觉得合适，就会定下婚约，准备结婚。一直到现在，店集村大部分的年轻人也依然是通过这种方式成家，而靠自己在外找的配偶相对较少。之所以会首要选择本村或是邻近村庄的人，主要出于两点考虑：一方面，双方家庭之间地理距离近，这样一来彼此之间就会自然而然地增加与对方的互动和交往，进而使联系变得更紧密，而如果找的亲家较远，路程较远，加上如果交通不便，就更可能会疏远彼此，显然这样的亲家关系是不被店集人所推崇的。另一方面，距离较近，习俗也较为相似，文化差异较小，双方家庭之间也有利于交流。

---

① 数据来源于《凤台县情》，整理中发现 2000 年和 2002 年的人口出生率减去死亡率等于人口自然增长率。数据使用时，假设是人口自然增长率出错，因此将数据等于人口出生率减去死亡率的实际差值。另外，由于数据缺失较多，而且观察时间较短，很难对店集村的人口形势做出确定的判断，因此只就已有数据作简单的描述。

对配偶这方面的要求自然而然催生了"媒婆"的出现。媒婆主要由当地社交圈较广的人来担任,他们会依靠自己的社会网络和社会关系,帮忙撮合在他们自己看来适宜的对象。当然,他们在其中充当的本质上还是一种媒介的作用,一般来说他们也会先听取有需求一方的标准,然后帮其"牵线",媒人通常不会撮合在自己看来不合适的对象,他们认为这有违他们的职业操守。

"做媒首先要考虑能不能匹配成功?一般有需要讲媒的,都得先要问问,'看上哪家的女(男)孩了,我给你提亲',但如果对方不提供对象的情况,就得需要自己去找,在寻找对象的时候都要考虑双方是否合适,如果不合适是绝对不会去撮合他们的。"(村妇女主任米玲,2015)

媒人这个职业的出现甚至可以说是传统社会发展的必然产物。当然,充当媒人的人也不是仅仅依靠说媒来赚取生活收入,毕竟对他们而言,他们更倾向于把替别人说媒认为是一件"成人之美"的好事,而不是一个可以用来谋取经济利益的职业。"这是全体店集媒人公认的。"(村妇女主任米玲,2015)

媒人除了起到帮忙牵线的作用外,在双方决定结婚的过程中,媒人往往还扮演着利益协调者的角色,因为店集村结婚的流程比较复杂,中间难免会牵涉到若干经济利益的纠纷,因此就需要有人能出面协调,这时候往往就需要媒人来介入。一来,媒人认识双方,而且对于双方的家庭都有所了解,与其中一方谈判都有绝对的优势;二来,媒人也有责任处理双方之间的矛盾。

一直到现在,店集年轻人嫁娶很大程度上还依靠着媒人。看上哪家的姑娘(小伙子),就去找媒人帮忙牵个线。但是与先前不同的地方在于,加入了更多感情的因素,而不纯粹是把婚姻当成一项人生任务来完成。20世纪90年代以前,还不太涉及爱情,两人在没有太多感情的基础上,如果觉得对方条件还不错,就会选择结婚。但是随着外出务工人员的增多与社会接受程度的提高,越来越多的夫妻双方通常是同学或者在打工时认识并日久生情,爱情在婚姻中的地位越来越显著。店集村现在的婚姻,虽然还很流行介绍,但是和以前结婚纯粹是搭伙过日子不同,现在年轻人更加注重感觉,有的介绍认识了觉得不合适了便会分开的情况十分普遍。

米大姐的儿子已经21岁,这在农村算是比较大的年龄了,家里希望她早点结婚，但是米大姐的儿子认为相亲后应该多处一段时间，之前相处了一个觉得不合适就没有继续谈了，他认为不应该草率地就结了婚。

2. 找对象、挑对象

什么样的人能被媒人选中呢？

"店集女人找对象，人品第一，然后才是有钱"，第一是要注重人品，人品不好的，即使有条件也不要，在有人品的基础上，接着考虑家庭条件。如果"没车没房没钱没人品，那就不要谈，我也不会去给他们做媒"。（村妇女主任米玲，2015）

店集人讲的人品，指的是品格而不是相貌，"我们农村人都是长得比较粗壮的"，所以在相貌上大家彼此彼此，主要还是看这个人的道德。农村的年轻人找对象80%—90%都是注重家庭、人品和经济条件，只有大概10%的人才相信缘分的存在，不考虑外在的条件。也有一些是看重未来发展的，比如当下可能发展状况不是很好，但很有发展潜力的人。所以店集人还是通过相亲结婚的多。

店集男人选择对象一定要选一个"比自己少一个台阶的"，这样自己才有优势，显得在家里有地位，这种倾向与传统父权制下的男权主义有密切关系。当然，不可否认，这种情况并非仅仅存在于农村中，相关研究发现，当下的高校毕业生在考虑配偶的同时也会存在这种思想。

3. 小礼与大礼

通过媒人的介绍，如果双方决定举行婚礼了，那么就需要按照店集当地的传统来走流程。[①] 店集人结婚一贯延续过小礼、过大礼两套程序。这也是婚姻礼俗延续下来的又一个方面。过小礼，即我们所说的"订婚"，男方要给女方一定的彩礼钱（礼金），女方也会相应地回赠一些陪嫁的嫁妆。过大礼一般在小礼结束的半年至一年间，过大礼就意味着婚礼即将举行了，过大礼和小礼的方式大体相同，也是男方送礼金或者一些家具等，女方陪嫁妆，不同的地方在于，大礼的礼金钱和嫁妆的数量、金额都远远超过了小礼。

---

① 如果碰上女方不是店集的，也会按照店集的习俗来办，男方不是店集的情况不在我们的讨论范围内。

按照村里老一辈人的讲法，随着改革开放带来的经济增长，彩礼钱的价格也开始慢慢上涨，早在20世纪70年代，那时候结婚过小礼和大礼需要的礼金数目其实是很少的，"我们结婚的时候几百块钱的时候都不过礼，就买几件衣裳就可以了，也没得吃，几百块钱买吃的喝的，就好了，也没买什么金的银的。现在衣服都几千块几百块，那个时候都几块几十块"。（胡大叔，2015）

80年代，结婚的时候房子依然是必须的，在农村非常流行自行车、缝纫机和皮鞋，女方的陪嫁比较流行木制家具，如衣柜、脸盆架等。结婚的礼钱依然很少，有的甚至可以忽略不计。

到了90年代，礼钱开始逐渐出现并增多，一般在2000—3600元，女方陪嫁的物品也由80年代的木制家具逐渐转变为彩电、电冰箱等家电。

2000年以后，订婚时则需要开始买"五金"（金项链、金戒指、金耳环、金手链或手镯、金脚链）或"三金"（金项链、金戒指、金耳环）了。礼钱相比90年代也增加不少，整个过程算下来家庭条件好一些的是六七万元。2000年以后，结婚时新娘子也开始流行起了穿婚纱。

马大姐的儿子在结婚时，找媒人订婚花了1万多，包括买的两套衣服、一个戒指和给的1万块钱。后来，结婚的礼金又给了2万块，儿媳妇穿的是婚纱。结婚时请了10来桌客人，主要是儿子的舅舅和姨妈，还叫厨师上门来给烧菜。

从2012年以来，家庭条件还可以的情况下，结婚的花费至少需要八九万块钱，十二三万块钱也是正常现象。结婚必须有房子，没有房子是绝对不行的。对于那些家庭条件高的还要求有车，如果没有的话，需要折算成礼钱（即当作购买车的钱）。[①]

一般过完大礼后，不久就要举办婚礼了。

4. 婚庆传统

办婚礼，农村人兴"宴请"亲朋好友。在20世纪经济状况较差的时候，宴请的对象主要集中在与自己关系较好的亲戚或者朋友，当时请的人

---

① 正是因为生活水平的提高增加了对礼金和嫁妆的要求，因此才会出现上文所说的那些亲家之间的纠纷。

比较少，大概也就凑个一桌两桌，但随着现在生活水平的提高，"消费越来越高，排场越来越讲究……要是现在办事的话，起码有六十桌"。2014年，村里开始出现家里条件好的，在酒席上会请礼仪师主持婚礼，但是条件一般的家庭则不会请。酒席上每个辈分坐在什么位置，老亲怎么坐，辈分长的怎么坐，都有一定顺序在里面。而酒席每桌一般是二十多盘菜，早些年豆皮之类的菜品已上不了台面了。

"以前结婚都是自己买菜请厨师在家做的，也就是最近三五年才在饭店请客，主要是因为这几年打工的人多了，有一些钱，直接到饭店省下不少事，不然还要请帮忙的，邀客的，太复杂。但是娶媳妇请饭店的人到家里来做很常见，因为去饭店远，乡里离得近的直接过去饭店。"

除此之外，宾客的礼钱也相比过去要多了很多。如果是没什么亲戚关系的，现如今也都得至少有个200块，关系比较近的是400块，关系好的，一千、两千甚至三千都是正常的。特别是年里年外，有的时候一天都好几家，家里的人去吃饭都不够。据大多数村民反映，一年下来家家户户的人情往来支出至少都要六七千，比二三十年前翻了一倍，而这些人情往来很大一部分又是由于亲戚或是朋友家的婚事。这项开支数目巨大，且又是必须支出的，因为村民需要依靠这样的习俗来维持初级社会关系，因此，就成为了村民身上的一项巨大负担。

"还有就是结婚的聘金，以前都很穷，说不好听的，就来一个人，什么东西也陪（嫁）不起，以前设个宴，放个炮就算结婚了。现在不一样了，要彩礼，都有好几出，过小礼，过大礼，后面才能结婚，要好多东西，现在富了，什么都提高了。"（陈大爷）

5.结婚的经济账

对店集人来说，结婚一直是生活中需要大笔花销的一大方面，我们粗略地算了一下从相亲到结婚的经济账，对于男方家庭来说，数额竟高达三四十万！这给以土地和打工为生的农民们带来了极大的困难，有时候他们不得不依靠外债来解决子女的婚姻大事。

"现在结婚花费太高了，没有三四十万根本结不了，单单彩礼这些就得十几万，不借外债怎么能成呢。彩礼钱要十万、十二万、十五万的都有，订婚的时候又是戒指啊，这项那项，见面钱啦，没有五万块钱是过不去第

一道程序的。小礼就得 5 万，大礼得 10 多万，不得了。"（胡大叔，2015）

这 30 万是怎么来的呢？在店集，结婚一般要经过几道程序，首先是相亲，由媒人介绍或是熟悉的人牵线，这部分的花销我们在访谈中并没有获得，所以暂且扣除；相亲后到双方同意结婚后，首先要过小礼，现在店集彩礼钱大概在 3 万—5 万元，除了礼金外，还需要买一些基本的衣物，金耳环、金项链、金戒指之类的；按店集村民的讲法，小礼大概需要花个五六万元；过完小礼就是过大礼，大礼礼金大概在 8 万—12 万元，有的会更高到 15 万元左右，除去礼金还要购置家庭用品，包括家具、电器、电动车等，这些费用虽然女方会分担一部分，但主要还是由男方来垫付，这些加起来大概至少就要 20 万。至于礼金最后如何使用，取决于女方和夫妻双方的未来规划。在当地风俗中，娶媳妇一般都是父母的责任，加上儿子刚成人，也没有挣到钱，所以礼金和结婚的费用一般都要由父母承担，礼金送到女方家后一般就会转到小夫妻手中，不会再还给男方父母，即使礼金是父母借债来的。这 20 万还只是结婚程序上的投入，除此之外，现在店集人结婚还要至少有一套房子，加上宴请、房产、媒人费用算进去，粗略估计至少要花费 40 万以上。由此我们可以想见店集村民的生活压力之大。

（三）家庭代际流动与分化

上文提及，店集村人主要依靠在外打工来赚取经济收入，而农业收入基本只能满足日常开销。而随着经济水平的提高，农村婚姻的花销越来越大，这给村民们带来了前所未有的负担，因此在农业之外他们必须另谋生路。店集村的男人在外主要是干建筑活儿，女人一般会进厂。建筑工作与流水线作业对身体素质的高要求将大部分老年人挡在了门外。因此往往只有店集的中青年才会外出干活儿赚钱，而老年群体则被留在了家中，一方面经营农业，另一方面照顾孙辈。

于是整个村庄几乎所有的家庭结构都发生了巨大的变化，家庭代际分工与居住分离开始日渐明确，村庄传统的宗族型生活方式逐渐肢解。即便如此，在看似缺乏延续性的代际格局中，乡土社会对生命意义共同价值却得到了保留和发展，反过来更强化了婚姻在家族延续上的重要作用。

在店集，父母的主要责任就是要为子女找到一个好对象，在子女结婚之前尽可能地为子女提供优厚的物质条件，比如房子等。在他们看来，奋斗一生的最终目标就是帮助子女成家立业以延续子嗣。一旦子女结完婚，为人父母的重担才算落下。只要子女尚未婚配，为人父母者的压力其实是十分巨大的，这种压力对于有儿子的家庭来说尤为明显。

米主任家里就有两个儿子。"儿子结婚的话，一般都是依赖父母，父母买房，这是传统习惯的影响。在孩子成家立业之前，很少有是自己挣钱得来的。没房子说不了亲。为孩子结婚买房子，这也就是农村父母应该做的义务，我把你养大，给你营造一个家庭，至于成婚之后就得靠你自己了。"

婚姻其实是店集每一个成年人生命中最重要的转折点之一，它是"无知"的青年向"成熟"转变的分水岭。一旦结了婚，就意味着从原先依靠父母操办变为独立自主。在结婚之前，年轻人无须操心自己的未来，因为父母自然会为了自己而操心，父母也把给子女找一个好亲家、办一场体面的婚礼作为奋斗的目标。未婚年轻人可以尽力去追寻"梦想"，但一旦到了谈婚论嫁的年龄，他们就得收收心，自觉担负起养活自己的家庭、照顾父母及下一代的责任。父辈为孩子的成长与婚姻操劳了一辈子，子辈成婚后就应该自觉接过家族延续的接力棒，重新走上了父母的生活轨迹，代代相传，生生不息。

"只有靠老头儿自己去赚、借点钱，靠儿子自己挣钱自己这事那事的，他也攒不到钱。他挣到钱也不给你。这就变成了父母的责任了。如果不帮儿子买房娶媳妇会被人说，你不弄也得弄，人家都给儿子买房你不买房，人家会讲你的闲话。"（胡大叔）

对子女的这种责任感一直是鞭笞着店集人艰苦奋斗的重要动力，这点即使是在那些在外打工的年轻人看来也是如此。他们出外打工，最终也是为了给孩子提供好的物质条件、学习环境。有的青年父母早早就开始盘算子女日后的成家立业，甚至提早买好了房子。

"这几年不管是哪里，房价都是越来越高，我就想现在反正积蓄也没啥用，放不住，所以还不如买套房，不管未来发生什么问题，至少解决了一个问题。"（米玲）

我们可以看到，尽管随着现代化的发展，年轻一代的店集人脱离了原有的生产方式，进城务工，但总体来说，老一辈遗存下来的责任感并没有因此而流失变淡，相反，正是因为有着对这份家庭义务的认可，才不断促使着一代又一代的店集人吃苦耐劳，努力奋斗。店集近千个家庭正是传递这根接力棒的稳定的社会化场所，其稳固与否又取决于婚姻这个礼俗悠久的社会制度。

总的来看，随着改革开放的深入推进，店集村的婚姻习俗已发生了很多变化。从店集村几十年来婚姻礼俗和家庭结构的变迁中，我们能窥见许多当下中国农村普遍的现象：诸如婚礼习俗的简化、物质消费提高、家庭结构的核心化等等。这些变迁反映出传统农村社会结构正在融入于城市化和现代化的进程。尽管当下礼俗的复杂程度不及近代以前，但其核心内涵延续之间，婚姻仍然是关系家庭绵延的头等大事。虽然在城市化的浪潮下人口流动加剧，但代际间对于婚姻和生命意义的认可并没有发生根本变化。甚至在当下城市空间逐渐分散化、陌生化的背景下，这种价值还在持续加强。

（四）留守老人与留守儿童

长期在外打工的人中，有90%的家庭户属于分离状态。这种分离状态最明显的表现就是农村出现了空心化，大量青壮年劳动力外出，剩下留守老人和留守儿童。

1. 留守老人

从下表中我们可以看到，店集村有四分之一的老人处于留守状态，非留守状态的老人占四分之三。但即使是非留守状态的老人通常也不是处在一个完整的家庭中，保留完整家庭的比例很少，仅占11%左右，大部分在村家庭是由老人、儿媳和孙子孙女组成。自古以来，子女一直是老人的主要照料者。子女外出务工减少了对老人的日常照料，加重了老人的负担——大部分老人不仅承担了农业生产的劳动，还要帮忙照顾孙辈的日常生活。

表 2.11　留守老人的情况

单位：人

	留守老人	非留守老人	其中随子女一起外出
人数	93	281	42
百分比	25%	75%	11%

一对苏姓老夫妇今年已经七十多岁，两个儿子和儿媳一年到头都在宁波打工，他们现在还种着七亩多地，地里的所有农活儿全部要靠他俩完成，一年到头十分辛苦，除此之外，他们还要帮大儿子带正在上小学五年级的孙子。

刘大娘每天的生活除了照管家里的六亩地，就是接送她的三个孙辈上下学，照顾他们的饮食起居。大娘四十多岁守寡，因为家计艰难，二女一子初中毕业后就不得不辍学。2000年前后女儿们出嫁后，她和儿子一起到上海打工，其间儿子与同在上海打工的本村姑娘成家。孙子孙女出生后，因为不堪上海的生活成本，由刘大娘带回老家生活。大娘的一个女儿在镇上超市做营业员，虽然住得不远但是白天无暇照顾孩子，因此外孙也由大娘看顾。在照顾孙辈的问题上刘大娘有自己的主见，并不溺爱。她有意让孙辈们学着扫地、刷碗，尽管孩子们劳动过后老人都要重新做一遍，但是她说，"现在不让他们干，长大了他们就不会习惯干"。

相比于苏姓老夫妇与刘大娘的操劳，另外一位老奶奶更加孤苦无依，日常生活更加困难。她已经80多岁，一个人住在老村破旧的房子里面，两个儿子都外出打工了。她现在眼睛看不清，耳朵也有点背，腿脚也不方便，但日常的生活全得靠她一个人，没有人来照顾她。有一次，因为卖馍的人没有到老村去，她又没法走到新村去买，所以三天没有吃上馍。

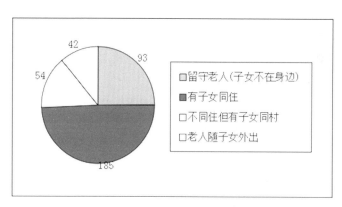

图2.34　店集村留守老人情况（单位：户）

留守老人的困境值得引起我们重视。能够帮助子女照顾孙辈的老人能够做到生活自理，他们虽然辛苦操劳，生活境况与"含饴弄孙"的理想晚年相去甚远，但与孙辈共同生活、发挥自己的价值多少会给这些老人们提供不少慰藉。境况最艰难的是那些生活已经难以自理却无人照料的老人，这样的情况在店集有十户左右。这些老人并非无儿无女，其中不乏子女双全却不承担赡养义务的情况。但即便如此，村干部和邻里亲戚也毫无办法，用他们的话说："自己家的儿子都不过问，别人插手反而会起反作用。"村干部还曾经试图动员无依无靠的老人住进村里的敬老院，但是收效甚微，因为老人们在心理上对于"进入敬老院"是很排斥的。

2. 留守儿童

由于经济压力、学籍限制、异地高考困难等因素，村民外出务工时，只有较少一部分人能将孩子带在身边让他们在城市里接受教育。即使如此，当孩子到达较高年级后家长仍会将孩子送回老家就读。如此一来，店集就出现了两种类型的孩童——流动儿童和留守儿童。流动儿童就是随父母外出打工，漂泊在城市上学的孩子；留守儿童则是留守在家，一般由爷爷奶奶照料的孩子。

不考虑是否在本地上学，店集村中，父母一起照顾孩子的比例最高，为45.5%；其次是由爷爷奶奶照顾孩子的比例，为32.4%；第三是主要由母亲照顾孩子的比例，为16.1%。这三种照料孩子的方式占到了94%。在考虑在本地上学的条件下，由爷爷奶奶照料的比例上升到第一位，占31.2%；父母一起照顾孩子的比例下降到26.6%；主要由母亲照顾孩子的比例下降到14%。另外，经过综合计算①，店集流动儿童的比例为22.8%，留守儿童的比例为33.75%，后者占儿童与青少年总数的三分之一。

表 2.12　店集村青少年和儿童被照顾情况

单位：户

	户数	百分比	其中上学在本地	百分比
主要由父亲照顾孩子	13	2.9%	12	2.7%
主要由母亲照顾孩子	71	16.1%	61	14%

① 流动儿童的计算方法：由不考虑孩子是否在本地上学的情况下的前四项比例，分别减去在本地上学的对应项的比例，再求总。留守儿童的计算方法：图表右边一列后四项的加总。

续表

	户数	百分比	其中上学在本地	百分比
父母一起照顾孩子	201	45.5%	116	26.2%
由爷爷奶奶照顾孩子	143	32.4%	138	31.2%
由外公外婆照顾孩子	11	2.5%	8	1.8%
由非直系亲属照顾孩子	1	0.25%	1	0.25%
无家长看护，自我照顾	2	0.5%	2	0.5

由于大部分孩子是由爷爷奶奶照顾，在生活上老人会对孩子比较宠爱，父母自觉亏欠孩子，因而在物质上会尽量满足孩子的需求，所以留守儿童的生活条件一般不成问题。他们的问题更多是在教育和心理方面。村小学的老师提到，在几次难度中等的测试中，某个普通班中有的学生只能拿到二三十分，甚至还出现了个位数的分数。"很多学生的心思根本不在学

图 2.35 小孩子玩游戏

图 2.36 大孩子玩手机

习上，我们也没有办法，现在的孩子贪玩、贪吃，爱上网，缺乏管教。"

其实孩子心中也藏着期望。一个孩子告诉我们，在她的印象里，爸爸妈妈只有在过年才回来，待几天就走了。她盼望爸爸妈妈回家看看她，但又明白父母要出去挣钱，于是她就告诉妈妈：一年有四个季节，你春天不要回来，夏天回来，秋天不要回来，冬天回来。

一些研究表明，由于缺少父母的引导和家的温暖，孩子生活中焦虑、抑郁、苦闷、烦恼等消极情绪得不到释放。如果父母长期不在身边，这种情况将更加严重，导致孩子的性格趋向内向、孤僻、冷淡、不善言谈。有的孩子甚至还会出现怨恨父母的情况。

留守孩子教育和心理的困境，根本在于缺乏完整的家庭氛围和权威榜样的引导。要解决这个问题，首先需要解决其背后更为复杂的问题：一是农村和城市教育资源不平等的问题；二是农民工市民化受阻，不能融入城市，同时也回不了乡，由此带来的家庭割裂的问题。

九、生活方式的变迁

（一）饮食结构

饮食结构与经济发展水平、生活水平及种植作物息息相关。改革开放之前，生活水平低下，作物为一季麦一季豆，主食很少有米，而是以麦子、高粱、红薯干（当地称"白干子"）和黄豆为主。村民们习惯将高粱和"白干子"磨成面，然后用这些面来做成馍馍或饼。但是由于白面（即小麦磨成的面）产量比较低，村民们平时很少吃白面，白面只有在过年的时候才会吃到。因为没有自留地种菜和多余的粮食喂鸡，蔬菜和鸡蛋都极为稀少。肉自不用多说，多数人家只有在过年时才会割上几斤肉。因为菜吃得少，油也就自然吃得很少。据陈大爷回忆，生产队年代，一个月供应二两油，而且那个时候用的是 16 两的秤。过年时村民们才会做上一些菜，蔬菜主要是豆角、萝卜、辣椒、豆芽之类，很多人家过年最喜欢的菜是萝卜炸圆子。吃不饱、吃不好是常事。

陈大妈说，那个时候就用白面弄成面糊做成菜，也没有什么蔬菜，因为也不种什么蔬菜。肉虽然便宜，只要七毛多一斤，但是也吃不上。有一年过年割了 15 块钱的肉，竟然是老母猪肉，咬不动。大妈生完大闺女坐月子的时候，只有三个鸡蛋，大儿子小，还给了儿子两个吃。为了下奶，买了点小鱼，因为没有好的面和油，就用豆面伴着小鱼煎，还非常容易煳掉。更别谈红糖了，红糖供应得不多，最主要是买不起。那个时候买肉都希望买肥肉，不希望买瘦肉。

分田到户之后，村民整体的生活状况逐渐变好。随着粮食产量的提高，各家所获得的粮食也明显增多，扣除要交的公粮，每家一亩地一般至少还有四五百斤的粮食，吃饱饭便不再成为问题，食物的种类也越来越丰富。在 80 年代，各家各户达到了温饱的水平，家里条件好一些的已经可以顿顿吃白面馒头了，一般人家也可以常吃到高粱面的馒头。各家各户还会在自家的菜园里种一些蔬菜，日常生活吃蔬菜也不再成为问题，但是改革开放初期吃肉依旧不算多。蔬菜依旧以豆角、茄子、辣椒、萝卜居多。老街上又重新出现了饭店，饭店主要经营一些菜品和牛肉汤。

杂粮现在已经不种了，没有一季小麦加一季水稻的产量高。刚分田到户的时候，家里早晚一般是稀饭和玉米、高粱与山芋干子混合做成的杂粮馍。中午就下点面条再放点红芋在里面。很多家会在窖子里贮满红芋，留着冬天吃。那时候就基本能吃饱了。

苏传友老人今年 76 岁，年轻时曾经是店集大队的会计。关于分田到户后的生活水平，他回忆说："原来年关的时候食品站会杀猪，供应比较便宜的猪肉，每个人分配半斤过年。1980 年以后农民生活就逐渐提高。农民喂猪养猪多了，私人偷偷摸摸杀猪也逐渐普遍，想多吃一点就可以实现了。那时猪肉七毛三一斤，小麦也只有一毛二至一毛三一斤，蜀黍只有七八分钱一斤，黄豆也勉强一毛钱一斤。那时吃的粮食比较杂，除了交公粮和留种子外，实际分到的小麦很少。每人每季只能吃到 50—60 斤麦子。到 1991 年就一天三顿都有的吃了。"

90 年代，开始，村里的生活水平有了整体性的提升，渐渐地，家家户户都吃上了白面。随着改稻的完成，大米也逐渐进入到店集人的饮食结构之中。一些人家开始早上吃白米熬的粥和白面馍馍，中午吃米饭，晚上吃馍馍或面条。菜品也是越来越丰富，肉也越吃越多。

大概在 2003 年之前，大家习惯于将自家种的麦子和稻子拉到打面的厂子，自己打米打面。随着生活水平的提高，谷物在村民的饮食中所占的比重逐渐不似以往。加上村民陆续搬到新村，大家习惯于将收获的麦子和糯稻直接卖掉，然后在市场上购买已经加工好的米面。虽然在改稻之后，店集人开始吃大米，但是大多数人仍然习惯面食，店集人的饮食结构里总是少不了面粉做成的吃食。店集人一直习惯于晚饭吃面条。约在 2008 年以前，吃面条还是自己做的手擀面，逐渐地很少有人自己做面条了。2010 年前后，店集出现了卖馍馍的店，渐渐地各家各户也不再自己做馍馍了。而随着新村的落成，早点摊越来越多，很多忙一些的人会选择在村里的早点摊上解决早餐。

近些年，很多店集村人也和城市里的人一样平时开始注重饮食平衡，和以前的人吃肉偏好于肥肉不同，店集村集市上的肉铺瘦肉卖得很好，经营着各式水果蔬菜的摊位也是生意兴隆。店集集市经营的食品种类繁多，日常生活中常吃到的食物都能在店集市场上轻易地找到。各家菜园里的东西也逐渐丰富起来，不再是豆角、茄子、辣椒这些蔬菜了，还种了很多以前不经常吃的东西。

表 2.13　店集集市经营食品的种类统计表（2015 年 8 月初）

	数量（个）	主营
小吃摊	6	烧饼、馄饨、包子、凉皮
馒头摊	1	阜阳馍等
水果摊	3	梨子、苹果、橘子、香蕉、葡萄、桃子
西瓜摊	5	西瓜
猪肉摊	2	猪肉
鸡肉摊	2	活鸡
卤菜摊	1	各种卤菜
蔬菜摊	若干	鸡蛋、豆腐、豆芽、韭菜、豆角、木耳、生姜、洋葱、马铃薯、圆白菜、辣椒、西红柿、芹菜、莲藕、毛豆、山药、茄子、大蒜、蛇豆角、南瓜等

随着生活水平的逐渐改善，如果家里有客人到访，很多人不再在家里做饭，而是选择去饭店里点一些菜带回家或者在饭店里吃。店集村现在有

两个饭店,一家主要在村内包活儿,一家买菜下乡给人做,按桌收费。据饭店的老板娘总结,如今到饭店吃饭大家比较喜欢牛肉、鸡肉、豆皮、豆芽这些菜。红白喜事的宴席方面,越来越多的人选择到饭店去办酒席或者将饭店的厨师请到家里来,菜品也是越来越丰盛。

"以前吃"十碗"(十个菜)就很开心了,现在都是二十四碗,以前菜吃完了,干饭端上去都吃得差不多,现在到酒席结束菜还剩很多。"

(二)穿衣风格

时代的变迁也在穿衣风格上表现得很明显。改革开放之前,衣服多是自己动手做。大多数家庭保持着"女织"的状态,家中的女性承担了纺纱、织布、做衣、做鞋子的任务。在生产队时期及其以前,做衣服用的是自己家里种的棉花(棉花种在自己家里的一点小园地,除此之外自家是没有耕地),然后再自己纺纱织布,布是老粗布,一般是白、蓝、黑三种颜色,不到半米宽,被用来做被子、衣服。计划经济年代,市场不开放,除了自己织布做衣的,还有就是指望一点点攒下布票,用来买布做衣。

当时衣服颜色单一,款式简单,一个人一年如果能有一身衣服就很难得了,一件棉袄可以穿很多年。冬天穿棉袄,春天的时候把棉絮掏出来,当成单褂穿,衣服上面补丁摞补丁,带补丁的衣服也通常都会穿几十年。

"以前能穿个白洋布的褂子已经算是很好的了,夏天都是光着膀子,穿着裤头就下地干活儿了,那个时候有两个裤头就算不错了,裤头也是白洋布的。因为都是棉布,下地干活儿汗湿再洗洗很容易就烂了。冬天只有棉袄棉裤,里面连衬的衣服都没有。冬天没有换洗的衣服。"

除了自己做衣服穿,村里还有人会买从城市卖往农村市场的旧衣服。对于村里人来说,这些衣服通常来历不明,但是因为价格相对便宜,在少衣穿的年代,村民们依然会选择这种方式。

"以前穿衣都是城市人不要的衣服,由公家调出来转给私人,再到农村市场来卖。有些衣服里面还装着病人的病例,我们也买着穿。现在即使丢在那儿也没人要,更别说要钱了。以前用棉絮纺的衣服很容易就压断了,一年都穿烂了,能穿上白洋布褂子就算不错了。60年代有灯草绒,后来才有的确良,很多都是小商贩从城市弄来的。现在的衣服都是新的,穿也穿不烂。"

改革开放之后，市场渐渐开放，买布不再指望布票。在各家各户的家庭计划里，有了买衣服这一项目。男性夏天不再像以前一样光着膀子了，至少也是穿着背心，或者是半袖的衣服。改革开放初期衣服还多是棉质的。冬天不再直接穿棉衣棉裤，而是有了衬衣衬裤。再渐渐地大家可以比较容易地买到的确良、涤纶、涤卡这些材质的衣服了。八九十年代，男士的衣服多是四个大口袋的衣服，颜色还是蓝色的比较多。年纪大的会穿蓝的、黑的，年轻人会穿一些蓝的、白的。女性则会穿蓝丝布、二蓝布（类似蓝洋布）的衣服，衣服多为米白色，水红色的府绸衣服也算是最好的。

后来出去务工的人越来越多，人们受到大城市潮流时尚的熏陶，自然而然地将这些带回到家乡。此外，近十几年来随着交通的越发便利，去镇里和县城买衣服也很方便，而县城里卖衣服的店铺和商场众多。除了衣服的基本的价值，衣服干净、得体、美观更是现在大家考虑的重要因素，年轻人尤其如此。店集村里不乏穿衣讲究的中青年人士，老人家至少也会有几身体面一点的衣服。

结婚的服饰在近十几年来也有不少的变化。马大姐回忆起自己 1986 年结婚时穿的衣服比较朴素，除了是新的外，和平时穿的并无大异。而到了儿子 2009 年结婚的时候，新娘穿的就已经是婚纱了。

（三）交通工具

交通工具是随着道路的修建和村民经济实力的提高而变化的。随着公共工程的建设，最近十几年店集通了车。在通车以前，不管是赶集会还是外出办事，出行基本靠走路，经常一走就是半天或一天的时间，条件好一些的可以骑自行车，但也是极少的人家。若是出远门，必须得到顾桥或者凤台县城才能搭乘到汽车，汽车班次也是很少，顾桥以前一天只有两班车，从凤台县城到淮南市两个多小时才有一班车，人多车少，有时还会坐不上车。

吴会计说："以前去淮南坐车很不方便。1980 年前后去淮南时，是骑自行车去的，骑了四个小时。"那时候没有客车，只有小三轮，不安全，路还差。去镇里也是骑自行车。1991 年前后买了小摩托车，2000 块钱。摩托前后换了三个，从小架子的换成了大架子的。至于什么时候班车开始开，就记不太清了，大概是1990、1993年前后。跑凤台的、跑淮南的都是最近才开始有的。"

据陈大爷回忆，一直到2000年以前，赶会都是靠走，骑脚踏车也比较少。但是现在最少也是骑着自行车了，大多是骑电动车。大爷以前去凤台县城也是靠走路——65里路。大爷回忆，自己16岁那一年，去淮南田家庵，早上出发，中午时分到凤台，下午到淮南；去阜阳自己也是一天走到。

店集通车之后，店集通往凤台和淮南市的班车陆陆续续出现，且班次也越来越多。现在店集村口前往凤台县城和淮南市区定点就会有班车，村民们只需按时间在村口的站牌处等车就可以。

除了班车，现在的店集村家家户户都有一辆电动三轮车，电动三轮车2013年以后开始普及，价格不高，一辆在4000元左右，大家都可以接受，便渐渐地都买了。在此之前比较多的是普通的人力三轮车，大概2004年前后在村里开始普及。

电动三轮车用途就跟以前的板车差不多。可以接小孩上学，家属下地也可以骑着去，能拉几袋化肥。电瓶每隔三年换一次就行。电动三轮车好学，上年纪的老人也有不少骑的。

近两年以来，店集村尤其是外出打工的人，开始选择买小轿车，而在非外出打工的人之中，年轻人相对有钱的也会选择买车。在我们的调查中，很多店集人都有购车的打算，学车的人也是越来越多。

年末打工回来的时候，简单估算杨塘一个队就有十四辆，这样算的话，店集11个队，应该有一百辆以上，多是外面打工混得不错的人。

（四）娱乐方式

70年代以前，村民的娱乐方式极度匮乏，闲暇时间多是选择在家休息或者串门闲聊。而爱好喝茶的人，尤其是男性则会在店集的茶馆里喝茶聊天，店集的茶馆自中华人民共和国成立前就有，即使是在三年困难时期也未中断。这些年虽然茶馆由老村搬到了新村，烧茶的工具也由老壶换新壶，茶叶也越来越好，但茶馆不曾离开店集人的生活。

70年代中期开始店集大坝上有广播，广播会在早上5点多通知事情，结束之后会放一些歌曲，中午11点半会继续播放，但是近五年来广播已经不再使用。那时候，条件好一些的家庭，会有收音机，在70年代中后期，《岳飞传》风靡一时。

店集村于1984年通电，通了电之后，家里条件好的开始就有了电视机。那时候一放电视，整个庄子的人都会前去观看，电视机在当时是个稀罕的物件。

吴会计家的电视机是在放《霍元甲》的时候买的，14寸的，两三百块钱。当年有电视机，几个庄子的人都过来，屋里挤满了人，等着看电视剧《霍元甲》和《陈真》。

到了90年代，彩色电视机开始逐渐普及，各家各户渐渐地换上了彩色电视机。从80年代至今，店集村人家里的电视机经历了黑白、彩色、平板电视和液晶电视的升级。结婚的新人或者家里条件好的都会购置新款式的电视机。如今条件差一些的最少也是彩色电视机了。

电冰箱也是在90年代逐渐出现在各家各户的，现在也只有极个别住在老村的老人家里没有电冰箱了。

空调是2000年以后开始出现并于2010年前后在新村流行，之所以在2010年以后才开始流行，主要是因为店集村在没有改电网之前，电力设施老旧，下雨、刮风都可能会没有电。

电脑的普及则起于对孩子需求的回应。2005年前后，有村民开始给孩子买了电脑。但是店集村那时没通网络，即便是有电脑，也没有办法上网。2010年以后，村里接通了网线，网费一年在300元左右，对于村民来说不算贵，越来越多的人家开始买了电脑。现在新婚的家庭几乎都有电脑了。但是店集村会上网的中年人不多，使用电脑的多为年轻人。

手机的使用是2000年以后的事情，开始多为外出打工的人为了方便联系家人和业务而买的。如今店集村每家至少会有一部手机。和城市中不同，店集村很多人尤其是中老年人还在用非智能机，不过中青年人使用智能手机的已经很常见了。因为很多家接通了网络，家中配置无线路由器，用智能手机上网聊天、玩游戏也已稀松平常。

店集人在不干活儿的时候，除了看电视、玩电脑，就是聚在一起打牌、打麻将、推牌九、听戏（二月二）、赶集或者在家休息。推牌九在店集流行得比较早。麻将比牌九要晚一点，虽然 80 年代就有了，但是一直不怎么流行，90 年代中期以后才开始流行。现在各个庄子都有麻将室，打麻将的以中年女性和老人居多，有的上午干完农活儿，下午闲下来就打麻将，在过年期间更甚。但是年轻人打麻将的比较少，年轻人喜欢看电视、上网、玩手机。纸牌则要更早，80 年代就已在店集村出现。店集村的纸牌玩法主要有打百分、打对门，后来就是斗地主，最近几年则流行掼蛋。村里玩纸牌的多为男性。

近年来店集人文化生活中出现了一个重要的新事物：广场舞。店集广场舞的流行开始于 2013 年前后杨村文化站的推广，当时乡里曾专门派人到各个村向村民教授广场舞。文化站的推广很快得到了村民的积极回应。现在，每到傍晚，无论寒暑与节假日，新村广场上总是聚集少则四五人，多则四五十人前来跳广场舞，周围也常是站满了围观的人。

与城市里的广场舞有时会引发争议和冲突不同，广场舞在店集村是一个非常受欢迎的活动。一方面，店集广场舞的地点一般在村里的小广场或集市口的空地上，离村民的住宅区有一段距离，时间方面则基本在晚上 9 点前结束，因此不存在扰民的情况。而更为重要的是，广场舞的兴盛确实在一定程度上填补了店集村公共性文化生活的空白。事实上，店集村人这两年已经把晚饭后去新村广场上看广场舞当成娱乐生活的重要部分，即使不会亲自上阵的老人、孩子，也会饶有兴味地聚集在广场上围观，作为一天结束之际的放松消闲方式。

广场舞的参加者一开始有 30 人左右，一般在 40—50 岁，有个别六七十岁的女性，没有男性参加。参加广场舞的女性有在家无太多事情的主妇，也有需要干农活儿的。但是主力军都是比较有空闲时间以及比较爱好的主妇。在专门的老师教了一段时间后，参与广场舞的一些相对年轻的人就会自行在网上找视频，大家会一起参考哪些歌曲更好听，决定挑哪一首。就会有一个人先在网上学习，一般自己学一两天学会之后，就会当领舞，带领大家跳。曲目一般是一个星期至两个星期更换。领舞的人也不是唯一的，但一般都是那么几个人，领舞的都相对年轻也有一些经验。比如说其中领舞的一个以前在凤台县城看孩子，常年在广场上跳，对这方面比较熟悉，她回村之后就经常担任领舞。

广场舞确实能拉近大家的距离。以前好多人都不认识，现在大家的关系非常好，几天不见面还会盼着见面。村部对广场舞也非常支持，书记的家属会向村里反映一些需求，所以音响购买和维修都是村里出的钱。去年村里的广场舞还选了 12 个跳得比较好的人去参加比赛。先是乡里的选拔赛，店集村的广场舞获得了第一名，代表乡里去参加比赛。

（五）洗澡的"变革"

店集地处皖北，冬季寒冷，在没有封闭浴室的年代，很难在家洗澡，澡堂子便应运而生。店集村的澡堂子中华人民共和国成立前就有了，是私人的，几分钱一个人，后来涨到一毛钱，再是一毛多。

那个时候的澡堂和现在不一样，那个时候是水缸，瓦缸，缸下面是大锅，大缸旁边会有舀水的。一个缸里平时会坐两个人，过年之前人多一点，就会坐三个人，年关的时候还会加两个缸。

生产队以前，女性是不去洗澡堂的，只能在家里弄个木盆随便洗洗，或者干脆一个冬天都不洗澡。虽然在生产队时期出现了女洗澡堂，但是女性依然很少去。

一九五几年的时候，乡政府两个女干部到店集村，她俩是两个星期才去洗一次，还是挑在晚上的时间，其他人都洗完的时候，用的是别人用过的水，出的钱跟人家是一样。但这只是干部才能去洗。

在 70 年代中后期之前，各个水塘都很清澈，夏天大家会选择去水塘或水沟里洗澡。到了傍晚，沟里满是洗澡的人。70 年代中后期，店集引进一种喂猪的草，这种草大肆入侵，满沟满塘都是这种草，水渐渐被污染了，大家就再也不能在沟里洗澡了。

到了 90 年代中期，店集村就出现了几个浴池，是那种大的池子，而非以前的瓦缸和木盆了。

现在新村村部西边有一个澡堂，是在新村建设的时候一并建起来的。如今冬天去澡堂洗澡的人不再使用浴池，而是使用淋浴。2010 年以后，住在新村的家家户户都装了太阳能，在家里洗澡也就更加方便。去澡堂洗澡的多数是住在老村没有太阳能的人，如果不去洗澡堂，就自己烧水在盆里洗。

（六）农村金融

直到 1992 年，杨村信用社才在店集设立分社，有三名员工。在此之前村民要办理存取款、贷款等业务必须去杨村才行。当年在信用社工作的吴大爷说，信用社的资金不是来源于国家的，信用社属于集体经济的范畴，社员拿钱入股，可以参与分红。吴大爷说，当时社员入股的金额从三元、五元至十元不等。80 年代时，一个公社的信用社一般只有 20 多万元。2004 年前后，店集的信用社由于吸纳的存款额有限而被取消了。

八九十年代时，会有村民贷款几十到一二百元不等，"一般就是用来瞧病、拿药，买农机具或买种子化肥之类"。当然，贷款也是有条件的，评估的标准包括房屋、农机具等。

现在，因为农村集体土地无法抵押，房子也不属于产权房，村民要贷款一般都会找国家公务员作担保人。但毕竟并不是所有人都能十分顺利方便地找到担保人。在村民家里遇到要花钱的大事时，一般还是会凭借私人的关系和朋友借。村民孙桂红的妻子长了肿瘤，整个治疗过程计算下来估计要 20 万。因为医保所能报销的比例目前还不能确定，只能借钱给妻子看病。借钱的来源包括比较近的亲戚和朋友，亲戚一般会借几千至一万，而朋友是要算高利贷的，一般按一分或一分五的利息。

十、学校教育、社会保障的变迁

（一）小学教育

1. 历史上的店集小学

在 1983 年之前，店集村既有小学又有中学。1983 年店集村的初中被撤之后，店集村便不再有中学。那段时期，不管是小学还是初中，生活条件差，学校环境也很艰苦，校舍经常需要修缮。

据现在店集村小学的齐老师回忆，80 年代以前的教室是茅草屋，下面半截是砖，上面用麦草挡雨，下雨会漏雨。上课就趴在用泥和麦草和成晒干的"桌子"上面，棉袄跟手总是被磨坏。因为是土坯房，不仅有虫子，还会有蛇，有一次老师正在上课，从上面掉下来一条蛇，当时同学都吓得大叫。遇上下雨天，学生上课更是艰难，那时候还没有水泥路，以前是泥水路，一走路半截身子都是泥水。那时，每到开学的时候，每个学生要带几捆秸秆到学校，大概是用于修缮屋顶。回想起这些，齐老师感慨万分，用一句话说就是往事不堪回首，相比之下，现在过的就是天堂的日子。

当时，小学加初中一共有十来个老师，大多数老师都是店集人，很少是国家教师，大多是代课教师，当时叫作耕读教师，这些老师是从村子里有一定文化的、读过初中的人里选出来的。小学每个班都是五六十人，比现在要多。初中每个班大概三四十人，但是，辍学的人比较多。

70 年代的店集小学开设的课程有语文、数学、自然、体育，自然后来就是化学，体育就是老师带着学生跑跑步、做做操，当时的教育方针提到要德智体美劳全面发展。齐老师在上学的整个期间都没有念过英语，那时候没有老师教，主要的课程就是语文、数学，初一安排有英语课，但是实际上没有老师教，学生们只能到高中才开始学英语。

1983 年店集中学被撤之后，店集的学生要到中塘村上初中，很多偏远一点的学生就辍学了。80 年代后期，中塘中学也被撤销，店集的学生只能到杨村中学去上初中。七八十年代的时候，全县一共有 5 所高中，凤台县城有 2 所高中，凤台一中和凤台二中，下边各乡有 3 所高中，张集一个、顾桥一个、朱马店一个。

店集初中被撤以后，店集就只剩下小学，经过 80 年代的重新修建，教室终于由茅草房变成了砖瓦房，之后也有一些修缮。但是，由于店集小学在老村，经常还是会受到洪水的威胁，直到 2003 年末，小学搬到新村后，条件才真正变好。

80 年代的店集小学，大概有 15 个老师，但都是代课老师，在编老师只有校长一人。那时候除了四、五年级是 1 个班以外，每个年级都有 2 个班，每个班都有四五十人。校长 1 个月的工资是 200 多块钱，是全校所有老师的工资之和。据齐家海老师回忆，代课老师的工资每月是 52 元，但是通常每月只给 26 元，等学期结束之后，再发剩下的 300 余元工资。大多数的代课老师在 90 年代中期考上民师，90 年代末才得以正式转正，转正之后的工资有所改善，达到每月 300 元左右。没有转正的老民师的工资比代课教师的略高，但是，后来没有通过转正考试的老民师渐渐被辞退。

　　从 90 年代起，店集小学开始办学前班，随着 2005 年以后越来越多的孩子上幼儿园，店集小学 2013 年以后不再办学前班。

图 2.37　店集村小学

2. 现阶段的店集小学

（1）学生情况

　　在 2015 年 7 月调研时，店集小学共有 7 个教学班，313 个学生。这些学生大部分来自店集村，少部分来自附近的村庄。一年级有两个班，共七八十人，到二年级时，一年级的两个班就会合并成一个班，主要是因为教室不够以及两个班的总人数会减少到四五十人，之所以学生会减少，是因为原来一年级两个班中有很多人因为年龄不够没有学籍，必须留级一年。在店集，这样的学生不在少数。对于这些没有学籍的学生，学校没有财政拨款，学生必须自己出书本费。其他年级的学生基本也维持在 40 人左右，如四年级 36 人，五年级 34 人，六年级 49 人。现在小学的辍学率极低，几乎没有，但是学生的转学非常频繁，一学期大概会有二三十人转学，这些学生转学主要是为了跟随外出打工的父母。

　　随着经济状况越来越好以及农村也出现"少子化"现象，家长对孩子的溺爱较之以前严重了许多，孩子越来越难以管教。从事教书多年的齐老师说："现在的孩子都非常顽皮，学习成绩很差。以前的孩子比现在的好教，因为以前的孩子家教很严，不像现在的孩子那么顽皮。"

（2）升学

随着义务教育的全面普及，小升初已经没有选拔考试，店集村六年级毕业后升初中是100%。不过，成绩不同的学生去向不同：成绩好一点的孩子因为父母对孩子的预期比较高会去城里的公办和私立的中学，中等的和成绩差一点的会在乡里念中学。经过估计，每年约有七八个学生会去县里念书。

（3）课程

店集小学当前开设的课程有语文、数学、音乐、体育等，因为师资缺乏，经常一个老师兼职几门。英语课是最近几年才开的，实际上，按照上面要求，学校早在2005年时就给学生发了书，但没老师会教。直到年龄大的教师退休了，新的老师进来，才开了英语课，但这些老师也非英语专业出身。由于考试只考语文和数学，通常学生只上语文、数学两门课，其他的课，如音乐、活动课在课程安排上有，实际并未开课，英语课也开得很少。

（4）师生比

目前，店集小学的师生比为1：25。县乡政府对老师的要求很严格，老师被要求考察绩效，如果学生考得不好，就要把该老师的绩效工资拿出来去给别的老师或作为其他用，还要通报，老师经常面临着很大的压力。

（5）教师的基本状况

店集小学的老师平均年龄在四十岁左右，二三十岁的年轻老师约占到一半。性别上，女教师占多数。年轻女教师的高比例给店集小学的老师队伍带来了不稳定性：一是她们会面临结婚、生孩子的问题，经常需要休很长时间的产假。二是这些女老师流动性太大。这些接受过专业师范院校训练、具有本科学历的教师只把农村学校当成自己暂时落脚的地方。她们通常会在城里买了房子，通常情况下，这些教师工作三年就会托人调走。如今，在店集小学，比较稳定的教师只有六七个四十岁以上的男教师，这些教师因为年龄偏大，学历不够，难以在县城里找到教职，便只能留下。

用校长的话来讲，年轻老师就是来这里度假的，第一年谈恋爱，第二年生孩子，第三年就走了，所以店集小学一直处于缺教师的状态，到现在还没有能扎根下来的，有个男老师到目前为止待了三年时间，也算是长的。

（二）中学教育

1983 年之前，店集村的学生会在店集中学读书。如今，店集的孩子在店集小学接受完小学教育之后，大多数人会选择去杨村中学继续接受中学教育，重视教育的家庭或者在外务工条件稍好的家庭则是把孩子送到县城里较好的中学读书。目前店集村有 40 个左右的孩子在杨村中学就读。

杨村中学的曾校长说，有些学生初中到县里的私立学校上，学费相比于在杨村中学读书要多很多，一学期要两三千块钱，而在杨村中学上学不用交学费，只需要交资料费，每个学期的资料费大概是 100 块钱。

杨村中学于 1974 年建校，至今已有 41 年历史。2015 年调查时，中学有 800 名左右的学生，初一年级和初二年级分别是 5 个班，初三年级为 4 个班。据曾校长介绍，每一届学生从初一到初三通常是逐渐流失的。初一入校时一般为 300 人左右，到了初三毕业之前，通常只剩下 170 人左右参加中考。学生流失的原因一是孩子因父母打工而转到外地就读，二是部分孩子会直接辍学跟随父母外出打工。虽然教育局对学校的考核、学校对班主任的考核都将辍学率作为一项重要的指标，但是每年辍学打工的孩子仍然会占到学生总数的 3% 左右。值得注意的是，曾校长认为，学籍管理的严格化某种程度上增加了学生辍学的概率。校长几次提到，从前不乏学习成绩很差的孩子留过一至两级后考取高中的例子，而如今，孩子如果学习成绩不好，甚至觉得跟不上时，就会很容易放弃，就此中断自己的学业。

每年在完成初中学业的 170 名学生中，能够考取淮南一中、淮南二中、凤台一中这三所第一批次的省重点中学的有 40 人以上，进入县、市其他高中就读的则更多一些。另外有 20% 左右的学生会上职业高中或中专技校，男生多学机械、电焊，女生更多学幼师和酒店管理等专业。这一选择不仅在县里的政策层面受到支持，许多学生和家长也比较青睐，因为用校长的话说，"在农村里学生除非考那些重点高中，不然像那些普通高中他们觉得即使上了也没什么前途"。通过这几种途径继续接受教育的有 120 人左右，剩下的一小部分会选择参军，更多的会直接就业。

杨村中学目前有 56 位教师，师生比例已经超过了通常的标准。但是与很多农村地区的学校一样，教师的流动性是最大的问题。近几年里杨村中学陆续走了十多位老师，其中很多是向县城学校的流动。除了在读学生的流失、教师的流动外，私立初中的兴旺也是曾校长的"心腹之患"。为了防止优秀的生源被私立初中"抢走"，他只能尽力加强管理，督促教师提高教学质量。

在曾校长看来，真正阻碍当地孩子接受教育的因素并不在学校之内。

现在农村读书难的问题已经不存在了。现在各个学校的办学条件都非常好了，教育设施、监控设施、体育器材配备都很齐全，新进的老师也都是本科专业。学费书费不收，家庭困难的学生还给每年1250块钱的补助。如果说难在什么地方的话，那就是在家校沟通方面以及社会环境这一块。

我们有时候会打电话问他们家长，结果小孩儿都不带书回家，和他们爷爷奶奶说学校不布置作业。你看如今城里面到处都是在谈教育，电视剧《虎妈猫爸》里面，两个家长在一块儿谈得最多的还是教育；在农村就不是。比如我就向我们学校干活儿的工人讲小孩教育重要，可他们对自己的孩子就像散养一样。他们在一起聊天从来不聊小孩子的学习问题。我们每年到下面招生，他们甚至都不知道学校在哪儿。农村特别重视孩子教育的家庭也有，但是极少数。

农村家长对子女文化教育的淡漠并非没有原因。国家在财政方面对农村教育的投入保证了义务教育阶段的入学率，但义务教育阶段结束后，农村子弟在更高层次教育方面的发展空间是有限的。曾校长注意到目前的考试在形式和内容上对城市学生的倾斜。

今年中考我到淮南市去参加阅卷，他那个中考的英语作文，就是解释4个词：点赞、秒杀，还有另外两个，就是怎么用英语将这4个词解释给你的朋友。类似的还有好多。就感觉农村孩子他对这个事根本就不一定了解，可能有的整天上网玩游戏、网购的小孩倒是会。就是说出题人也是很关键的。农村孩子他们知识面不够，但是在出题人那里他就很少考虑这个问题。中考也好，高考也好，其实这就是一个软文化，假如说我出一个农村方面的问题，那城里的孩子就不行。

为了弥补孩子视野的差距，学校里的老师也在努力给孩子提供一些资源，并且试图适度引导孩子上网。但是一方面，很多老师自己的信息都比较闭塞，"我刚来时有个语文老师问我比尔·盖茨是谁。老师他自己都不知道哇。"另一方面，老师和家长都无法控制学生课余时间对网络的使用，孩子们使用网络更多的是聊天和玩游戏，真正通过网络了解外界、查阅资料还是比较少的。

在完成了小学和初中教育之后，考上高中的学生就会前往离家一个小时车程的县高中或者更远的淮南市高中读书了。和小学和初中时期绝大多数家长对孩子的教育不太重视不同，高中孩子的家长往往对孩子能考一个好的大学抱有期望，很多孩子的家长会在孩子的高中期间尤其是在高三年级期间给孩子陪读。家长们到县城或淮南市高中学校附近和孩子一起租房住，照料孩子的饮食起居，即便是在外打工的母亲也会暂时放下手中的工作，为正在读高中的孩子洗衣做饭。

女儿读高中的时候，苏俊峰也选择去陪读，给孩子做饭、洗衣服，基本上一学期家长都会在那里陪着孩子。马广志的妻子也是在孩子读高中的三年没有出去打工，陪在儿子身边。

（三）幼儿园

在 2005 年前后，乡村地区也开始流行像城市里一样让 3—5 岁的幼儿去上幼儿园。在店集没有幼儿园之前，店集村的小孩都送到杨村的幼儿园去上学，那边的学校有车来接送。

店集村幼儿园于 2014 年暑假建成。幼儿园建成之后，店集村及其附近的孩子就比较少去杨村上幼儿园了。店集幼儿园的建设用地来自村里，资金来自于政府拨款，政府投入了 380 多万元。幼儿园的桌子和凳子等配套齐全，还有很大的活动空间，园里有一个大的滑梯，但是大件户外玩具暂时还没有。幼儿园的教学楼有 3 层，能容纳 9 个班，但是目前只有 3 个班，大中小班各一个。教室面积很大，教学区和玩乐的地方分开，课桌在一边，放玩具在另一边。教室里目前没有空调，但有风扇。不过，6 月天热的时候就开始放假了。店集幼儿园的条件要比杨村幼儿园的条件好很多，很多家长愿意将孩子送到店集幼儿园。

店集村幼儿园加上园长一共有 5 个老师，其中 2 个是幼师毕业，有 2 个老师教小班，中班和大班各一个老师，除了园长和苏老师都是 30 多岁之外，另外 3 个老师都是年轻老师，分别是 21、23、26 岁。学校虽然是公立幼儿园,但是所有老师的工资都是幼儿园发的,没有编制,去年店集幼儿园发了老师工资之后到年底结算,还外欠了 1 万多块钱。教师每月工资 1600 元,除此之外没有其他收入。幼儿园老师的流动性比较大,老师在结婚后就会选择离开,老师离开后,幼儿园又得去师范院校招老师。

幼儿园刚开始投入使用时,2014 年小班只收了十来个孩子,收来的学费还不够老师工资。大班和中班情况好一些,基本上能维持老师的工资。除了老师的工资,幼儿园还得支付保安的工资、做饭阿姨的工资和学校的水电费等开支,如果资金周转不过来,幼儿园就会用公务卡先欠着,等收了学费之后再把之前欠的钱补上。

店集村幼儿园的收费很低,不管大班、中班、小班,每学期都是 600 块钱,如果中午在幼儿园吃饭,则需每个月另外交 100 块钱。店集幼儿园的收费比杨村幼儿园要少一些。幼儿园里孩子的流动性也很大,很多孩子会跟着父母去外地的幼儿园上学。每年快放假时,幼儿园都会预收 200 元学费对孩子下学期是否来上课做个摸底。很多跟着爷爷奶奶的孩子会选择不上幼儿园。

现在幼儿园的小班里有 30 多个小孩子,大部分是留守儿童,只有五六个是父母都在家的。园里的孩子男女比例不平衡,其中小班 36 个学生中只有 9 个是女孩子,中班男女比例差不多持平,男孩略多。主要的课程有手工课、美术课、音乐课(弹琴)、简单的英语、数数、简单的字等。

图 2.38 店集村幼儿园

（四）社会保障情况

集体化时期，农村的社会保障制度主要有社会救灾和救济制度、优抚保障制度①、"五保"②供养制度、"赤脚医生"③制度（合作医疗制度）等，其中最为重要的是具有普惠性质的"赤脚医生"制度（合作医疗制度）和针对没有劳动能力且无依无靠的老人、残疾人和孤儿等的"五保"供养制度。与全国农村一样，店集村也主要以集体保障为主，这是一种以集体经济为基础、互助共济的"低水平、高效率且公平"的保障模式。

随着家庭承包经营制度的实施，集体经济解体，原有的集体保障模式失去了其经济基础。农村社会保障模式也从集体保障逐渐转向家庭保障，家庭和个人承担了社会保障的主要责任，农民的医疗、养老④等负担加重，因此在90年代，国家在重构农村社会保障体系方面也进行了一系列探索⑤。

进入21世纪，国家通过了一系列社会政策来支持和反哺农民、农业和农村。在社会保障方面，2003年开始新型农村合作医疗制度试点，2006年提出在全国范围建立农村最低生活保障制度⑥，2009年开展新型农村社会养老保险试点⑦。当前农村社会保障形成了以新型合作医疗制度、最低生活保障制度、新型养老保险制度以及其他社会保障制度为内容的覆盖广泛的社会保障体系。以下将在这一体系之下，简要地介绍店集村的社会保障情况。

1. "新农保"

根据国发〔2009〕32号《国务院关于开展新型农村社会养老保险试点的指导意见》，新型农村社会养老保险（简称新农保）是以保障农村居民年

---

① 针对革命烈士家属、革命军人家属、革命残废军人等。

② 保吃、保穿、保住、保医、保葬（儿童保教）。

③ 当年的赤脚医生如今成了村卫生室的医生。

④ 1992年安徽开始进行农村社会养老保险工作试点，但着重在比较富余、已基本解决温饱问题的农业人口中开展农村社会养老保险工作。

⑤ 开始恢复重建农村合作医疗制度，完善农村五保供养制度并探索建立农村社会养老保险制度。

⑥ 安徽省2007年全面建立农村最低生活保障制度，2008年全省农村最低生活保障线由去年人均683元提高到860元，年人均补差标准提高到437元，覆盖面由去年的2.74%扩大到3.5%，保障人数在去年130.9万人的基础上增加49.21万人。

⑦ 安徽省2006年成为国家劳动和社会保障部试行新型农村社会养老保险的试点之一。

老时的基本生活为目的，建立个人缴费、集体补助、政府补贴相结合的筹资模式，养老待遇由社会统筹与个人账户相结合，与家庭养老、土地保障、社会救助等其他社会保障政策措施相配套，由政府组织实施的一项社会养老保险制度，是国家社会保险体系的重要组成部分。年满16周岁（不含在校学生）、未参加城镇职工基本养老保险的农村居民，均可以在户籍地自愿参加新农保。年满60周岁、未享受城镇职工基本养老保险待遇的农村有户籍的老年人，可以按月领取养老金。实施当年，中央确定的基础养老金标准为每人每月55元，从2014年7月1日起，全国城乡居民基本养老保险基础养老金最低标准将在每人每月55元的基础上增加15元，提高至每人每月70元。

表2.14　2010年店集村"新农保"参保情况

单位：人

		人数	百分比
性别	男	681	52.83%
	女	608	47.17%
	总　　计	1289	100.00%
年龄	16—20 岁	30	2.33%
	21—30 岁	206	15.98%
	31—40 岁	391	30.33%
	41—50 岁	373	28.94%
	51—59 岁	289	22.42%
	总　　计	1289	100.00%
缴费档次	一档（100元）	1077	83.55%
	二档（200元）	93	7.21%
	三档（300元）	24	1.86%
	四档（400元）	17	1.32%
	五档（500元）	24	1.86%
	六档（800元）	54	4.19%
	总　　计	1289	100.00%

注：资料来源于村委会统计表，缴费时间分为2010年3月1日和9月1日两次；缴纳保费共195100元，其中"一档"中有4人重度残疾（二级以上），免交保费。

具体到店集村的情况，2010 年"新农保"缴费共 1289 人，其中男性 681 人，女性 608 人；16—20 岁 30 人，21—30 岁 206 人，31—40 岁 391 人，41—50 岁 373 人，51—59 岁 289 人，总体看年龄越大，缴费率越高；选择缴"一档"的 1077 人，"二档"的 93 人，"三档"的 24 人，"四档"的 17 人，"五档" 24 人，"六档" 54 人，90% 以上的人都选择低档次缴费标准，选择"六档"的人数比"三档""四档""五档"多，但进一步分析发现这与年龄、性别都没有显著的相关性，经验判断可能与个人的经济情况有关。

据村委会统计，2011 年 6 月份领取养老保险的共 448 人，其中 91.29% 待遇金额为 60 元。2012 年一份包括 1906 人的名单揭示，截至 2012 年 10 月，领取待遇的 492 人，正常参保的 1381 人，终止参保的 33 人。可知，正参与和享受"新农保"的共 1873 人，而据《凤台县情》统计，2012 年店集村参加"新农保"的人数为 2068 人，两者有一定的差异；又 2012 年《凤台县情》统计的总人口为 3247 人，劳动力 2024 人，以《凤台县情》的数据计算，2012 年"新农保"参与人数占 2012 年总人口的 63.69%，以村委会的数据计算，2012 年"新农保"参与人数占 2012 年总人口的 57.68%，正常参保（16—59 岁）人口占劳动力人数（男 16—59 岁、女 16—54 岁）的 68.23%。假设领取待遇的 492 人等于全村的 60 岁以上老年人口，劳动力人口为 2024 人，则 16 岁以上人口数为 2516 人（不包括 55—59 岁的女性人口数）可大致计算 2012 年"新农保"的参保率①，若以村委会实际参保人数 1873 人为准，参保率为 74.44%，若以《凤台县情》实际参保人数 2068 人为准，参保率为 82.19%。

结合这三年的情况可以知道，店集村"新农保"的正常参保人数和领取待遇人数逐年增加，参与率相对较高，大概在 70%—80%，从发展趋势来看，参保率还有待进一步提高。

2. "新农合"

新型农村合作医疗，简称"新农合"，是指由政府组织、引导、支持，农民自愿参加，个人、集体和政府多方筹资，以大病统筹为主的农民医疗互助共济制度。采取个人缴费、集体扶持和政府资助的方式筹集资金。

---

① 参保率 = 实际参保人数 / 应参保人数 =（正常参保人数 + 享受待遇人数）/16 周岁以上人数（劳动力人数 +60 岁以上老年人数）。文中计算的参保率只是作为参考，并不一定准确。

2002 年 10 月,《中共中央国务院关于进一步加强农村卫生工作的决定》明确提出各级政府要积极引导农民建立以大病统筹为主的新型农村合作医疗制度。2009 年,国务院做出深化医药卫生体制改革的重要战略部署,确立新农合作为农村基本医疗保障制度的地位。新型农村合作医疗制度从 2003 年起在全国部分县(市)试点,到 2010 年逐步实现基本覆盖全国农村居民。2015 年各级财政对新农合的人均补助标准在 2014 年的基础上提高 60 元,达到 380 元。

从新农合医疗政策情况来看,2015 年店集村新农合人均筹资标准为参合农民缴纳 100 元/人(其中县政府补助 25 元,参合缴纳 75 元),补偿模式实行"门诊统筹 + 住院统筹的报销补偿模式 + 大病保险",其中大病保险具体指新农合住院补偿后,年度累计未补偿数额超过一万五千元的可以享受二次补偿①。参合待遇方面,恶性肿瘤、尿毒症等特殊疾病住院费用及日常大额门诊的统筹费用按 85% 予以补偿,五保户补偿标准参照特殊疾病;2015 年当年出生的新生儿,随参合父母获取参合资格并享受新农合待遇,但父亲或母亲仅一人参合的,只能享受一半待遇;2015 年度封顶补偿为 30 万元。店集村(凤台县)合作医疗门诊统筹和住院医疗费用报销补偿情况见下表。

表 2.15   2015 年凤台县合作医疗门诊统筹和住院医疗费用保险补偿

门诊统筹			住院统筹				
门诊慢性病	65%	年度补偿封顶 3000 元	医院级别		起付线	补偿比例	年度封顶
普通门诊	乡镇卫生院 50%	年度以户为单位封顶补偿(每人每年 50 元)	县内	乡镇卫生院	150 元	90%	30 万元
				县级医院		85%	
	一体化管理村卫生室 50%		县外	III 类医院	省农合办统一制定	80%	
				IV 类医院		75%	
				V 类医院		55%	

注:资源来源于《2015 年凤台县新农合医疗补偿明白纸》。

————————

① 2010 年《凤台县新型农村合作医疗实施办法》补偿模式为"住院补偿 + 门诊统筹模式",对特殊重大疾病采取"大病救助"措施,即按补偿方案的规定给予补偿后,如果其个人自付费用仍然超过 5 万元,对其中的 5 万元以上的部分,由县新农合经办机构提供证明,其个人再向民政部门申请"重点救助"。

从新农合参合率来看，根据店集村委会的统计，2009 年上报的参加"新农合"总人数为 3170 人，其中男性 1693 人，占 53.41%，女性 1477 人，占 46.59%。统计年龄的 3128 人中，20 岁以下占 30.15%，21—60 岁占 55.37%，61 岁以上占 14.48%。各年龄段分布具体情况见下图。

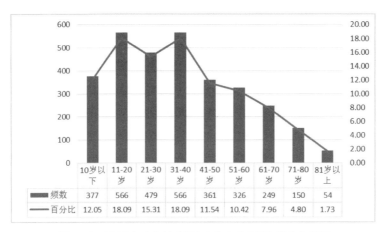

图 2.39　2009 年店集村"新农合"参合人员年龄分布情况

根据《凤台县情》统计，2012 年参加"新农合"的人数为 3147 人，而当年总人口为 3247 人，可见参保率达 96.92%。在店集村 2014 年合作医疗登记表中，参加合作医疗的有 847 户，共 3262 人，其中普通户 2957 人，占 90.65%，低保户 107 人，占 3.28%，残疾户 52 人，两女户 46 人，计生优待户 42 人、五保户 33 人、独女户 22 人、优抚户 3 人。下表显示了性别和年龄分布情况。男性 1742 人，占 53.40%，女性 1520 人，占 46.60%。10 岁以下参保人数最多，占 18.95%，20 岁以下参保人数超过三分之一，60 岁以上参保人数超过五分之一，这种分布与店集村的年龄结构有很大关系。

表 2.16　2014 年店集村"新农合"参合人员性别与年龄分布情况

单位：人

		人数	百分比
性别	男	1742	53.40%
	女	1520	46.60%
	总计	3262	100.00%

续表

		人数	百分比
年龄	10 岁以下	618	18.95%
	11—20 岁	416	12.75%
	21—30 岁	529	16.22%
	31—40 岁	460	14.10%
	41—50 岁	529	16.22%
	51—60 岁	288	8.83%
	61—70 岁	227	6.96%
	71—80 岁	151	4.63%
	81 岁以上	44	1.35%
	总计	3262	100.00%

注：资料来源于《店集村 2014 年合作医疗登记表》。

新农合的实施为村民看病提供了很大保障。不过，在实际运行的层面上，报销手续的烦琐使新农合的效果多少打了折扣。一些比较重大的疾病仍然有可能在经济上击垮一个家庭。

今年孙桂红妻子无意中发现乳房长了疙瘩，前后去了南京看过两次，已经化疗过一次，需要再化疗一次就可以切除。"现在这种病比较普遍，而且偏年轻化。去南京看病，一次要花 3 万块钱，两次加起来就 6 万了，自己得借钱先垫着。合作医疗能给报销一部分，至于报多少也还没有下来。之所以去南京，主要是考虑到那边是专科医院，专门看肿瘤。"以前孙桂红在外打工，家里的开销基本能够保证，现在妻子生病了，自己也闲在家里，一个孩子在读高中，一个孩子在读初中，生活就感到艰难了。孙大哥说，现在他庄子里就属他最困难。妻子整个治疗过程算下来估计要 20 万。

医保补贴还没有下来，合作医疗能报多少也不知道。"只能跟朋友借，算高利贷，有1分或1.5分利息的，亲戚多是借5千或1万。银行的钱不好借，还要找人担保。这个房子不属于产权房，不能用作担保。想过把房子卖掉，如果这次借不到钱，就准备把房子卖了。房子也就能卖个12万。"

一位管理合作医疗的村干部说："我觉得医疗保险这个政策很烦琐，比如一些比例规定我们都不清楚，村民就更不清楚，就会导致其实可以报销更多却因为选错了医院或药品而报销不了。政策肯定是好。"

3. "低保""五保"等救助制度

农村低保即农村居民最低生活保障，它的保障对象是家庭年人均纯收入低于当地最低生活保障标准的农村居民，而且主要是因病残、年老体弱、丧失劳动能力以及生存条件恶劣等原因造成生活常年困难的农村居民。据了解，截至2015年8月，凤台县共有农村低保对象11569人，每人每月200元，1—7月累计发放低保救助金1520万元[①]。

具体到店集村情况，截至2015年5月，低保户户主共36人，其中，男9人，女27人；最小15岁，最大92岁，平均年龄58岁；未婚及丧偶24人，小学以下文化程度33人，完全丧失劳动力29人，健康状况差10人。家庭人口总数为79人，平均2.19人；需保障人数77人，平均2.14人；家庭A类救助（重保户）29户。

表2.17　店集村2015年低保户户主年龄、家庭人口与需保障人口数情况

变量	总人数（人）	均值	标准差	最小值	最大值
户主年龄（岁）	36	58.03	15.54	15	92
家庭人口数（人）	79	2.19	1.12	1	5
需保障人数（人）	77	2.14	1.15	1	5

注：数据来源于店集村农村低保名单（截至2015年5月）。

---

① 吾谷网. 凤台县1520万元农村低保补助金全部发放到位. http://news.wugu.com.cn/article/20150826/614394.html.

表2.18　店集村2015年低保户户主性别、婚姻与文化程度等分布情况

单位：人

		人数			人数
性别	男	9	劳动能力	缺乏	7
	女	27		完全丧失	29
婚姻状况	已婚	12	健康状况	一般	15
	未婚	16		较弱	11
	丧偶	8		差	10
文化程度	文盲	17	家庭救助类别	A类	29
	小学	16		B类	4
	初中及以上	3		C类	3

注：数据来源同上，其中文化程度一栏有一人15岁小学在读，四人小学肄业。健康状况一栏重病5人，残疾1人。

"五保"是我国农村依照《农村五保供养工作条例》规定对丧失劳动能力和生活没有依靠的老、弱、孤、寡、残的农民实行保吃、保穿、保住、保医、保葬的一种社会救助制度。根据店集村2010年1月份五保户补助资金清册，当时店集村五保供养的人数为33人，五保补助金额每人325元，2014年店集村合作医疗登记表显示，店集村五保户也是33人，没有增减。

据村统计员介绍，目前店集村低保分为三档，补助金分别为170元、200元、220元，享受低保的人员会有变化，但五保不会变。

除低保、五保外，还有临时救助、大病救助、残疾救助、贫困儿童救助、计生救助、工会救助等救助项目，临时救助一个月可以申请一次，金额在1000—2000元；大病救助①是在报销后医疗花费仍超过一万的情况下进行的补助，最低补助2000元，最高8000元；残疾救助，一年600—1000元。

村里的吴会计说："上面对低保的名额没有限制，只要符合条件我们都上报。如果谁家里出了急事，我们也随时上报，报不了的可以申请大病救助。我们村原来有50多户吃低保，去年开始比较严格地进行审核。我们现

① 2015年"大病保险"享受二次补偿的前提是，新农合住院补偿后，年度累计未补偿数额超过一万五千元。

在主要保证老人和患有癌症的。低保没申上可能有各种原因，比如说王振文，她现在上淮南人民医院拿病历去了，她之前没申报上就是因为没有新的当年的病历。她是个女人，丈夫患乙肝死了，有两个孩子要负担，还有精神病，她儿子语言有障碍，女儿考上凤台全县最好的一中了，这个我们村给她做，但是不一定能批。"

从上述对店集村社会保障情况的介绍来看，店集村"新农合"参保率将近100%，但"新农保"参保率还有待提高。低保户数量减少，但低保与五保评选更加规范化、标准化，作为补充的大病救助、临时救助等救助制度也不断完善，对困难村民发挥着重要的保障作用。总体而言，店集村的社会保障体系比较健全。

十一、丧葬习俗、宗教和价值观的变迁

习俗、宗教和价值观作为社会文化的缩影，集中反映了特定时代、特定阶段的人们在对待家庭、家族以及村庄共同体等的道德和标准方面的价值取向。习俗、宗教和价值观不仅仅反映了宏观社会变迁的背景，同时也在一定程度上体现了农村社会发展的程度。

改革开放以来店集村的方方面面发生了重大的变化，习俗、宗教和价值观的内容和形式也发生了相应的变化。

（一）丧葬习俗

店集村的丧事程序这些年来一直没有什么变化，只是在物质匮乏的年代程序会相对比较简单。

老人去世之后，会请风水先生将家里的儿子、孙子的属相、生辰八字等一一弄清，然后确定几点几分下葬。出殡之前还需要看好下葬地和方位。

"一般都不会选在子午向（正南），会稍微偏一点，因为子午向不好，不管是盖房子还是选墓地都不会选。选坟是前面低，有水，后面高一点最好了。现在一般都会埋在自己家的地上。"

在经济条件差的年代，丧事办不起，就只能简化程序。通常找几个帮忙抬棺材的，就把老人送下去，那时抬棺材的不收钱，请吃几顿饭就可以。但是但凡经济条件好一些的，丧事还是要办的，一般请前来吊唁的人吃饭，

要请吃三天。这三天是"平山"（音），就是老人去世之后，从死的那一刻起距下葬在家放三天。而家里条件差的就放一天。在改革开放以前，经济条件普遍不好，所以多是将已故人的遗体在家放一天。但是如果去世的是年轻人就不能在家里耽搁，家里如果还有老人在，就得立马下葬。

90 年代后期，店集村开始有了公墓林并要求遗体火化，每个队都有公墓林。之后十年左右的时间，店集村去世的人火化后葬在公墓林里。但近两年来对是否火化和进公墓林管束没有以前严格了，很多人就埋在自己家地里了，然后到殡仪馆买火化证。但是干部、教师都必须带头火化。现在的店集村，依然有百分之六七十的比例选择土葬。虽然国家政策上要求火化，留其骨灰作为祭奠，但很多村民思想上不能接受，觉得将过世者火化对过世者不够尊重，依然会请最好的木匠为过世者定制一个大方的棺材，安排 8 人或是 16 人抬棺，风风光光地给过世者下葬。棺材价格也不菲，看木头的好坏，好的有一万多块钱，最普通的也要一两千块钱。

店集村的唢呐队 2003 年以后开始流行。在经济状况不好的时候，多数人家没钱，便请不起唢呐队。以前的即便请了唢呐队也就简单地吹一吹，但是这十来年就"歪"了，以"扭唱"为主，即唱歌跳舞。一般老人去世了之后，如果只是埋了，村里人便会议论，本家的面子上就会过不去。多数人家会请唢呐队，唢呐队多是闺女请。陈桂忠父亲认为现在的这种唱跳为主的唢呐队不好，但是年轻人比较喜欢。唢呐这些以前人比较感兴趣，有点啥稀奇的事情都会跑过去看，但是现在人有了电视之后，对这些就不再稀奇了。除了唢呐队，老人去世之后，闺女这一边会扎一个马和轿子，为的是尽一点孝心，没有闺女的人家，则是由娘家人负责。

在最近不到十年的时间，店集渐渐开始流行花钱请专门的哭丧团队来进行哭丧，哭丧的人通常会带有表演性质地哭得很大声。在以前，老人去世之后没有特意的哭丧，儿子女儿在老人咽气和送棺的时候一般会哭，不哭的非常少，如果有不哭的，大家会在背后议论。

现在由于年青人多在外务工，家里老人过世也只能回来做短暂的停留，因此守孝开始只守"头七"，甚至只守三四天的也有。

另外的一个变化则与基督教信仰有关。苏传德说："信教的人去世，一般会嘱咐后人，'假事就不要搞了'。就是不要烧纸，不要搞那些事情。唢呐可以请；棺材可以有。后人如果听话，就请姊妹去祷告告别，如果不听话，就以后人的意思为主。"

（二）祭奠活动

店集村的祭祀一直以来都不像中国的南方地区那样隆重，祭祀活动没有什么程序，相对比较简单。在农历春节、中秋节、清明节等节日之前，在世的人会给过世的家人长辈烧一些纸，放一下炮，然后上坟祭奠，便完成了对先人的祭奠。

但是随着信教者的增多，传统的祭奠活动也发生了一些变化。基督教徒祭奠长辈时不烧香不烧纸，会买束鲜花和炮仗去看望先人。他们认为纸是人造的，不是钱，烧了也没用，传统给先人烧"纸钱"是迷惑人的。但是家庭里面有一个人信主，其他人不信主，其他人烧纸不会影响到信徒自身，不是自己烧纸就行。

（三）宗教活动

中华人民共和国成立前，店集有一座供奉华佗的庙，叫"大成庙"（音），修建于清末民初，位于店集最东部，即现在店集老村的店集小学的旧址。华佗庙曾经在店集人的公共信仰中有非常重要的地位，辐射的范围甚至远远超出店集。村中的很多老人们回忆起当年华佗庙的盛况，仍然难掩自豪之意。

村里对华神爷很是敬畏，焚烧贵重的盘香。庙里香火很旺，庙会期间，去庙里上香的人很多，四面八方的人，还有人专门从河南坐船过来。场面特别壮观。卖香的摊子一直摆了三四里路。

华佗庙之所以香火旺，是因为当地曾流传着华佗显灵的故事。在以前，当地人们的只要有点病，就会前去祈求，希望祛病除痛，身体健康。

华佗因坚持要给曹操开颅治头疼病被杀，死后托梦曹操，在梦中为其开颅，被曹操惊为天人，遂立庙供奉华佗，为其穿戴王服，民间俗称为"华子爷"。从苏万顶老书记记事起，村里就流传着华神爷显灵的事情。村里普遍流传的华神爷显灵事迹有两件。事迹一：（华佗爷）在阜阳西南部的口子集卖马，声称只喝水不吃草，证实后问其姓名，告知姓华，家住店集，

图 2.40　店集教堂外景

恍悟原是华神爷显灵，买马的人特赶来店集供奉华神爷。家住阜阳的赶会前三天就驾车赶来。事迹二：苏书记的叔爷病入膏肓，多日水米未进。一日早起下小雪，让家人做了面水，喝了一碗半，家人甚惊奇，问缘由，告知华神爷昨晚为其开刀，在东大沟河水里洗了内脏，家人出门一看，果然从家门口一直到东大沟都有血迹，河沟里有血水，家人甚是感激，头顶果盘一步一磕头到庙里去祭拜。苏书记并未亲眼所见其事，村里老人都见到其去庙里祭拜。

除了华神爷，庙里还供奉有仁祖爷兄弟三个。除了这四位主要供奉的人物外，还有七八十位人物。而捐庙人的名字也被刻在庙里的十三座石碑上，构成村庄集体记忆的重要部分。所有的这些在"文化大革命"中都被毁掉了。分田到户以后，村里的老人们一直希望能够重建华佗庙，但一直没能成行。对此，一位老人的解释是，重建华佗庙不仅需要大量的资金，而且需要有"扛得起来的人"。但是唯一有可能的组织者身为党员，却不好参与挑头。

华佗庙被毁后，民间信仰活动逐渐减少。而与之形成对比的是近三十年来基督教的逐渐兴盛和村里基督教堂的建立。改革开放后，店集村开始有人信基督教，而且逐年增加。现在店集村的基督教徒有 200 余人，到了过年期间在外打工的年轻人回乡，教堂里更是挤满了人。店集村的信众中女性、老人是绝对多数，占到 90% 左右。

店集村教会的管理人苏传德是店集村基督教发展过程中发挥最关键作用的人物。他从 1978 年开始信基督教，当时店集村还没有教会，方圆十里只有十几个人信教，苏传德都去附近钱庙乡的黄庄参加活动的。1983年有政策要求各乡的信众回各乡教会活动，于是苏传德回到了杨村。到了1998 年中央逐渐放开批准教会的建立，苏传德就回到了店集召集了聚会，当时有 100 多人。在一个当时身在蚌埠的香港胡牧师的帮助下，教会买下了当时村里已经倒闭的面粉厂的地屋，建起了一个像样的教会。现在，教堂还会吸引到来自附近庄子的信众参加聚会，通常有三四十人。

苏传德说："那时我有一个老姑娘在蚌埠，回来看到我在草棚里聚会，说香港有个胡牧师在蚌埠，可以批钱帮教会买地屋。她回去就向胡牧师介绍，当时村面粉厂倒闭好几年，草长多深，就从村里买过来，连房子带地六万元。1999 年至 2000 年办好手续，彻底买过来了。"

在调查进行的过程当中，位于原来面粉厂的教堂正在准备搬迁。随着信教的人越来越多以及居住在老村人的不断减少，店集的教堂即将搬到新村的幼儿园后面，目前土地已经批好。与修庙的曲折过程有所不同的是，尽管目前的村两委班子都对教堂有所反感（村民都去了教堂聚会就不去参加村民会议了），但是他们认为三自教会是得到国家认可的，加之教堂在老村的存在是既成事实，搬迁又有利于老村的整体复垦，因此教堂的搬迁和建新顺理成章地搬上了议事日程。

图 2.41　店集教堂内景

宗教领域的研究者一般认为，中国农村基督教是一种与西方的基督教相去甚远的信仰形态，甚至与中国城市中的基督教信仰相比也呈现相当不同的特征。这一点在店集基督教信众的观念、活动方式上也有所体现。

西方基督教国家的人往往是因为生于一个基督教家庭中，从而自然而然地习得了这种宗教身份。与此不同，店集的基督教徒的入教皈依往往具有一个特殊的契机，与生命中的某个事件有关。最常见的选择信教的契机往往是"生病"。很多人生了病之后听人建议或自己打听，前往教堂祷告，痊愈后就开始觉得亲近耶稣。用一个信基督教的粮油店老板的话说："平安信主的人比较少，很多都是不平安信主的。"

粮油店的刘大姐信教已经十几年了。"之前经常胃疼，吃饭也吃不下，做胃镜说是慢性胃炎，里面有炎症，吃药也吃不好，然后听人说信耶稣会好，就介绍我去试一试，然后我就去了。至今已经十多年了。基督教不是邪教，拯救人的灵魂，是教人学好的。我们的基督教都是正规的基督教，对人有帮助的。有个人腿疼得站都站不起来不能走，我们几个给她念了一夜经，她就好了。我第二胎一直想要一个儿子，还一直向上帝祷告，结果第二胎真的是一个儿子。"

苏传德信教从 1978 年至今已经有 37 年了。他说，自己起初是个"刚硬的人"，什么都不信，就信自己。"家属有病，找巫婆看，我反对，骂她，说哪里有鬼，我拿刀砍你！晚上我就睡不着了，脑子里就有声音，说你死吧你死吧，感觉别人都看不起自己。找神汉巫婆看后不管用，就找到黄庄一个教会，问能不能看病。教会的人问我信不信耶稣，我问耶稣是什么？就让我跪在地上祷告，我一跪下，一闭眼，'主啊，可怜我吧'，就马上起来，问我为什么，说是有好多人要逮我，又跪再祷告，感觉平静了。啥道理都不懂，就这么信了。"

店集的巫术传统实际一直在人们的生活中发挥着作用。杨村有一个巫婆，方圆好几个庄子里的人在生了"怪病"之后很多都会来找她作法。事实上，现在的基督教信徒中有一些就是在得了怪疾、四处求医问卜后发现上帝最为"灵验"而入了教的。

但是，并非所有的信徒都是感受到了"神迹"才决定入教。从其每次聚会的形式和内容来看，参与教会的活动带给信徒的不仅仅是玄妙的心灵的慰藉，还有原本随着村庄生活的碎片化已经变得微弱的社会关联。在店集村的基督教徒中，少数如牧师苏传德者有非常强烈的宗教气质和传道热情，内心中体会过"神"与"魔鬼"的冲突，在对待基督教信仰时会呈现一种非常投入的状态。而更加普遍的情况则是，信教者平时（至少看起来）

并不会特别地强调他们作为教徒的身份，谈起自己的信教契机时甚至显得较为随意，向调查者介绍其信仰时使用的也是更加日常化、世俗化的语言。

"我们夫妻俩不种地。老伴儿是退休的老师（在 1959 年入伍当兵，后来当的老师），从 1999 年底就退休了，每个月的退休金是 2000 多元，今年我 72 岁，他已经 76 岁了，平常老伴儿就看看报纸和书，他不喜欢那种场所，所以是不去茶馆的，一般在茶馆里待的都是闲人，那些人在茶馆里闲聊或打打麻将与纸牌，而且茶馆里也有一些人吸旱烟，弄得整个茶馆里乌烟瘴气，很刺鼻。我平常就到基督教会里去听讲，我信耶稣已经有 4 年了，有时是外地的牧师和长老到这边传教，日常就是我们本地的齐家海和苏传德等信主时间长资历比较深的人讲授。"

"教堂每一次活动都是一样的，包括唱诗、祷告、读经。周三和周五人少一些，礼拜天人多时间也比较长。每个礼拜天上午八点开始讲道，九点散会，下午两点半开始，三点半散会。礼拜三和礼拜五也有讲道，都是下午 2 点至 3 点半。"

"我信基督教十多年了，我看人家去教堂我也去看看。信教是教人做好的，不像其他宗教有那么多教主。"

如前所述，店集基督教信众中妇女、老人占了绝大多数，基督教在这两个群体中的传播显然与他们身处留守状态、有着大量生活空间有待填充有关。而事实上，教会也确实在促进信众之间的社会交往、组织信徒互帮互助上面发挥了重要的作用。若某个人生病了，其他人会共同来到他的家中，征得病人家属同意后为其祷告；必要时还会提供直接的物质支持。

"如果有人生病了，我们可能去人家家里祷告。上次我们还给一个死去的人买了棺材。他的家庭很可怜。抛下一个有精神疾病的妻子和两个未成年的孩子。看病的时候，我们给了他一万多块钱。他是看了几次病没好，绝望了才来信教的，但我们也一样爱他。有的不懂的人说，信耶稣的人，还给祷告死了。人的命都在上帝手上，我们为他祷告，只是叫耶稣来接灵魂，让他不要再受罪。为病人祷告前，我们得经过病人家属的同意，不会随便给人祷告的。无论是否为信徒，只要病人找到我们，征得家属同意后我们都会给他祷告。结果好坏都是神的旨意。"

但是，强调教会对于满足人们社会交往需求的作用，并不是说在店集基督教的兴盛和广场舞的流行本质上没有区别。相反，对于他们来说，社会交往和精神慰藉是彼此互为依托的。信徒们在教会每周固定的集体活动中听人讲解《圣经》、共同祷告，这种教堂内的兄弟姊妹之爱自然会延伸到教堂外的日常生活中。一些信徒虽然不识字，但是在他们的表述中仍然体现了鲜明的价值诉求。很多人都会向调查者表示，信教是让人"学好"的，信教就要做好人，行善事，要爱别人。类似的价值诉求在目前整体上以效率为先、崇尚能力的社会氛围中是难以找到位置的，在农村的一些地方，"你是个好人"几乎快等同于一句骂人话；村里一些人也认为，"一般都是没什么本事的人才信教"。可以说，店集村基督教信徒多次强调的道德意涵正是更大的社会环境中价值变迁、曾经的价值如今失落的一种体现。

"信教之后，能使你平安就好了，我也不求其他。信教不要有过多的要求，不偷不抢，尽做善事，不搞反动，渐渐地就会学好了。我在大队干的时候，集体的东西我一样都没有拿，人家当个委员又拿这又拿那的，不义之财我是不会要的。"

"我现在一个星期里每周三、周五下午去，星期天一天都在教会，我们日常在那里听他们讲解马太福音、马可福音，有一些人不识字就只能听，在这里我们学习圣经，认识的字多了，这也是一种学习。很多生病的人会向耶稣祷告，这是一种信心与开导，人们生病是可以找医生的，不是说信主就不找医生，在教会里人们所说的能得到医治的病一般指的是心灵和精神上的疾病。教堂里面当地年轻男女也是有的，不过男性是比较少的，因为我们这边大多时间都是在家的妇女多。"

（四）环保意识

在整个生态环境遭到破坏的背景下，中国乡村的环境较之多年以前有所恶化，比如水污染、水土流失等问题在店集都有出现。村民们对关系到自己生活起居的生态环境问题，已有一定的环保意识。但对与自己关系远一些的则不那么重视。一些村民开始注意规避环境污染与破坏带来的风险。

秸秆烧与不烧的矛盾。近些年来包括安徽省在内的很多省份明令禁止焚烧秸秆。店集地处偏远，附近也没有发电厂等能用到秸秆的企业，秸秆只能打碎了放在地里或者堆放。而店集多水田，种稻子的时候需要把田里面上满水，水稻发芽前需要用化学除草剂除草，如果是连着阴雨天，秸秆污水与除草剂会一齐排到沟里河里，腐烂的秸秆会下渗，污染地下水。秸秆焚烧会造成大气污染，不烧会造成水污染，影响作物的生长，在店集人看来，大气污染只是暂时的，而污染了水则是更长久的。所以，村民只能把秸秆堆到沟边，在过了禁烧秸秆的严打期之后，悄悄地将秸秆烧掉。

在河水沟水被污染之后，地下水的水质会受到影响，一些具有超前意识的村民会在家中购买净水装置，以确保喝到放心的水，但是绝大多数的家庭则认为没有这个必要。

垃圾的处理。在新村建成之后，村民对垃圾也不再是像以前一样随地乱扔或者焚烧了，而是将垃圾装袋放到垃圾箱里，垃圾箱定期会有人清理。但是这些从垃圾箱清理出的垃圾暂时无处安放，只能堆在老村的一块空地上。对于这些垃圾如何处理，也是令村里人和村委会头疼的问题。

对农药瓶的处理现在也和以前不一样，以前是就地扔掉，这有可能会造成土壤和沟水的污染。在村里统一回收农药瓶之后，村民们会有意识地将农药瓶收集起来再交由村里回收。

而对于粪污的处理，在老村现在和过去没有什么分别，新村则有四个公共厕所，没有挖化粪池的家庭需要到公共厕所，即使是挖了化粪池的，粪污依旧是排到村里的水沟里。

对植树、绿化的看法。虽然在理论上增加植被的覆盖率，对于涵养水源、净化大气会有改善作用，但是多数村民们认为种树的作用不大。即便是在村里以每亩地 600 元向村民租地用来栽树，村民依旧不太配合，2014年店集村需要完成 800 亩地的任务，只完成了 80 亩。苏主任认为，村民们没有想到环境改善那一步。

十二、小结

回顾过去的 40 年，店集村经历了家庭收入非农化、农业生产机械化和村庄生活现代化的过程。打工经济的兴起大大增加了村民的收入，也将现代化的生活方式引入了农村；劳动力外流与家庭资金的积累使机械化生产成为可能，明显减少了农业劳动力的投入；近十年来，店集村作为一个不临城不涉矿又无集体收入的普通农业村，通过向上争取资源，向下协调村民，基本完成了中心村建设，不仅增强了公共服务的供给，还适应了大部分村民迈入现代化生活的需求。低成本而现代化的村庄生活为长期务工家庭提供了新的选项，许多店集打工者不再奢求在城市买房，而是将积累的资金带回农村，购买新房或投入地方生意，这种现象在一定程度上为周边的建筑行业带来了正面作用。可以说，店集村的发展模式为将来农业人口的"就地城镇化"提供了可能。

宁夏固原市
河东村
从苦甲天下到衣食无忧

概述

　　"三西"地区一直是穷山苦水之地，1876年，清朝陕甘总督左宗棠在奏折中沉叹"苦瘠甲于天下"。固原市原州区河东村即属于此地区。改革开放后，中央财政长期投入大量资金用于扶贫开发，但发展一直缓慢。直到2000年以后，国家进一步加大了扶贫投入改善了基础设施，农业技术的推广应用提升了粮食产量，年轻人外出务工增加了家庭收入，这才根本改变了河东村落后面貌。现在许多村民都进了城，村里大量房屋空置。

一、村庄概况

（一）基本情况

固原位于宁夏回族自治区最南端，背靠六盘山，恰处银川、西安、兰州三个省府城市三角形的中心。下辖四县一区，一区即原州区。原州区又有七镇四乡三街道，彭堡（音"卜"）镇是其中之一。彭堡镇在固原市区西北方向 20 公里处，全程平坦公路，驱车不过半小时。自彭堡镇再往西南去 1.5 公里，就到了河东村的地界。

河东村下辖 8 个村民小组，共 660 户居民，2289 人（2015 年末统计数据），户均 3.5 人，清一色的汉族（一户嫁入的除外）。土地 10399 亩，多为旱地[①]，人均耕地 4.5 亩。由一

图 3.1　宁夏行政区划图

---

① 河东村有"水地"和"旱地"的说法，水地指的是在机井灌溉范围之内的土地，旱地指的是在机井灌溉范围之外的土地。

图 3.2 河东村各队位置

条南北向穿村而过的小河①，分为东西两部分。我们选择了年代较长、居住
也较集中的一、二组（统称东庄湾）②作为主要的调查地点，这里的户籍村
民共有 151 户，645 人。

地理条件上，河东村西高东低，西部和南部川梁纵横，塬、梁、峁、

---

① 这条河的正式称谓叫"冬至河"，长期以来都是人畜饮用和庄稼灌溉无法直
接使用的咸水河。但由于 20 世纪下半叶上游的岩盐矿开发，导致河水中含硝量剧
增，因此也被称为"硝河"；而近年来由于上游工矿业生产过度用水，导致河东村
附近的河段常年水量偏小，甚至断流，只有在夏季和冬季的降水季节才有固定的流
量，因此在村民的口中也被叫作"小河"。

② 由于河东村下辖的各个行政村在自然地理条件、土地分配、姓氏宗族分布、
政治参与、国家政策扶持和发展特点等方面存在不少差异，因此本报告主要是对内
部差异较小且在地理分布上形成一个整体的河东村一、二组（即东庄湾）的发展
变迁情况进行描述和分析。在历史上，一、二组（队）在区划上一直没有明确分
开，但从 20 世纪 60 年代起被分为两个生产队，这种行政区划格局一直延续到了今
天（可参见报告中的"行政沿革"部分）。在调研中，主要的访谈都是在东庄湾完
成的，但我们查阅的档案资料、统计材料等多以河东村（大队）为单位，我们力求
在其中剥离出东庄湾的具体情况。在行文中，所描述情况的是基于东庄湾还是整个
河东村，笔者一般都会注明，或根据上下文可轻松判断，没有明确说明的一般默认
是东庄湾的情况。

壕交错，起伏不平，海拔在 1809—2272 米。这里属于温带半干旱气候区，受欧亚大陆及青藏高原气候控制，冬季漫长寒冷，春季气温多变，夏季短暂凉爽，秋季气温突变。历年来平均气温 6.3℃，月平均最高气温 20.2℃，月平均最低气温 –11.6℃，极端最高气温 34.6℃，极端最低气温 –30.9℃。无霜期约 120 天，年降雨量为 300—400 毫米，风多，气候干燥，蒸发量大，昼夜温差大，最大冻土深度 114 厘米。

河东村主要种植耐旱的玉米和马铃薯，收成很不稳定，自古以来都是"靠天吃饭"。

（二）曾经的河东村

在历史上，河东村地理闭塞，长期交通不便，步行往来县城需要一整天，冬天大风刮得人走不动。据村里老人回忆，这一地区原本沟汊纵横，湿地遍布，土壤贫瘠，水利灌溉设施不足，农业生产条件很差，加之人口增长迅速，又经历了几次大地震，流民遍布，可谓苦甲天下。

经查阅相关资料，1920 年 12 月 16 日，海原县西安州（今西安镇）发生了 8.5 级大地震。地震造成 23 万多人死亡。当时的北洋政府自顾不暇，无力赈灾。据当时《陕甘地震记略》一文报道："无衣、无食、无住，流离惨状，目不忍睹；苦人多依火炕取暖，衣被素薄，一日失所，复值严寒大风，忍冻忍饥，瑟瑟露宿，匍匐扶伤，哭声遍野，不特饿殍，亦将强比僵毙，牲畜死亡散失，狼、狗亦群出吃人。"

1929 年，宁夏南部山区连旱三载，颗粒未收。"哀鸿遍野，希望全无，树皮草根剥食殆尽，油渣鼠雀罗掘俱尽"；"虽欲食糟咽糠，尚不可得；典田当地无主承受，鬻男卖女无人过问。及至冬间，饥寒交迫，饿殍盈野，尸骸暴露，触目伤心，惨不忍睹"；"终至人相食，更有勒死亲生子者，各县市每日死者以数十百计"；"丧乱之下，天灾人祸，十室十空"。

大跃进和"文革"期间，大量开荒毁林造田，使生态环境遭到非常大的破坏。六盘山的天然林覆盖率从 50 年代初的 36% 下降到 80 年代初的 18.3%。

据气象资料显示，1960—2010 年的五十年间，西海固地区平均年降雨量在 300 毫米左右，蒸发量却高达 1000 毫米以上，且多发其他各种自然灾

图 3.3 东庄湾钱家

害。五十年平均气温增加 1.4℃。随着气候变化，轻、中干旱频次增加且干旱发生面积不断增大。20 世纪 50—90 年代，南部山区的降水量逐年减少，风沙线、干旱带向南推进了 80—100 公里，原有的草场彻底沙漠化。1972 年，西海固被联合国粮食开发署确定为最不适宜人类生存的地区之一。

同时这个地方交通不便，有着无数的沟、壑、塬、峁、梁、壕、川，直到 1985 年，固原地区 127 个乡镇中仍有四分之一不通公路，只能延续人背畜驮的原始运输形态。

在如此恶劣的环境下，农村却奉行早婚早育、"多子多福"、重男轻女等传统观念。回族妇女终生生育率平均可达 6.54 个。西海固地区清朝时即已出现人口超载，到后来造成越穷越生、越生越穷的恶性循环，人口数量早已经越过了红线。①

———————

① 引自《西海固扶贫攻坚战——"三西"建设 30 周年纪念》，董玲主编，阳光出版社。

　　河东村六组，尚有一处堡子遗址。堡子四周还围着一里多长、三米多高的黄土墙，只是大部已经塌掉了，中间则垦成了农田，种植玉米或麦子。这堡子来历久远，据一块遗留下来的石碑（碑已挪到固原博物馆，此处为转述）记载，明末清初，原居河北的钱氏族人（据称是钱谦益一族）罪谪新疆，因病滞留此地，生儿育女，逐渐壮大。因此处一向为战乱之地，为保钱氏族人安危，建成此堡，称为钱英堡。[①] 同治回乱时，钱英堡被毁，钱氏族人屠戮殆尽。所幸钱家人口繁衍众多，一些迁走的支脉后来又陆续迁回，重新聚集在东庄湾、钱英堡这两处地界。如今，钱姓在东庄湾，仍称得上第一大姓，23 户，80 多口，五个房门，是村民口中的"老户"。

　　钱姓以外，多数从外地逃难而来。樊、王、冀、杨，均为东庄湾大姓，人口在四十到七十人不等，皆是民国时期逃来的，一逃天灾（1920 年海原大地震），一逃人祸（国民党政府救灾不利，饿殍千里，加之军阀混战，到处抓壮丁）。其他较小的姓氏，如张、刘、李、吕，均为中华人民共和国成立初期陆续迁来。1958 年宁夏自治区成立前，固原一向归甘肃管辖，逃难的人也大多来自北面的海原、西面的西吉和南面的静宁，并以静宁为最多。不过就整个固原地区来说，从东面的山西、河南等地来者较多，据说是抗战期间黄河泛滥的缘故。

　　以东庄湾二队为例。樊家太爷是老大，1918 年自甘肃静宁樊家沟迁来，其另外四位兄弟，两位迁来固原，在彭堡镇申庄、开城镇梁庄，一位迁至西吉县，一位留守静宁。但迁到西吉的三太爷生下的二爷，不知何故，又在中华人民共和国成立前来到河东，与大太爷生下的大爷，构成今日樊家的两个主支。樊家仅 60 岁左右的"守"字辈，就有 10 人，家大户大。冀家时间较短，似是由甘肃静宁冀家川迁来，五兄弟一共生下近 20 个儿子，可谓人丁兴旺。王家先祖则来自甘肃静宁王家边坡，王永福兄弟三人一同至此，繁衍至今，也成二队一大姓。胡家早已来此，但近几十年男丁不旺，渐成小姓。其余如路家和李家都是中华人民共和国成立前后迁来，

---

　　① 这一说法得到了《固原县志》的旁证：清朝的固原县志上才开始有关于钱英堡或东庄湾的钱姓的记载。同治年间，钱氏族人参与了抵抗回民屠城的斗争，有三个人立了军功被写进县志；宣统年间也有关于钱氏的记载；而民国时期有钱姓人成为县政府参议。

分别娶了胡家的女子，定居在了这里，属于小户。

初逃来时，不过是为一口饭吃，条件极为艰苦，吃的不如猪食，穿的衣不蔽体，睡就是一张破席子，以天为被，寒彻入骨。甚至有了为生活卖妻换地的，但好歹维持下了生存。加上这里地广人稀，土地没有那么金贵，慢慢地也能攒上一点积蓄，买下几亩薄田，逐渐地扎下根来。比如我们访问的一户姓李的人家，其父亲是甘肃镇原人，40年代因穷而逃荒，一路编席子来到这里——用高粱秸秆等编织的炕席是以前铺炕的主力——被胡家招了亲，才留了下来。

河东村地主成分的不多，主要有两户，一是下河（三组）的靳家，一是朱家堡子（四组、八组）的朱家。各自拥有四五百亩土地，常要雇长工劳动。但即便是他们，也算不上多富裕，也总要精打细算，省吃俭用，因为这里缺水，土地多为旱地，打不上多少粮食，遇到灾荒年间，几乎颗粒无收。这种境况一直持续到中华人民共和国成立后，集体打了水井，有了些水地，才有所好转。

与下河、朱家堡子不同，东庄湾没有地主，只有富农。据说中华人民共和国成立前钱家的男主人抽大烟，40年代便家道衰落了，土地大量减少，到1952年土改时，钱家就划成了富农。

（三）中华人民共和国成立后的情况

中华人民共和国成立后，农民们平整土地，扩大农田面积，但由于旱灾频繁，农作物产量很低，作为主要粮食作物的小麦经常只有几十斤的亩产，主要还是靠天吃饭。当地农民长期只能吃荞麦面、糜子面、燕面、谷子等粗粮的磨面糊糊，米面很少吃到，年轻人在结婚时也只能吃到一碗白面面条。

在住房方面，直至20世纪60年代中期之前，多数村民都是住在"箍窑"里，这种窑洞面积狭小，无须砖瓦，更不需要木材，仅靠个人劳力就可以建造，几乎不需要花钱。一些条件稍好的家庭修建了"高房"。20世纪60年代中期之后，开始有村民兴建土坯房，自己种树来提供盖房所用的椽，并在表面处使用一些砖来增加美观，居住条件得以改善。

直到1973年，国家投资在东庄湾打了第一口机井；也是在这一年，照明电的接通逐步取代了村民生活中长期使用的煤油灯。

1979年，东庄湾生产队的农业机械只有2台12马力的手扶拖拉机、8

图 3.4 箍窑

图 3.5 高房

台用于排灌的电动机（总共 120 马力）和 4 台水泵。全队只有 8 对瘦弱的牲口。全年平均每亩耕地的化肥使用量只有一斤多一点。人均集体土地面积超过 6 亩[①]，几乎全部用来种植粮食作物，但亩产只有 45 斤，人均分配口粮 110 斤左右，不足部分需吃国家返销粮。"穿着黄军装，吃着救济粮"是当时村民们普遍的生存状态。

村里老人回忆起小时候的艰苦生活。20 世纪 50 年代末，作为村里上中农的钱满刚全家六口人只能盖一床被子，而条件差的家庭只能盖毡。甚至对于劳动力较多、生活条件不错的吴家，老大吴兴荣在 1971 年分家时也只得到了一块板子（用来切菜）、一口锅及一人一个碗（分家时老大家四口人，故分得四个碗），老二吴兴明只分到了十几斤粮食。

集体时期，队员的主要收入来源，是农业队劳动。1956 年，东庄湾在

---

① 与 1979 年相比，如今东庄湾的人口增长了将近一倍（151 户，645 人），耕地面积略有下降，目前人均耕地面积约 4.8 亩。

互助组基础上成立了"河东社"（东庄湾位于小河以东），很快，邻近的几个小社，下河岭、刘家塬、钱英堡和后淌（分别是三组、五组、六组、七组）就并进来，改名为"河东大队"，这就是河东村的前身。集体大了，肚子却吃不饱了，饿死了许多人。1961 年，大队食堂倒了，东庄湾就分成了两个队，单独核算。随后，在大队书记张天选等的带领下，河东村的集体化生产搞得有声有色。

据一些年长的村民回忆，从小，在上学之余，他们就帮着大人们放牛，或在生产队地里干活儿。不过，只有 14 岁以上的男劳力才算工分，一天劳动计四分，16 岁以上，则是六分，18 岁以上，男女劳力皆计八分，犁地、套架子牛等特殊工种，则计十分。社员们干活儿，没有所谓"时间观念"，都是看天，听干部们指挥——有钱人才买得起表。东庄湾一个工分一般值 5 分钱，一个成年劳动力，一天下来，也只够买三斤粮食（小麦）。年底也很难从生产队分到现金。

集体时期，整个河东大队没有集体产业，少量的副业经营成为改善家庭经济状况的重要渠道。如给河东大队开拖拉机、为生产小队烧瓦窑，或由大队组织泥瓦匠和木工们到固原县城做建筑，等等。外出做工多在农闲时节。当时，这些"匠人"不仅每天可以计一个成年劳动力的工分，平时有工资，年底有分红，还可以节省家里的口粮。因此，这些人的家庭生活条件，在当时的东庄湾往往是最好的。给河东大队开拖拉机的吴兴明，利用副业劳动收入，在 20 世纪 70 年代后期陆续给家里添置了"四大件"——蜜蜂牌缝纫机、永久牌自行车、手表和卫星牌收音机。还有少数村民通过参军转业，获得了在工业或服务业部门工作的机会，从而跳出村庄。

二、扶贫开发历程

（一）西海固地区的扶贫开发 [①]

从 1951 年开始，国家每年都安排大批救济款、供应粮，帮助西海固群

---

① 引自《西海固扶贫攻坚战——"三西"建设 30 周年纪念》，董玲主编，阳光出版社。

众解决温饱问题，一到灾年，更是投入大量人力、物力、财力救灾。1972年，周恩来总理和几位副总理研究决定，从部队库存的棉衣中拨出10万套立即运往西海固救济贫困农民。中共中央、国务院派遣北京医疗队和中国人民解放军医疗队，奔赴固原开展巡回医疗。1973年西海固地区遭受特大旱灾，国家连续两年调运了13万多吨粮食，发放了近800万元救灾款和2570多万元支农资金。70年代还启动了同心扬水工程建设（1978年通水），组织干旱山区群众搬迁到灌区开发生产。

为了改变"三西"地区的贫困局面，1982年底，国务院决定成立"三西"地区农业建设领导小组（"三西"指甘肃省河西地区的19个县、市、区，定西地区的20个县、区，宁夏西海固地区的8个县，共47个县、市、区，1986年在此基础上建立了国务院贫困地区经济开发领导小组）。从1983年起，实施"三西"专项计划，连续10年每年拨出专项资金2亿元，同时提出了"有水走水路，水路不通走旱路，水旱路都不通另找出路"的"三西"建设方针（"水路"是指兴修水利工程，发展灌溉农业；"旱路"是指兴修旱作水平梯田、洪漫沟坝地、压砂地，发展旱作农业；"另找出路"是指移民和劳务输出），提出"三年停止破坏，五年解决温饱，十年二十年改变面貌"的奋斗目标。由此开创了我国区域性扶贫开发之先河。经过十年努力，"三西"地区发生历史性的变化，困难状况明显好转。

1992年，国务院会议决定"三西"农业专项建设资金每年安排2亿元再延长投资10年。1994年，国务院公布实施了《国家"八七"扶贫攻坚计划》，宁夏自治区党委、政府也出台了《宁夏"双百"扶贫攻坚计划》，计划用7年时间解决100个贫困乡（镇）、100多万贫困人口的温饱问题；开辟扶贫扬黄灌溉工程、发展县域经济、劳务输出3个开发式扶贫的大战场；实施基本农田建设、盐环定扬黄工程、"4071"项目（世界粮食计划署援助的扶贫与环境改良项目）、村村通工程、"两高一优"农业基地建设工程、经果林基地建设工程、六盘山肉牛扶贫开发工程、畜牧"双改"工程、林业"三造"工程、温饱工程、区域性支柱产业开发十大扶贫工程等。

2001年，国务院制定了《中国农村扶贫开发纲要（2001—2010年）》。进入21世纪的十年里，国家投入宁夏的扶贫资金是此前20年的两倍多。

表 3.1　国家投入宁夏扶贫资金统计

单位：亿元

	1983—2000 年	2001—2011 年	合计
财政扶贫资金	7.08	36.29	43.37
三西资金	6.66	5.72	12.38
以工代赈资金	12.03	11.00	23.03
扶贫资金总额	25.77	53.01	78.78

　　宁夏自治区党委、政府制定了《宁夏农村扶贫开发规划（2001—2010年）》和《千村扶贫开发工程实施意见》，计划尽快解决少数特困人口的温饱问题，巩固已经基本解决温饱人口的扶贫成果，最终实现稳定解决温饱的目标。为此，先后提出千村扶贫和一体两翼战略，实施整村推进、产业化扶贫、提升素质、恢复生态、劳务输出五大举措，退耕还林还草工程、公路和乡村道路建设工程、十万贫困户养羊工程、少生快富工程等扶贫工程。

　　2011年，国家颁布了《中国农村扶贫开发纲要（2011—2020年）》，把连片特困地区作为主战场。西海固属于六盘山片区。2012年，国务院批复《六盘山片区区域发展与扶贫攻坚规划》。银川—西安铁路等 4 个铁路项目、国家高速公路 G22 东山坡—毛家沟段等 6 个公路项目、固原地区城乡饮水安全水源工程等 11 个水利项目、彭阳油气资源勘探等 11 个能源项目、马

图 3.6　扬水工程（网络图片）

铃薯生产基地建设等 23 个农业产业项目以及一大批工业、文化、旅游、小城镇建设、生态建设项目纳入规划。规划区域内 61 个片区县享受国家针对集中连片特困地区的特殊政策。

2015 年底，中央召开扶贫开发工作会议，中共中央、国务院颁布《关于打赢脱贫攻坚战的决定》。2016 年 12 月，国务院印发《"十三五"脱贫攻坚规划》。西海固地区进入了扶贫工作的新阶段。

经过近四十年的扶持，宁夏 1995 年实现行政村"村村通电"的目标。1999 年西海固地区各县均解决了温饱。2000 年西海固所有乡镇全部通等级公路，行政村实现"村村通"。2006 年全区农户通电率达到了 100%。2008 年，所有家庭户户有电视，宁夏南部山区 99% 的行政村能够收听收看到广播电视。"整村推进"使各村全部实现了通电、通电话和通广播电视，村村有了党员活动室、卫生室和村级小学；部分村通上了公交车；沼气、太阳能灶、铡草机等得到推广和应用；通过危房（窑）改造、院落硬化、人居环境改善、整治村容村貌等项目，村组面貌焕然一新。泾源肉牛、隆德中药材、西吉马铃薯、中卫硒砂瓜、吴忠清真食品、中宁枸杞、盐池滩羊、灵武长枣，菌草种植、大棚瓜果蔬菜、舍饲养殖加快发展。劳务输出已成为农民增收的"铁杆庄稼"。

固原地区的基础设施和发展条件得到了显著改善。铁路、高速公路、六盘山机场相继建成开通，为固原经济发展奠定了基础。固原扶贫经济发展试验区的建立，增强了自身的造血能力。三十年来，固原地区综合经济实力明显增强，全市地区生产总值由 1982 年的 1.2 亿元增长到 2014 年的 200 亿元，地方财政收入由 1 亿元增长到 15.3 亿元。固原城也从 20 世纪 70 年代末期 3 万来人的闭塞小县城发展为 28 万市区人口的现代城市，农村剩余劳动力容量明显扩大，城市建成区面积达到 30 平方公里，城镇化带动能力大大增强。

（二）河东村的扶贫开发

国家扶贫开发的资金项目也明显改变了西海固农村的村庄面貌和生产生活。在河东村，扶贫资金以专项或配套的形式支援了彭堡镇乡际油路、通村公路的建设，扶持了村组、联户和生产道路的整修。在农业生产条件方面，河东村目前 17 口灌溉机井中，有 12 口得到了扶贫资金的支持。

2010 年以来，东庄湾村民每年可以得到扶贫资金支持的地膜玉米补贴（约 200 元/亩）和农机具补贴。而借助当地政府的"53211"产业扶贫计划，村民们饲养基础母牛或母羊、种植牧草都可以申请牲畜补贴或棚圈扶持。通过实施生态移民项目，五、六组的 80 户村民得以从山梁搬迁至平地，他们自掏 1.2 万元，就能得到政府统一建设的 3 间房屋，配备有热水器和一座牛棚。2008 至 2011 年期间，河东村被列入区级重点脱贫村，承接了较多整村推进扶贫开发模式下的扶贫项目，淘汰了很多陈旧的设施。通过危房改造项目，至今（2017 年）河东村已有 73 户村民的新房建设完成。正在东庄湾实施的"美丽乡村"建设项目也以基础设施、环境整治为重点，极大地改善村容村貌。

图 3.7　危房改造

仅以 2016 年河东村脱贫攻坚工作为例，享受到的扶贫项目分别包括：

（1）产业到户项目：全村共完成基础母牛补栏 176 头，基础母羊 20 只，建设圈棚 64 栋，能繁母猪 10 头，计划补贴资金 53.6 万元；

（2）易地扶贫搬迁项目：2016 年全村县内劳务移民 1 户，审核报名彭堡生态移民点 7 户；

（3）生态补偿脱贫项目：全村建档立卡户中乡镇选聘生态护林员 1 人，

每人每年收入 1 万元，涉及 1 户 1 人；选聘保洁员 4 人，涉及 4 户 4 人，每人每年固定工资 9600 元，加上平时零工，工资年收入一万以上；

（4）教育脱贫项目：包括为农村适龄青年、土地流转农户、返乡农民、建档立卡贫困户等人群开展劳动技能培训，并为 2016 年秋季中职高职建档立卡学生申请"雨露计划"助学；

（5）金融贷款项目：按照贫困户确定的扶贫到户项目，对照项目标准，各贫困户按照资金缺口申请贷款，2016 年为建档立卡户发放贷款 74 户 222 万元，一般户 21 户 105 万元，合作社贷款 1 户 10 万元，共计贷款 337 万元；

（6）基础设施建设项目：2014 年至 2016 年实施危房改造项目共 120 户，2017 年计划实施危房改造 47 户，新建文化活动室 1 个，计划硬化道路 4 公里，实施基本农田滴灌、喷灌等节水灌溉配套 200 亩，目前全部开工建设；

（7）临时救助项目：冬春季节的临时生活救助，主要针对贫困、缺乏劳动力、大病、残疾等家庭或个人，发放救助金或救助品。

根据政府扶贫计划，在 2020 年前帮助贫困村实现"五通四有"，即通水、通电、通路、通信、通宽带和有安全饮水、安全用电、安全住房和就业技能，河东村的基础设施建设将进一步改善。

（三）河东村的精准扶贫

自中央 2013 年提出"精准扶贫"概念、2015 年开始脱贫攻坚战以来，以往整村推进的扶贫理念被调整为"精准到户、精准到人"的工作原则。

2014 年，河东村建档立卡贫困户为 146 户，416 人，贫困发生率约为 14%，低于固原市的平均水平。当年河东村村民人均纯收入 3400 元左右，则远低于整个固原农村近 6000 元的水平。2015 年共有 115 户家庭被识别为精准扶贫户。这些精准扶贫户将在医疗、产业、教育、最低保障等方面接受政策救助和补贴，从而计划在三年[①] 时间内实现脱贫。

---

① 中央于 2015 年 11 月提出坚决打赢脱贫攻坚战，完成时间至 2020 年，到原州区则进一步提出"三年脱贫，两年巩固"。

表 3.2　2015 年河东村精准扶贫统计数据

常驻户数及人口	550 户，2260 人
低保户及人口	116 户，196 人
建档立卡户及人口	115 户，373 人
计划投资额	118.2 万元
计划帮扶人口	100 户，337 人

河东村根据原州区下发的《原州区 2016 年脱贫攻坚实施方案》中的标准确定扶贫户范围，将国家制定的 2300 元收入线细化为可操作的标准，并明确有九类人不可参加精准扶贫户评选：举家外出一年以上的；家庭成员中有财政供养人员的；家庭成员是村"两委"负责人的，家庭成员在中心集镇、县级以上城区购置商品和营业房的；家庭成员购置非生产经营性机动车辆，或者购置生产经营性机动车价格在 2 万元以上的；家庭成员购置大中型农业机械价格在 2 万元以上的；家庭成员在中心集镇、县级以上城区有经营实体的；经营家庭农场或种养大户的；"农转非"的。

扶贫户可以享受许多扶贫政策。60 岁以下的扶贫对象可以参加三户联保，低息甚至无息借贷 3 万元，三年内还清即可。只要各扶贫户在精准扶贫启动后增加产业并上报村内，即可在产业被审核后获得最高 1.2 万元的补贴。河东村的贫困户多选择养牛或养生态鸡，这与村内一直以来的养殖习惯相一致。此外，政策还致力于将既有的低保户纳入精准扶贫，使得精准扶贫和低保的救助对象合一，共同享受扶贫政策。同时，教育扶贫、医疗扶贫也与精准扶贫相衔接，精准扶贫户在政策的支持下拥有自己的产业，其额外的教育和医疗支出都有政策补贴，且由最低保障兜底防止返贫。

目前，精准扶贫工作还在持续进行与动态监控之中，明白卡已经陆续发到村民手里。明白卡上列出了该贫困户目前的收入、支出、致贫原因、家庭劳动力数量和所选产业，且有明白账辅助记录每一笔补贴和花销。

三、农业生产的变化

（一）20 世纪的农业发展

我们调取了部分年份河东村的小麦产量、农业生产物资、牲畜养殖的数据。从 1964 年到 1992 年，河东村的粮食单产和总产量增加了一倍左右。而分田到户后起初的几年，农民的生产技术还没有太大改观，几次大旱灾导致粮食的单产出现了剧烈的上下波动。部分人家的小麦出产甚至不够吃，还要额外购买。

到 1986 年以后，随着化肥的普遍使用，河东的粮食单产有了明显提高，村民的口粮也逐渐实现了自给自足。

表 3.3　河东村部分年份的粮食产量和小麦产量

单位：亩、斤、斤 / 亩

年份	粮食面积	粮食产量	单产	小麦面积	小麦产量	单产
1964	8215	696866	84.8	3925	313800	79.9
1966	8219	507868	61.8			
1971	8222	1071610	130.3	3610	431760	119.6
1972	8190	463476	56.6	2705	178080	65.8
1977	8499	846684	99.6	4058	424246	104.5
1978	8611	918923	106.7	4371	422788	96.7
1979	8728	465471	53.3	4250	246191	57.9
1980	7774	740979	95.3	3630	347191	95.6
1981	7682	384407	50.0	2949	214445	72.7
1986	7726	972638	125.9	5244	740748	141.3
1988	7122	1324692	186.0	4796	959200	200.0
1992	8670	1326000	152.9	3500	640000	182.9

注：空缺数据为档案缺损。下列各表同。

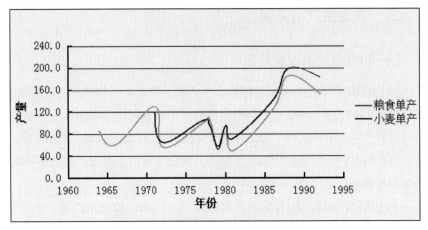

图 3.8　河东村粮食和小麦单产变化趋势[①]（单位：斤 / 亩）

表 3.4　河东村部分年份的农业生产物资情况

年份	机械总马力	化肥（吨）	通电生产队	用电量（万度）
1977	460.1	34.9	6	
1978	564.0		6	
1979	776.7	7.3	6	8.30
1980	603.6	8.5		4.75
1981		10.5	7	6.05
1986	765.0	34.0	7	4.50
1988		88.0	7	7.10

　　计划经济时期，尽管队上有集体耕牛，也要求队员养猪以过年食用，但养殖规模和产量不大。改革以来，东庄湾的牲畜养殖，经历了从自用到流入市场两个阶段。一开始，养殖牲口主要用于自家食用或耕作，但受经济能力限制，牲口的数量始终不能增加。

———————————

① 图中统计开始较早的为粮食单产，较晚的为小麦单产。

表 3.5　河东村部分年份的牲畜养殖情况

年份	大牲畜总数（头）	劳役数	牛（只）	猪肉产量（吨）
1964	185		135	5.47
1977	222	161	88	7.10
1978	227	141	86	5.47
1979	227	139	91	14.06
1980	224	192	86	16.78
1981	286	221	111	9.23
1986	492	394	256	9.86
1988	449	358	239	13.52
1992	330	257	228	22.00

（二）种植业

1. 种植结构

东庄湾的农业种植结构发生了显著的变化。过去，东庄湾实行小麦和胡麻轮耕制度。四五月份先种胡麻，收割完后于八月十五再种秋麦，一年一季，明年四五月份再收。也有人种冬麦和春麦。小麦一年一种可以提高亩产量，胡麻可以榨成胡麻油，用于自家食用。

现在东庄湾的小麦（水浇地）亩产可以达到 700 斤，但也仅作为村民们的口粮，一般每户只种两三亩。原因主要是玉米的大量种植。

2001 年，在政府惠农政策的推动下，玉米薄膜套种技术得到推广，玉米亩产达到 1000 多斤，毛收入超千元。由此，秋季覆膜及全膜覆盖双垄沟播种植技术得到迅速普及，2006 年开始，玉米取代小麦坐上农作物的头把交椅。此后，每逢夏秋之交，家家户户弥漫一股浓郁的玉米香味，一盆盆煮玉米摆上村民的餐桌。多余的玉米或流入市场，或配上玉米秆及饲料喂牲口。当然，玉米的收入仍然有限，一亩地毛收入 1000 元，扣除成本也就 400—500 元，每户大概有一二十亩土地，合起来也才几千元。

目前，除了玉米和小麦，村民还普遍种植胡麻、土豆、蔬菜，主要还是用于自家食用，多余的才出售。少许土地种植苜蓿，用作牛羊饲料。村里的部分盐碱地块也发展起了枸杞种植。

图 3.9　六盘山下的大片玉米地

图 3.10　收获的玉米

图 3.11　胡麻

图 3.12　盐碱地种的枸杞

2.蔬菜种植

长期以来，农户普遍会在院子里开上几分地，种上各式蔬菜，规模不大，主要供自家食用。另外也有一些人专门划出两三亩地种白菜，但销路不大好，只得放进地窖来年销售。

1995 年前后，东庄湾的一户村民通过务工和出租机械挣了钱，便贷款购买了同村他组近 300 亩的荒地，当时土地廉价且流转限制小，经过长期的土地蕴肥，先后大规模种植蔬菜等，但到目前为止，村里还是只有这一家农户承包的农场。

邻村有搞大规模蔬菜种植的。2013 年，姚磨村建成原州区首个万亩冷凉蔬菜基地，2014 年在河东、别庄村流转土地 6000 亩，2015 年底，又在周边曹洼、石碑村流转土地 7000 余亩，共打造了 3 个万亩冷凉蔬菜基地。河东村流转出去了 2000 余亩。该蔬菜基地的老板来自银川，由政府帮助其建设灌溉等基础设施，公司雇人种植菜心、西芹、花椰菜和娃娃菜等，最后销往深圳和广州。但是，由于本地人力成本高，"不好管理"，公司多是从江西、云南等地雇人来种。这样的用工方式并没有给当地农民提供更多的工作机会。

3.苗木种植

2010 年前后，固原城市建设对景观树的需求增加，加上退耕还林、退牧还草政策的倡导，市区的一些人开始到东庄湾租地种树苗，主要是杨树、倒柳、榆树和松树等景观树，待其长到一定尺寸后，即卖至城市作为绿化之用，总规模有上百亩。河东村的苗木地 80% 以上由外乡人承包。大部分村民没有资金和门路，便把多余的土地以每亩一年 300 元的价格出租，也有一些人，主要是妇女，就在空闲的时候，受雇种树、除草、放水、防火、防虫，每天也能挣上80 元钱。而有些村民，略

图 3.13　蔬菜基地

有家底和销售门路，听闻外地人种树赚钱，就也划出五六亩地，种植柳树和松树——但等树苗种好了（大概 3 年以上），市场却已不大好了，树苗往往长成椽还卖不出去。近期种树赔钱者大有人在，以至于出租土地的农民都不能按时拿到租金。不过，也有一两户人家，干脆将其改造为农家乐，竟有了不错的收益。

比如东庄湾一个七营乡过来的老板，是由一队李姓妇女介绍过来的，因为他一般不来，就找这里一户胡姓来协调。主要种杨树与松树，前者回本快，一两年即可；后者比较慢，要近十年。前些年还可以，工钱、租钱按时给。这两年种树效益不好，老板就一直没露面，欠了这边的人 4 万多块钱，共有 20 多个人，还有中河乡的。老板电话关机，去固原也没找着。

（三）养殖业

以前，牲口养殖主要是猪与牛。养猪是为了食用，养牛则为了耕地。条件差的家庭普遍采用"牛犊—喂养—耕地—贩卖"的循环模式，条件好的，则专门贩卖牛犊。由于羊既不能提供畜力，也很少被食用，村里一直养的不多。

许多村民的做法是：每年腊月，在硝口的牛羊市场，花两三千元买一只小牛。牛要挑瘦的，因为便宜。喂养到来年农历三月份，就能耕地种庄稼。来年腊月，再到硝口，以五六千元卖出，再买小牛。投入上，恰好不赚不赔，但多了牛来耕地。不过，那时的土地基本都用来种口粮，饲料吃紧，只供得起一头牛。

农业机械化后，耕地就不需要畜力了。同时随着种植业的发展，尤其是玉米套种技术的推广，玉米秆或玉米棒混合人工饲料，能支撑起更大规模的牲口养殖。2000 年后，养殖经济流行开来。当时，河东村各家各户，都会养几头牛羊，成规模的养殖户占了整个村子的十分之一。2003 年，当地开始封山禁牧，畜牧养殖业由放牧养殖，转为舍饲养殖。

2005 年，是河东村养猪最兴盛的一年，总计 500 多头。后来年轻人普遍进城，留守村子的老人体力有限，养猪数量愈发减少。目前，村里养猪的家庭不多，养猪大户更加少见，其最著名的一户，2015 年也只有 30 余头育肥猪与不到 10 头母猪。

封山禁牧之前，肉羊养殖极为普遍，即便散养，一户也有 50 只。之后，通常散养十几只，超过 30 只的极少。目前，河东村养羊的，一共不过 60 户，总计两千只。

图 3.14　养羊

2005 年前，普通农户一般只养一头牛。2005—2007 年，河东村养牛数量达到高峰。之后牛价下跌，养牛规模也逐渐下降。目前，河东村养牛的，一共 100 余户，总计 600 余头，其中 200 多头母牛，奶牛不到 10 头。养公牛是为了卖肉，养母牛是为了卖牛犊。2016 年的行情是肉贩子按 23—24 元 / 斤的价格收牛，再按 29—30 元 / 斤卖牛肉。同样重的牛，公牛比母牛贵大约 1000 块钱，因为母牛油多，不值钱。养母牛找公牛配种也需要钱，一般 80 元左右，好的要 120 元。一头母牛每年能生一头小牛，一头牛的成本（自家饲料）是一两千元，出售价格则常是七八千，乃至上万元。收入尚算可观。

河东村养鸡人家主要有三户：一组王勤武，养蛋鸡 6000 只；三组朱保国，养生态鸡 6000 只；六组简廷珍，养肉鸡 9000 只。以王勤武家为例，4

图 3.15　养牛

图 3.16　规模化养鸡场

个鸡棚，6000 多只鸡，每天下蛋 5000 多个，销往固原本地、银川和兰州，行情较好时，每天净利润能达 1000 余元。

图 3.17　现代农业机械

（四）农业机械化

包产到户初期，每家皆自养一牛，再与别家联合，进行双牛耕作。这一模式直到农机大量使用时，才被取代，在最贫困的家庭那里，则一直持续到了 2010 年。

随着时代发展，东庄湾农业生产的机械化程度越来越高。今天，小型机械业已普及，大型机械则主要还是由一些富裕村民购买，并专门出租给村民使用。在此推动下，今天的小麦种植，从犁地、旋地、播种、收割，到脱壳的各个环节，基本都实现了机械化。玉米则在犁地旋地时使用大型机械，铺膜和脱壳时使用小型机械，拔苗除草时则实现了电动喷药。但在收割环节，机械的效果不尽如人意，村民更倾向使用人力。

现在留在村庄里的基本上是五六十岁以上的老人，东庄湾的农业已成为"老人农业"。由于农业机械化，一对身体尚可的老夫妻种植全家二三十亩耕地并不吃力。

（五）肥料

长久以来，村民倾向于使用农家肥，而就提高产量而言，化肥是更好的选择。受限于经济能力，1979 年，河东村全年化肥施用量只有 3000 斤，平均每亩略超一斤。随着收入水平的不断提高，二胺与尿素得到大量使用。但如此种下的作物，产量高却质量差，而且，化肥无助于肥力的长期保持。于是，也有些人将农家肥和化肥混合使用。尤其是那些从事农业劳动的老人，他们愿意用人畜粪便作为庄稼地的底肥，以减少化肥的投入量。

这种方法确实有利于产量的提高。按照 2015 年一般家庭的情况，水地上千斤，旱地几百斤是最常见的。但我们访到一家钱姓人家，水地 2000 斤，旱地也有 1000 斤，这全是因为他们家中养了牲畜，用玉米喂牲畜，用牲畜的粪来上肥，复合生产。他们认为一般家里"种在地，长在天"，自然是种不好的。

图 3.18　"老人"农业

（六）膜下滴灌技术

灌溉是制约河东村农业发展的首要难题。东庄湾灌溉主要使用地下水。能用得上机井的属于水地，亩产常比旱地高一倍。随着机井数量的增多和广泛使用，部分旱地变为水地。近年来，政府大力鼓励，积极投资喷灌、滴灌等节水灌溉设施。

河东灌溉水费高昂。集体时代，各队皆有机井。包产到户后，机井承包给私人管理，村民则按小时付费使用。80年代，此价格为3元/小时，90年代，就涨到10元/小时，可当时在外打工，一天也不过十余元。直到2000年以后，灌溉的人才多起来。如今东庄湾的水地，一年一般浇两次，每亩每次三到四小时，每小时电费为12—15元。但近两年，地下水位降低，单位面积耕地需要的灌溉时间逐渐变长，效果却越来越差，一些村民已经不愿灌溉了。每亩地每季，只灌溉就要花大概三百块钱，已经成为农业的最大投资，灌溉的话，就"挣不上钱了"。

2015年，彭堡镇开始在河西（"小河"以西，主要是五队、六队和八队）应用推广膜下滴灌技术，就是在单垄双行间，铺设一条滴灌带与机井

图 3.19-20　灌溉水量很小的机井

相连，或在地边建立储水池，与抽水泵相连。灌溉时，打开机井或水泵即可。此项技术主要起节水灌溉作用，同时由于不需要平整土地、开沟打畦、田间淌水、中耕除草，也比常规大水漫灌节省劳力。对于新技术的推广，大多数农民还是接受和认可的。认为"滴灌很好，虽然慢，但好处是让地松散，不易板结"。

图 3.21 农田中的滴灌带

但是，膜下滴灌技术投资较大，前期需要打井和建设储水池，滴灌带也需要每年更换，政府扶持若无后续支持，农民很难负担得起这种投资。此外，有的村民认为滴灌技术在细节处理上不科学，"宽膜种三道玉米，两条管道；窄膜两道玉米，一条管道，但实际上窄膜应该加一条管道，不然地浇不透"。也有村民觉得不公平，"因为水压问题，只能同时灌溉十几亩，等上面灌完，水到我们家都晚了，我们家玉米叶子都卷了"。还有的村民直言自家滴灌管道早就堵了，滴不出水，也没人处理，还不如大水漫灌。

（七）农业补贴

（1）种植补贴

农业税取消后，国家对粮食种植的扶持力度不断加大，从一开始的每亩地几毛钱到现在的一百多元。下表是东庄湾一位村民存折上的记录。

表 3.6 2012—2014 年某农户农产品成本调查登记册

单位：元

年份	农资补贴（总计）	良种补贴	小麦补贴	玉米补贴
2012	1101.6+433.12	40	20+35	75.4
2013	1534.72			
2014	1502.72			

其中，农资补贴在原州区的标准为：每年水地每亩 80 元，旱地每亩 28 元；良种补贴玉米和小麦各每亩 10 元。

此外，对于马铃薯和薄膜还有补贴：

表 3.7　2014 年马铃薯和地膜补贴标准

项目	补贴名称	补贴标准	备注
马铃薯种薯三级繁育体系补助	原原种	0.1 元 / 粒	验收后兑付
	原种	100 元 / 亩	验收后兑付
	一级种	40 元 / 亩	验收后兑付
春秋覆膜补贴	全覆膜	60 元 / 亩	发放实物
	半覆膜	45 元 / 亩	发放实物

（2）养殖补贴

由于东庄湾的几户规模养殖都是以牛为主，而且当地政府积极鼓励肉牛和奶牛养殖，因此此村里能享受养殖补贴的多是养牛户，特别是养殖大户。政府对养殖专业村（河东村在上一期的评选中入选，为期三年）里的新建牛棚有补贴，但是规模有限制，须为 10 米 × 7 米的规模，补贴标准 5000元，而整个牛棚的总造价为 12000 元左右，原则是"先建后补，以奖代补"。受益面更大的是 2009 年开始实施的"见犊补母"政策，每头母牛补贴 500 元，但要求饲养的基础母牛达到 5 头以上。此外，针对村民种植的用于饲养牲畜的牧草，政府也有补贴，重点扶持苜蓿更新复壮及机械收割、

图 3.22　秋天铺地膜保墒

图 3.23　标准化牛棚

订单收购、包膜加工。

2016 年村里推行产业扶贫，建档立卡的贫困户可以得到 1.2 万元补贴来购买牛、羊、鸡等牲口，还可以额外贷款 3 万元作为养牛建棚的资金，进行养殖脱贫。而牛棚，只要在 70 平方米以上，便能得到 6000 元的补助，每头母牛也能得到 3000 元的补助。但也有村民算账说，母牛至少需要三年才能产下牛犊，三年才能见利润，但是贷款需要两年还清，所以不想吃补贴。

图 3.24　享受补贴的粮仓

（3）农机具补贴

为了提高农业机械化作业水平，提升农牧业生产效率，国家也加大了对养殖户"三贮一化"池建设水种草养畜的奖补力度，由购机者向县级农机部门提出申请。补贴机具范围包括耕整地、种植施肥、田间管理、收获、收获后处理、农产品初加工、排灌、畜牧水产养殖、动力机械和设施农业设备等涵盖农牧业生产全过程的 10 大类 27 个小类 79 个品目，一般机具每档次农机产品补贴额按超过该档产品上年平均销售价格 30% 测算。

不过，我们在东庄湾看到的得到补贴的农机具多出现在养殖大户或农业生产服务合作社中，普通农户家庭很少购置（只有粮仓等），而且获取政府补贴信息的渠道较少，对他们来说，这些大型农机具是价格不菲且不划算的，他们更乐意在农忙时节花钱雇机械来种植、收割。不过，河东村目前只有一家农业机械服务专业合作社，但实际上只是由一户村民在操办，规模和服务能力很有限。因此，在农忙季节，村民们大多只能请外地的农业机械，或者使用与农业物资配套的机械化作业服务。

（4）现代防疫补助

政府在河东村设立了兽医防疫站，并给予工作人员补贴，药品都由政府提供，在春秋两季各一次打防疫，负责口蹄疫、猪瘟等常见的家畜疫病。现在畜禽发生大规模疫病的情况已经很少见了。具体的防疫补贴情况如下表。

表 3.8　重大疫病扑杀补助

补贴项目		高致病性禽流感扑杀补助	牲畜口蹄疫扑杀补助			奶牛布病、结核病扑杀补助
		鸡	猪	黄牛	羊	奶牛
补贴标准		10 元 / 只	800 元 / 头	1500 元 / 头	300 元 / 只	3000 元 / 头
经费来源	中央经费	8 元	480 元	900 元	180 元	1800 元
	自治区补助	2 元	160 元	300 元	60 元	600 元
	农民自筹	—	160 元	300 元	60 元	600 元

四、打工进城的努力

（一）瓦窑经济

包产到户后的最初几年，粮食亩产与村民收入并未显著增加，"粮食也就是够吃，钱还是没有"。

在农业生产之余，村民们也在另外寻找副业。烧青瓦，成为一个重要选择，因它能提供 5—10 元 / 天的收入，还可兼顾家庭种植，两不耽误。实际上，早在生产队时期，地处小河两岸的三队四队，就有一些农户，为生产队烧窑。包产到户后，这些砖窑都分给了私人。其他组纷纷效仿，各家各户都在小河边建起了瓦窑，瓦窑数量一度以百计。东庄湾半数以上的家庭从事相关工作，有的合伙承包，有的则只是卖土。到现在，东庄湾许多中年男女，还能将小时候"提罐罐"的经历娓娓道来。河东村的小青瓦远销西吉、隆德等县，一些村民每年甚至可以挣到几千元，积累起日后发展事业的初始资金。但这种工作过于辛苦，一些人也因此落下了病根。

并非所有家庭都拥有可以就地取材烧制瓦窑的土地，因此少数村民也尝试着走出村子，"搞点副业"，在乡镇县城以及工矿企业，做一些"下苦出力"的工作。由于需要在农忙时节回家帮忙，他们大多从事一些非正式的、组织化程度低的工作，跟着包工头，在建筑工地、公路工程、盐矿煤矿卖力气,所得工资却只有 3—5 元 / 天,比家中略好些,却比不得那些留在村里烧瓦窑的村民。也有村民去银川、包头等地,从事建筑业或工矿业,工资比本地高,但总有一些被骗、工资拖欠甚至工伤的悲剧。无论如何,20 世纪 80 年代的东庄湾,依靠非农业生产的补充,吃饭问题一定程度上得到了缓解。

如下表所示,80 年代,农林牧渔副五大传统部门就业的劳动力人口所占比例开始下降。进入 90 年代后比例加速下降。

表 3.9　河东村部分年份的劳动力数量和结构

年份	劳动力总数（人）	五大传统部门就业人数（人）	所占比例
1964	490		
1977	676	668	98.82%
1978	698	639	91.55%
1979	714	685	95.94%
1981	698	678	97.13%
1986	970	829	85.46%
1988	766	660	86.16%
1992	950	659	·69.37%

（二）打工经济

90 年代中期,兰州等地机砖厂的发展,对东庄湾作坊式的青瓦生产,造成了巨大冲击,一些村民重新回到种植上,兼顾小规模的家庭养殖;更多的人,则逐渐进入劳动力市场,出现了长期打工、出远门打工、女性打工等新现象,从而开启了新时期的务工潮。根据 2014 年村委会档案记录,河东村 2014 年劳务输出 599 人,人口占比约为 26%。

这一时期,70 年代出生的一批年轻人成为闯荡世界的先锋。他们有几个特点。第一,相比过去十年在当地出苦力的前辈,这批人基本接受过初中或小学教育,具备技术学习的能力和动力;不同于前辈将打工视为搞副业,他们认为,死守土地会造成贫穷的恶性循环,因此,他们之中,超过一半的人选择了长期打工。第二,在外出较早或小有成就的亲戚朋友的帮助下，他们可以比较顺利地找到就业门路。他们的足迹，除宁夏、陕西之外，还远及北京、上海、广州、宁波和深圳等东部大城市。其中大多进了制造厂，少数人成为技术工。在 90 年代中后期，他们平均可以领到 1000 元 / 月的工资，收入水平是固原本地打工的两倍，对普通农家而言，可谓一笔巨款。东西部工资的巨大差异，让这些背井离乡的年轻人，成为村民羡慕的对象，也激励着更多人向东部进发。第三，接受过基础教育的女性获得了外出打工的机会。1975 后出生的女性普遍在婚前有外出打工的经历。即便在婚后，夫妻双方同时进城，租房打工的情况也很常见。女性尽管薪酬仍普遍低于男性，但参与社会经济活动的比例却越来越高。总之，打工收入改善了生活条件，提高了追求，"外出挣钱带回家，修整老屋娶媳妇儿"是当时村民的希冀所在。

2000 年以后，外出务工形式变得更为多样化。首先，他们的工作不再局限于工矿、建筑和制造行业，而逐渐进入服务、手工业（裁缝、木工、修理）、运输、机械操作和经商领域[1]，同时当地建筑行业的工资水平，也随着固原城市建设的大规模开展而有了显著提高。其次，一些人在长期务工中，积累了较多的技术、经验、资本以及社会关系。他们不再只依靠自己的气力，还通过做生意、买机械、开出租、跑运输等方式获得更加稳定的收入，或是依靠社会关系和组织能力，去拉项目包工程，收入水平显著提高。最后，80 后和 90 后年轻人的加入，大大改变了河东劳动力队伍的面貌。他们多为中学或技校毕业，拥有比父辈更多的知识与技能，拥有在城市生活和消费的美好愿景；相比于传统的建筑和制造业，蓬勃发展的服务业更能引起他们的兴趣；相比老一代，他们更加适应现代城市的生活方式，对

图 3.25　鼓励村民外出创业的标语

① 也有一些高中毕业生选择参军。

农村生活和农业生产逐渐陌生起来。

这一期间，政府也大力提倡劳务输出。最早在 2001 年，就前后组织几批农民到新疆采棉；2008 年后，政府开始关注农民就业创业和技能培训，并连续进行了多次有组织的劳务输出，特别是到对口支援的福建省，他们大多进入制鞋厂、服装厂与电子厂。

即便如此，东庄湾村民外出打工仍以自发和分散的方式、劳动密集型产业为主，缺乏有效的工作介绍渠道、组织化的权益保障、稳定合理的工作时间，单纯依靠打工实现致富的家庭寥寥。

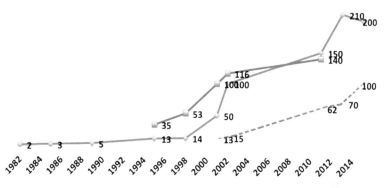

图 3.26　河东村民外出打工（分行业）工资变化情况 ①

樊娥是东庄湾较早出远门打工的人，来北京打工的决定，给她原本属于东庄湾最穷之列的家庭，带来了可喜的巨大变化：

"女子走后没几个月，我们就收到她寄回来的几千块钱。按照女子的要求，我们拿那钱买了一台长虹 29 寸的彩电和一台双筒洗衣机。那个时候，我们村那么大的彩电还很稀罕，大家都来看。"（樊娥母亲访谈）

樊娥到北京打工是在 1998 年，县里的劳动部门来村庄替北京的工厂招工，樊娥和她的几个同学想要去试试。在这以前，樊娥去过银川，替舅舅

———————————

① 根据打工行业开始的早晚，依次为建筑业、制造业、服务业。

图 3.27　樊娥依靠打工改善了父母的家庭条件

家看孩子，那个年代，村里几乎没有女孩子出远门打工，家长普遍担心外面骗子多，女孩子容易上当吃亏。樊娥母亲不放心，特意去樊娥小学时的老师王老师夫妇那里去打听，从他们那里得到正面的鼓励，又考虑到王老师儿子在北京"做官"，必要时可以照应乡亲，樊娥母亲在忐忑中允许女儿去北京。樊娥在 1998 年的冬天来到北京，在顺义的一家鸡肉加工厂工作。一站就是一天，很累，环境又湿又冷，手始终是凉凉的，才干了 4 天她就坚持不下去了。但转了 3 天，发现一般工作都要求有身份证和暂住证，她只好回到鸡肉加工厂，一干便是两年。虽然收入很可观——每月能挣下上千元——但她最终还是回到了固原城，先是在华旗饭店做大堂经理，后来又在海澜之家服装专卖店工作。尽管工资低一些，却离家近，而且她要考虑人生大事了——与她一同外出的 7 个女孩也陆续做了同样的选择。樊娥已基本实现了由农民向市民的转变。

如今，河东村几乎每家每户都有劳动力外出长期务工，而务工也取代农业生产，成为家庭收入的主要来源。由于东庄湾的土地状况好于周边，进城务工的劳动力比例略低于周边村落。尽管如此，根据调查，在东庄湾 18—60 岁的 271 名男性劳动力中，有 175 名劳动力在外谋生，占男性劳动力的 65%，占人口的 27%。他们主要在固原当地，部分人员在宁夏省内以及沿海省市务工。根据访谈的资料，在外务工的女性劳动力至少是男性劳动力的一半以上。如此推算，东庄湾外出劳动力在 260 人以上，占东庄湾劳动力总数的 55%。以此推算全村，外出的劳动力与附属人口（老人、孩子和不工作的家属）约占到全村总人口的一半左右。

东庄湾村民通过打工真正留在外地的人并不多见，可能只有在深圳做生意的几位。大部分人都会在几年后，回到固原本地，至少是宁夏寻求新的发展。而固原就成为他们的首选。目前，东庄湾 151 户在籍村民中，有 51 户已在城镇购置房产或长期租房，约占总户数的 33%，其中在固原买房的有 45 户，占总户数的 29%，有些甚至已经将户口迁到了城镇。一些家庭甚至多年不回村庄。村里随处可见一些老宅院荒草丛生，处于完全的废弃状态，仅东庄湾便有 20 余户。

图 3.28-29　东庄湾（河东村一队、二队）2015 年男性劳动力外出就业情况

图 3.30-31　废弃的庭院

（三）固原的吸引力

作为距离东庄湾最近的地级市，固原对村民的吸引力主要体现在三个方面：一是最优质的教育资源；二是较丰富的就业机会；三是更便利的城市生活。

子女教育可能是村民进城买房、租房的首要因素。夫妻二人在城里租房，妻子照顾年幼的孩子，丈夫在固原周边打工，这样的家庭在东庄湾很常见。这当然体现了父母对子女教育的重视。对于长期在固原市以外打工的夫妇来说，孩子进入学龄期，则意味着他们需要考虑放弃大城市更为优厚的工资而返乡就业。相较大城市的打工子弟学校，固原市的重点小学和中学，是农民可得的最优质的教育资源；何况即便花费金钱让孩子在大城市读书，孩子以后也不得不面临回乡参加高考的问题。

其次，较丰富的就业机会也促使了农民进城。目前，东庄湾许多家庭已经将大部分耕地都流转出去了，只是每年收取一定额的租金[①]，但租金并不足以维持日常开销；与此同时，土地流转释放了更多的剩余劳动力，外出打工也不再受农忙季节的限制。因此，他们既有机会，也不得不外出打工以补贴家用，而只有城市才能提供给他们充足的就业机会和收入来源[②]。但同时，他们又是"恋家"的村民，"乡情"难断，与村里保持着较为紧密的联系，因而辐射东庄湾的固原市是一个合适的落脚点。

最后，便利的城市生活对年轻人，尤其是未婚者，有着极强的吸引力。即便在没有稳定就业机会的情况下，他们也更倾向于在城市停留，而非返回村庄。他们大多从事服务员、店员、开车、打字员等低薪的行业，且频繁地变换工作；其收入多用于个人消费，"活在当下"成为其最切近的奋斗和生活目标。但随着年龄的增长，结婚、成家的潜在压力正向他们以及他们的父母无限逼近。

图 3.32　日新月异的固原城

---

① 每亩每年约 300 元。
② 受国家扶贫政策的影响，也有一部分年龄较大的在家里养牛养羊，或者跟着村里的建筑队一块儿打工。

（四）融入城市的村民

扎根城市，首先需要解决的是住房问题。按照是否拥有房产及房产的性质，可将进城的河东村民分为三类：购房者、自建房者、租房者。

第一类，购房者。固原市区的购房村民又可分为三类：一是有成员在东部地区长期务工后，返回家乡购房的家庭。例如我们的访谈对象中就有人分别在宁波和广州务工长达 10 年左右，后来依靠承包工程、开店铺等经营活动致富，为了孩子的教育而返乡购房，目前都在固原市内谋生。二是有成员长期从事技术类建筑工种的家庭。他们很早就进入建筑行业，并成为熟练的技术工，能拿到稳定而较高的日薪。他们是同辈人中的佼佼者。不过，这代人大多已步入或接近老年，逐渐退出了城市体力劳动行业，回到东庄湾延续工 — 农兼业或农 — 牧结合的生活，并拿出积蓄为子女在城里购房。三是全家在城市打工的家庭，他们大多从事建筑业或运输业。

图 3.33　外出务工的靳强一家住在固原市区买的商品房里

第二类，自建房者，他们从农村出来得早，多在城郊的农村买一块地皮，建房居住。随着城市土地管理制度更加严格，自建房已不再允许，只能购买商品房。而且，由于城市的发展以及棚户区改造项目的启动，这些自建房面临着拆迁，依补偿方式不同，他们最终要选择商品房或回迁安置房。

第三类，租房者。他们主要是那些在城市从事服务业，以及在本地半农半工的村民，人数也是最多的。近 5 年来，以打工为生的东庄湾村民才开始在城里买房。一般而言，在 2010 年前后购买一套商品房，至少需要

图 3.34　东庄湾王玉堂在固原城郊的自建房

14 万元；近些年来，房价已涨到 2000 元/平方米以上，购买一套商品房，加上装修，至少需要 20 万元。这远超出了以打工为生的一般家庭的收入，即便购房，也要耗费一生的积蓄，且欠下一笔债。但在固原，租房并不太贵，三口之家，一个月只需 300 元钱的租金。因此，很多村民选择在固原租房打工。而政府提供的保障性住房或公租房，租金更低，对于符合条件的特困家庭，租金甚至只需 1 元/天，东庄湾的几位打工者就享受了这项惠民政策。此外，公租房① 申请也不再受户口限制②，条件特殊的，还可以享受进一步的优惠，但总体而言，申请需要具备较严格的条件③。

融入城市，意味着不仅在城市生存，更要在城市生活；不仅是工作问题，更是人际交往问题。可将进城的河东村民分为三类：融入城市的；半城半乡的；难以融入城市的。

第一类，融入城市的。这种多是在城里开店做生意或跑车拉货的。他们通常在城里拥有自己的房屋和固定的产业，每年都有相对稳定且较高的收入。由于常和城里人打交道，他们认识的城里人最多，对城市生活的适应性也最强。比如，朱强在城里开汽配超市，销售汽车配件，一年能赚个十几万，这种生意对社会关系的依赖性比较强，回头客很重要。张满学是厨师出身，从学徒，到大厨，主管，再到厨师长，直到 2016 年 1 月份

---

① 2014 年，我国的廉租房、公租房并轨，通常并称为公租房。

② 最初主要针对城市困难家庭，后来放开。

③ 原因是廉租房是有数量限制的，遵循的是先到先得的原则，对于那些符合条件，申请较早的最先获得分配到的廉租房，对于那些符合条件但是没有分配到廉租房的，政府给予一定额的住房补贴，并且今年享受住房补贴的，明年优先享受廉租房分配权。2015 年，共有 1062 户获得分配的廉租房，662 户获得租房补贴，租房补贴是一个月 275 块钱。2015 年，农村地区申请的约占 10%，共计 100 多户。

辞职，与人合伙开了一家餐厅，"现在每天收入六七千，毛利 60%，纯利 20%，所赚利润也是每人 50%。每月工资支出大概五万，餐厅资金流动较快，每天都有收入进账"。"平时闲下来打打篮球，餐厅有篮球队，早上喜欢和社会上的一些人打球，通过打球认识了一些人。"他最近两年都是在城里过年。"有时回（老家）去转几天，（虽然）感觉在村里没事干，但老了还是想回去，村里有人情世故也一定会回去。"王玉堂在城里跑货，城里认识的人比较多，"更喜欢城里面的生活"，王玉堂的儿子在老家结婚时，城里朋友也去道贺送礼，让王玉堂很有面子。

对于那些二三十岁的年轻人，尽管可能没有稳定的住所与收入，观念却相对开放，在城市的生活丰富，并且也希望将来能够留在城市。胡玉仓是技术娴熟的泥瓦匠，靠着多年打工的积蓄，加上从亲友处借款，10 年前在固原市南郊城中村购得私人兴建的一座平房，约有 200 平方米，花费 14 万元。在河东老家，他还有十多亩地，老房子和庭院仍在。大儿子先是从事汽车维修，后来在固原的一个酒吧做服务生，小儿子在工地做"小工"，"挣的钱不够自己花"。两个儿子都没有干过农活儿，未来也没有任何兴趣回到农村。这些年，家里的土地一直以 100—300 元 / 每亩的价格转包他人耕种。

第二类，半城半乡的。这种是进城务工较早、在城里也有房的人，对城市生活比较适应，同时也与老家保持着紧密联系。勒应南很早就出来打工，有自己的自建房，"城里认识的人较多，与老家的联系比较密切，城里生活比较方便，乡里条件比较差，夫妻二人想在哪里住，就待的时间长点"。

第三类，难以融入城市的。根据我们的访谈，大多数河东村外出务工经商者，只是将城市视为一个生存赚钱的地方，到老了还是想回到村里，也更喜欢村里那种亲密的生活方式。"要回农村，因为老了后没法打工，没有稳定的收入，就没法生活。在村里还能种地、养牛……"多数村民在城里的人际交往，仍局限于村里熟人的人际网络，偶尔的空暇便是与他们打牌、吃酒，此外便是日复一日的工作。例如建筑工人，常年在工地做工；跑出租的与城里人的交往通常只是"一面之缘"，谈不上人际交往；打零工的也通常很少与城里人有交往。春节对他们至关重要，唯有此时，大家才有大段的时间坐在一起，下下棋、喝喝酒、串串门、走走亲戚、打打麻将。

他们大都把自家的地流转出去，每年收取定额的租金①，或是交给留在农村的兄弟打理。房屋上，收入高的，会自发修缮房屋或重盖楼房，收入低的，也会利用危房改造的机会翻盖房屋。也因此，他们大多希望保留自己的农村户口，因为户口是与土地和宅基地联系在一起的，这也是他们面对未来的不确定性时，最后的生计保障。人情往来上，他们大都与老家保持着联系，谁家有了什么事，尽量做到人到或礼到，不能断了来往。访谈中，大多数人都表现出对农村生活的认同，他们通常都有着类似的成长记忆，比如春节、社火的热闹场景。

但是为了孩子，他们仍然要在城市打拼。等到子女到了入学年龄，要为争取优质的教育资源而在城里买房。为了孩子结婚，又要攒下几近天价的彩礼：买房买车、请客吃饭、彩礼钱，在城市这要超过 50 万，在农村也要 25 万。这完全超出了他们的能力，只能负债。然后继续打工还债。他们大半辈子都在城市，都在积蓄，可是一切积蓄都消耗在购房、结婚、教育的大宗消费上。到老时，他们在城市既难有容身之所，也难有谋生之计，只有回到农村。

城市融入的高低，一定程度上取决于扎根城市的物质基础：稳定的住所与收入。"家"在老一辈人眼里有着非常重要的地位，在城里有一个稳定的住所，才可能把家里人也接过来一起住，才会有"家"的感觉。但是，在年轻人眼里，这种观念明显要弱很多。影响城市融入高低的另一个重要因素是：是否在城里拓展出新的重复性的人际交往。这与职业相关，也与个人相关，有时同样进城的人，对城市的感觉截然相反。与此同时，城市融入的代际差异业已凸显。

（五）打工经济的新问题

固原市原州区 2015 年启动了旧城改造项目，一个片区的投资就上百亿元，河东村也早在几年前，就开始了危房改造、牛棚建设等项目。按理说，旧城大兴土木，农村建设投资，正是建筑行业红火的时候。但是村民们普遍反映活儿不好干。

---

① 河东村土地流转基本都是每亩每年 300 元。

泥瓦匠胡玉仓原来每年能够干 6—7 个月的活儿，有 4 万元左右收入。2013—2014 年，大工一般 200—220 元/天，工期紧的时候可达 250 元左右，小工则 100 元/天，2015 年，建筑业行情不好，工钱变化不大，但接的活儿比以前少。

分析其原因，一些村民这样说："每个地方的建筑队，都会使用当地的工人，如果去外地承包工程，也会带着出去。以前固原本地的工程队生意好。但现在一些大型工程要求高了，本地包工头资质够不上，就只能用外面的工程队，比如江苏的工程队就能竞争……村里的匠人留在本村找活儿。"东庄湾"美丽乡村"项目中的外地承包商，更多使用自己招来的其他包工队，只雇了村里的几名工匠，分给他们的工程量也很少，为此还与村里起了矛盾。

东庄湾一位挖掘机车队老板说："雇人除了十几位司机是核心以及管理人员，其他的是在哪里干活儿就雇佣那里的当地人。虽然按照工程的说法，用当地人靠不住，一有事就回家，但不用当地人，政府就拦着不让干活儿，这样做同时也可以减少吃住负担。"

政府一位干部解释说："开发商搞建设的，全国各地叫过来干，不一定叫你本地人……他也有垫资的问题……人家让你垫资，你能垫得起吗？而且这个楼房的建设还有技术要求。你本地的就是打个零工……整体承包的（建设项目），他也掺和不进去。所以就闲下来，是这个原因。不是开发商从外面来，也有本地的，有的一部分用的是本地的……本地的人那闲着为啥不干？干的质量不如人家，速度不如人家，他有时候还跟人家淘气。"

也就是说，旧城改造中本地开发商以及建筑工人插不进手的原因主要有以下几点：①工程项目是整体承包的，前期需要开发商自己垫资，由于垫资数额太大，本地建筑开发商难以承受[①]；②工程项目对质量的要求比较高，本地的建筑工人的技术不够；③本地的建筑工人不好管理。这导致的

[①] 一般说来，尽管工程是整体招标，但大包工头下常会再有许多小包工头，即层层下包。尽管如此，由于工程项目垫资数额过大，即便是层层下包，资金缺口也很大。我们对建筑工人的访谈中，也部分证实了这一说法，有些人干了十几年，技术也合格，也想要接一些项目，但由于工程项目垫资大（100 万的项目便要垫资 20 万），工程周期长，压力很大。

一个结果是，本地建筑工人只能在这场大兴土木的建设中"喝点汤"，打打零工。

但是从最终结果看，那些经过公家招投标、由外地资质合格的承包商负责的建筑工程，有时会出现质量问题，比如建筑材料变形、墙面歪斜等。村民们自家盖房更乐于请本村的工匠，工价又不贵、不会偷懒，也很少出现这类质量问题。

图 3.35　正在建房的建筑工人

五、日常生活的变化

（一）居住

1.房屋结构与材料

村民居住条件的变化突出表现在住宅的格局和样式上。

分田到户时，东庄湾村民的户均宅基地面积约为 0.4 亩，但由于此后村民私下进行的占地扩院，目前河东大多数家庭的院落面积都超过了原来的规模。而现在正在开展的"农村宅基地使用权确权登记发证工作"，也在事实上承认了村民当前的房屋产权。

东庄湾的家庭院落多为"四合套"。入门便是一个宽敞的大院，大院正中是一座正房，左右两侧各建厢房。正房厢房的面积近似，一般都是两到三间。在 20 世纪 60 年代以前，绝大多数村民都住在"箍窑"里。有条件的家庭会在箍窑上再盖一层砖房，下层放东西，上层居住。当时也有村民自建土坯房。土坯房一般采用"浅三架子"的结构，房子面积多为三间（每间 7 尺宽，八九尺深），上铺小青瓦，墙外围红砖。这样的房子花费较高，一般也只是正房这样修建。80 年代后，箍窑大多不再住人，成为储物场所。至今，我们还可以在村民院落的角落看到或废弃、或用来堆放杂物的箍窑。90 年代以来，经济情况转好的村民逐渐用砖结构的住房代替了土坯房，用蓝砖和白灰取代了过去的土坯。现在，几乎家家户户都新建了砖瓦房或抗震房。房屋的内、外装修也开始盛行起来，有些家庭还采用了美观实惠的彩钢顶来代替过去的青瓦。

按照政策，政府援建房有面积限制，对于超额部分，村民要自负一定比例的出资。近些年村民的经济条件虽有好转，但盖房仍然是比较大的负担。因此，村民往往只是选择性地改建部分房屋，有能力自掏腰包翻盖新房的家庭非常少见。因为这种情况，在大多数的农家院落，我们都可以看到不同年代的房屋并列在一起。

以一位钱姓村民的院落为例。钱家的正房坐北朝南，原为土坯建筑，屋顶为木瓦构造，正房最近翻盖，新建的正房已经是砖混结构房；东侧三间低矮的土坯房尚保持原样，用作厨房和储物；西侧厢房是近年建造的彩

图 3.36　"四合套"

钢顶砖混结构平房；院落的东南角还留有一座废弃的箍窑，用来储存柴火；而四角的围墙都是土坯墙，夹杂着一些堆在一起的红砖；院落中央都是泥土地面；而院落周边分布着牛棚、猪圈和狗窝——这些都是中华人民共和国成立后建筑样式的特征。

在河东八组，百余年前的堡子还留存着，但其内里的结构已经大变样了。三米厚、五米高的土墙围起来一个庞大的院落，院落内的正房是常见的砖混结构；西侧有两排厢房，第一排与钱家的土坯侧房相似，第二排则是更古旧的木质结构房。高墙大院仍宣示着过去的辉煌，满目的破败却显示出时间的威力了。

东庄湾的每一个院落都是时间的见证。从土坯房到砖混房，从正、厢房的单面坡到新建房的双面坡，从草房顶、小青瓦，到红瓦、彩钢顶，30年来，河东村民的房子空间越来越大，窗户越开越大，村民们对采光和美观的需求逐渐取代了对保暖的单纯考虑。这些变化也印证了东庄湾生活环境的不断改善。

2. 内部陈设

如今，普通农户家的正房一般都配有沙发、茶几、电视、柜子，一些新建的房屋还加装了吊顶和瓷砖。而随着卫星电视"村村通"工程和"家电下乡"政策的广泛实施，大多数村民的家里都添置了有线电视、冰箱、音响、电热水壶等现代化的生活用具。个别家庭还购买了电脑，接通了网线。

几十年来，村民的家庭设施发生了各种变化，但屋角土炕的地位从未动摇过。正屋土炕，是当地人最习惯的生活方式。冬天，村民在正房的中央安置一个大炭炉子，老人睡在正房的炕上，暖和又卫生。新的经济条件和传统孝道观念在这里找到了平衡点。

3. 聚落形态

据村民回忆，在20世纪60年代末，一队有22户，二队有18户，合计330余人。现在，东庄湾的人口数已翻了一番。由于农村家庭的规模普遍缩小了，东庄湾的户数更是增加了好几倍。结果，以前相隔很远的七组、一组、二组三个自然村的房子，现在都连在一起了。

分家是导致河东户数增加的一个重要原因。在20世纪80年代以前，

图 3.37-40　不同年代的房屋

图 3.41-44　不同年代房屋的内部陈设

计划生育政策还未强制施行，普通村民家都有四五个孩子。这代人成家立业时，又赶上了经济发展的浪潮，村民们的经济状况普遍转好，传统的世代同堂居住观念也有所变化，扩建房子也就顺理成章了。新建的房屋院落不断向村庄的边缘地带扩张，占据了以前的耕地。严格来说，耕地上是不允许建设房屋的，当时新建的住宅既没有相关手续，也没有法律保障。不过，借着前年开始实施的"土地确权"政策，很多村民都补办了手续，一直未得承认的住宅也得到了法律的认可。

（二）饮食

1.食品结构

在"大跃进"时，河东的各个生产队都办了集体食堂，吃大锅饭。每人每顿定量供应一瓢面糊糊（米面、谷面、荞面、燕面等粗粮混在一起，掺杂着谷壳；每人每月十二斤粮，每天四两粮，早饭二两，晚饭二两）。据老人们说，那时大家都没吃饱过，只能饿着。家里根本没有粮食，孩子和妇女由于饥饿而全身浮肿。过年时，生产队给每人分二两油和几十斤米面，隔不了几天也就吃完了。但是，和其他生产队比，当时东庄湾的情况还算好的。在三年困难时期，大多数村民都靠着老蕨菜和王疙瘩根、胡麻叶子、荞麦秆活了下来，全村只饿死了一个人。

集体食堂解散之后，村民们的生活条件稍微有所改善，在好的年份，各家过年还能分到半斤肉。村民平日吃的全是粗粮，米面大多要卖给国家换点现金来维持家庭生计。剩下的白面还要留下招待亲戚。到1979年，全年东庄湾人均分配口粮在110斤左右，不足的部分尚需要依靠国家的返销粮。当时，一个壮劳力出工一天的工分只能换回3斤粮食。全队81户参加分配，"超支户"[①]就有48户，超支款有2697元。

近年来，随着收入水平的提高，东庄湾村民们的物质生活有了显著的

①"超支"是在集体时期凭工分吃饭的特殊环境下所特有的现象。在当时，队员们要吃饭就得参加集体农业生产劳动，参加劳动就能得到工分，有了工分方能分到口粮和现金。相反，工分不足就得饿肚子，需要向生产队借粮食或购买国家的返销粮，结果，有些农户辛辛苦苦干了一年，年终决算时，不仅分不到一分钱，还欠生产队的钱，他们就被称为"超支户"。

改善。现在，细粮成了村民们的常餐，粗粮反而金贵起来。馓子、油饼以前只在过年时才能吃到，现在也成了日常的主食。在副食方面，村民的餐桌上多是自产的应季瓜果蔬菜。在冬天，村民们主要用洋芋、大白菜和咸菜佐餐。反季节的蔬菜对于村民的家常餐来说还算是小小的奢侈。

在河东，大多数家庭平日里较少食用肉食。肉食的消费主要集中在年节。虽然当地牛羊肉质量上乘，但每每逢年过节，河东的汉民仍多消费猪肉。在二十世纪八九十年代，大部分家庭都会在平日养几头猪以备过年售卖或食用。这些年，因为青壮劳力的大量外出，许多家庭觉得养猪不再必要，只有少数家庭还留有一两头猪。

图 3.45-46　农户日常饮食

2. 饮食习惯

相比于饮食结构的巨大变化，村民们的饮食习惯却多少保留了下来。"生活、习惯和农活儿（和过去）基本一致，几十年都这样"（红白喜事总管访谈）。在河东，绝大多数家庭每天只吃两顿饭——上午 10 点一餐，下午 3 点一餐。在物质相对丰富的今天，这种习惯仍然没有改变。这种情况可能与河东现在的人口结构有关。如今，留守村庄的多是老人和儿童。老人们已经习惯了传统的作息和饮食。在冬天，北方昼短夜长，天寒风大，村民们早睡晚起，三顿饭便没有必要。在农忙时节，村民们需要早起下地，他们会在上工前简单吃些馒头充饥。待到中午天气炎热时收工回家，他们才会吃正餐。而且，随着近年来"免费午餐"计划的推行，河东的学龄儿童已经可以在校就餐。因而，在饮食习惯上，老人们也就没有迁就孙辈的必要了。不过，东庄湾的年轻人似乎在逐渐放弃一日两餐的传统。

图 3.47　太阳灶　　　　　　　　　图 3.48　自来水

3. 做饭条件

几十年来，东庄湾村民做饭的炊具和燃料也发生了极大的变化。过去，所有家庭都要上山捡柴，烧锅做饭。当时，对主妇来说，做饭是一件很辛苦的事情。近几年，电饭锅、电磁炉已经成为村民家中的常见电器，只有少数人家依旧靠锅灶做饭。

河东向来是缺水之地。近些年（2010 年以来），河东村争取财政资金兴建了深水井和蓄水池，自来水通到了家家户户，取代了原来村民家里的抽水井和水窖，彻底解决了全村的人畜饮水问题。

过去，村民们多用大锅烧水。2005 年，宁夏出台清洁能源政策，村民自掏 50 元就能得到一台太阳能烧水器。在夏季艳阳高照的时候，一壶水只需半小时就能烧开。2012 年后，随着"电器下乡"政策的落实，许多家庭都开始使用电水壶烧水了。

（三）交通

2004 年，村里通过"一事一议"向镇政府申请了一些建筑物资，由村民义务出工集体修通了从彭堡镇连接河东村各组的砂石路，全长约 6 公里，之后开通了到镇上和市区的公交线路，大大方便了村民进城。2013 年，又争取到了财政补助，将村里的砂石路升级为水泥路，但不再是各家各户出工，而是请工程队来修。在"美丽乡村"建设项目中，在财政投资的支持下，全村共完成道路硬化和绿化 2 公里，水泥路修到了每户村民的家门口，以往一遇到雨雪天气就泥泞不堪的大街小巷不复存在。

图 3.49　村口的客运招呼站

图 3.50　村内道路

图 3.51　门口的垃圾桶

　　全村还在路旁和家家户户门口配备了垃圾桶，并由镇政府雇人每天打扫马路、回收垃圾，拆除了破旧围墙，改善了村庄生活环境。

（四）商业网络

　　在集体时期，村民去县城大多要步行，早上 4 点多出发，晚上才能回到家，"来回不见太阳"。在改革开放之后的很长时间里，村民们购买食品、日用品和生产工具大都要去 3 公里之外的彭堡镇集市，集市每逢阴历二、五、八举行。在柏油路修通之前，村民赶集要颇费一番周折。

　　除了集市，"货郎担"也曾经是乡村商业的重要组成部分。现在，"货郎担"有了新的形式。在村落的小道上，我们常常会见到贩卖瓜果蔬菜、修理家电、收废品的商贩。这些商贩在平日里满足了村民的各种需求。

　　到了21世纪，短短几年，东庄湾的主路旁就出现了六七家小卖部。这些小卖部多由留守在村的中老年村民经营，规模都不大，但基本能满足当地600多口人（其中常年在村居住的不到一半）的日常需求。小卖部的商品主要是副食和烟酒。在有了小卖部之后，许多村民平日里已经不再亲自蒸馒头、炸油饼，而是购买小卖部代销的市区食品厂生产的主食。然而，大多数生活用品、农用物资乃至家电、交通工具仍需要去彭堡镇集市或固

图 3.52　东庄湾的小卖部

图 3.53　过年前的彭堡集市

原市区的市场上购买。如今，河东地区的交通条件大为改善，购买生活用品已经方便很多了。

（五）消费结构

我们查阅了当地 2007 年、2008 年和 2011 年的"农户家庭收支账簿"。上面的记录显示，村民的主要生活开支项目包括：看病、水电通信费、烟酒、冬季取暖用煤、人情礼金等。从趋势看，食品支出的数额逐渐增大，但其所占总开支的比例并不大（这种情况或许与村民饮食的自给自足有关），其他生活日用品的花费相对更多。

另一个值得注意的现象是村民的现金支出显著增加。随着农业商品化程度的不断提升，村民的收入花销对现金的需求都更多了。

六、家庭生活的变化

在新的时期，外出务工的青年村民大大增加，村民的各种收入也逐渐增长。因为这些经济、社会因素的变迁，村民们的夫妻关系、生育观念和赡养观念都发生了巨大变化。

（一）婚姻观念

婚姻观念的差异在代际之间表现得很明显。

二十世纪五六十年代成家立业的村民，通常是通过亲戚朋友的介绍完成相亲的。当时，集体食堂刚刚解散，大饥荒又让每个家庭一贫如洗。大多数人家连彩礼也给不起，吃一碗面条男女双方就算结婚了。到了集体时代后期，即便是相对富裕的家庭，彩礼也是严重的负担。1972 年，钱大爷夫妇结婚。访谈中，两位老人向我们讲述了当时的彩礼情况：

"丈夫：260 块钱，退了 20 块钱，送礼回来了给婆家。当时算贵的。确实，还没现在一个猪娃子多呢，现在一个猪娃子都要四百到五百。我说的是实话嘛。

妻子：还兑不到一个小猪仔呢！

……

丈夫：结婚时我好像在外面打工，长年做，在水库当钳工，上店子水库。给队里把钱交够，一个月抽得可以，20块钱；交了生产队之后一个月补助25斤面，1972年、1973年，当时工分一两毛钱。彩礼是当时已经娶来了才给的。

……

妻子：大哥结婚比我早两年，大嫂比我大一岁，彩礼400元，投机倒把挣来的，隆德路上担油卖整下来了。"（钱大爷夫妻访谈）

依照河东的习惯，结婚之后，子女便要独立出去，成立自己的小家庭。当时，条件较好的家庭也就只能分给子女"一个砧板，一口锅，一人一个碗"。对于当时的村民来说，夫妻更重要的是功能性的意义。夫妻要一起下地劳动，丈夫要负责外事，妻子要打理家务。夫妻要努力配合着把家庭经营下去，传宗接代，完成种族的延续和社会的继替。

"丈夫：她是正儿八经的家庭主妇。我是啥（家务）事都不干。她虽然不识字，但是对老人最孝顺。

问：那您对男人烧饭做家务怎么看？

妻子：他连烧锅都没烧锅，他一烧锅我不让他烧，我想他是个男子汉，不能娇柔，我是个女人嘛。男的就是比女的高嘛。

丈夫：她始终有一种想法是男尊女卑。我们俩一块儿去干活儿，我回来把脸一洗就去睡觉了，她还去烧锅做饭，她对我特别体贴。我年轻的时候晚上到十一二点还要吃饭，她什么话都不说，就去做给我吃。当时睡觉都比较早，经常是睡到半夜还给我做饭。我那个时候经常摸牌呢，赌博我不赌，就是稍微放点经济，玩玩的。

丈夫：1点回来也要吃，12点回来也要吃。

问：在生产队时候有没有男的做饭、做家务？

妻子：没有什么，基本上都是男女一起出工，一起下工，女的回来也做饭做家务。

丈夫：我想做她不让我做，这也属于两个人的关系问题。有的也有男的会做饭，有一个公公还给媳妇做饭。

……

妻子：钱是我保管的，我不花，但管钱多的是你爷爷（指丈夫——笔者注）管，我不管。办啥事有个正掌柜的呢，我是一个女的嘛，我是个下苦人。就跟农业队的队长一样嘛。买啥他买去，我需要啥他给我买着呢。我就是不花钱，不乱花钱。

丈夫：你奶奶（指妻子——笔者注）拿着了也不花。一切由我指挥。经济我们是不分你的，我挣下的是她的，她挣下的也是我的。"（钱大爷夫妻访谈）

伴随着经济发展和新思想的传入，这代人子辈的观念已经有所变化。在七八十年代成家立业的村民中，虽然"父母之命，媒妁之言"仍旧是缔结婚姻的主要手段，但自由恋爱的观念已经被逐渐认可了。在这代人中，有外地配偶的家庭比例要比前代更高。不过，夫妻仍旧主要是一个分工合作的"生计单位"。随着打工浪潮渐起，原来的"男女共耕"逐渐转向了"男工女耕"。近些年，这种趋势更加极端，男女都开始外出打工。男性多选择建筑工地的工作，女性则主要是打零工。

"男性在外面干的活儿较重，回来后就休息，女性虽然白天也会干活儿，但相对轻松，所以回家后家里的活儿会多做点，包括做饭。"（广场舞妇女小组座谈）

在这一代人的婚姻生活中，夫妻关系的重要性有所上升。随着女性务工群体的增加，女性逐渐有了独立的经济收入。在河东，妇女在蔬菜基地工作一天就能得到80块钱。如果在固原市里打零工，一个月一般也能挣到2000元。经济独立的女性生活自由度更高了。她们有时会用自己的收入买些首饰，一些小额的消费也不需要处处与丈夫商量了。不过，她们中的大多数仍旧会把大部分收入花在补贴家用上。

曾经在窑厂干活儿，一天3元，工作10个小时很累，后来自己出去打工慢慢有了钱，能自己买首饰打扮自己，并指出在场的几位每人都有金戒指或者金项链。关于这些钱从哪来，她们说女人在家管钱，丈夫把钱交给女人管，买金戒指金项链之前会和老公说一声，如果老公不同意也就没心情了。（广场舞妇女小组座谈记录）

对河东村的80后们来说，爱情在婚姻中的地位越来越重要。东庄湾的婚丧司礼告诉我们，80后、90后的村民更倾向于"自瞅"。家里人介绍的对象往往得不到他们的认可。河东的一组2015年（1月到8月之间）举办了五场婚礼，五对新人都是自己认识的。然而，自由恋爱并没有减少婚姻的花费，双方的结合仍要以经济条件为基础。

年轻人对自由恋爱的偏好多与其打工经历有关。2000 年后，东庄湾的年轻人开始大规模地外出打工。打工在外，家庭的管束因距离而放松了。这些年轻人在外接受了新观念，有更多的机会认识同乡以外的同龄人，他们开始有了不同于老一辈的追求。这种特征在 90 后身上表现得更明显。80 后村民虽然已经多有晚婚、异地婚恋的现象，但他们主要的社会关系还在农村，所以他们仍然会回到村子里相亲、结婚、生育。

近几年，东庄湾还出现了一种新情况："闪离"，就是结婚没几年，常常是生了孩子后，女人就跑掉了。以东庄湾二队来看，此问题还是相当普遍的，粗粗统计，50 余户里就有 10 个案例。女人跑掉常是因为条件不好，这还可以理解。但有些女人嫁了两三任丈夫，每次都时间不长，这就让村里人觉得值得怀疑，是"骗婚"。这种情况，女方常常来自异乡、异县乃至异省，很难去核实对方的真实情况，一旦女人跑掉了，既难以对女方家里施加舆论压力，也不可能千里迢迢地总去索要彩礼——况且要了人家也不一定给。于是，结婚时的巨额彩礼就打了水漂。

东庄湾目前有几十个"光棍"，从老到少皆有，男子的结婚年龄已普遍推迟到近三十岁。再加上"闪离"的新情况，使得本已在婚姻市场中处于不利地位的农民家庭，遭遇了"人财两空"的双重打击。对这个问题还没有太好的解决方法。

（二）儿女教育

家庭是完成生、育的主要社会单位。在河东，计划生育政策实施以前，一个家庭一般有 3—4 个孩子。当地重男轻女的思想比较严重，这一方面是受传统生育观念的影响，另一方面是出于生产的需要。

"那不一定（要生男孩子），但事实就是这样的，农村就是重男轻女，农村没有男的没法生活嘛。在原始（传统）生活里啊，男的要干这些重活儿呢，不像现在有机械化呢，现在你看男女都可以，只要我有钱，机械化都可以。以前都是人工操作，赶牛、种地，女子都不成，农村重男轻女就是这么个情况。"（钱大爷访谈）

在集体化时代，村民们的大部分时间都要花费在集体劳动上。物质条件的匮乏，使孩子们很难得到良好的照顾。

"妻子：二娃子，我们去干活儿了，他被绑在炕上，回来看到他脖子上面全是抓得稀里哗啦的，摔的磨的。还大小便，抹在鼻子脸上身上。没有人搞嘛。反正是一直都在干活儿，生产队挣工分。回来非常乱，我就来拾掇，给孩子擦洗，还没拾掇完，有人来喊又要上工了，有时就连饭也吃不上就去上工了。

问：那集体劳动时候小孩子没人看管怎么办？

丈夫：那基本上 80% 的人都没有人看管，都丢在家里，因为那时候 60 岁以下的人都要到生产队劳动呢。

妻子：那时候多劳多得，少劳少得嘛。少做就没啥生活嘛。"（钱大爷夫妻访谈）

当时，大多数村民都是文盲，他们能够教给子女的，主要是一些农业技能、生产经验和传统的社会规范。学校教育还没有充分发展起来，条件好的家庭也只能供养一两个孩子读到初中毕业。

今天河东的村民大多对孩子的教育问题非常重视。然而他们中的很多人都要外出打工，孩子只能托付给老人养育。有一些村民在外出打工的时候也会把孩子带在身边。但是，由于户籍制度和异地升学的限制，他们最终还是要把孩子送回老家让爷爷奶奶照看。为了孩子的升学问题，很多村民在权衡之后，都会重新回到固原。

"由于户口原因，正规学校孩子进不去，只能去上打工子弟小学，我认为打工子弟小学教育质量不好，而且将来考学还是得回到家乡。银川这些地方我也不熟悉，不知道有什么可以赚钱的营生。所以还是考虑回到固原，毕竟固原的房价比较低。"

"我自己是非常关心孩子教育的，老婆也留在家里带孩子，努力的一切都是为了孩子。我们整个村都比较关注孩子教育。王主任那一级下来，7 个人考中 6 个，带来了很好的风气，村里人平时坐在一起总会讨论小孩上学的事儿。现在我儿子六年级了，也想让他进好的中学，固原初中要数一中和二中最好。"（进城包绿化工程村民访谈）

大量农民的孩子进城就学，同时也是社会比较的结果。

"比如说咱俩是邻居，我家孩子在农村读书，别人家孩子呢，放在城里面，外界对他（子女在农村上学的村民）的一种评价，他对孩子的教育不重视……对孩子们来说，人家都出去了在城里读书，我没在城里读书，

这好像就说家长对我的教育重视不够，所以这种攀比心理造成了农村孩子到城里面读书。"（原州区教育局干部访谈）

这几年，河东的很多村民都会选择把孩子送到固原市区上学。他们在市区打工，或买房或租房，以方便照顾孩子。这些家庭仍然会面对沉重的生计压力，他们经常会陷入两难的境地：

"有一个很矛盾的事情：这两年孩子们都送到固原上小学，得有人看着孩子。男人们好多出去打工，如果女人出来干活儿，孩子的教育管不上了。给我干活儿的那些女人，她们都很矛盾，觉得为了挣这点钱把孩子的教育耽误了，但是又必须出来挣钱。"（进城包绿化工程村民访谈）

面对这个矛盾，大多数家庭都会选择让妻子留下来照看孩子，丈夫在外打工。对他们来说，在外打工的经历，让他们更加意识到教育的重要性。他们"自己的能力有限"，所以只能把更大的期望寄托在学校教育中。即使是天各一方，辛苦劳累，只要孩子能够受到更好的教育，有更好的发展，他们都可以忍受。

（三）自主养老

在东庄湾，孝道是很被看重的。大多数村民都会尽可能地给老人提供较好的条件。据说，根据当地的传统，老人是一定要住正房的。而孝道上不佳的人，往往会被村民指责。其实，在村里老人住正房的情况并不普遍，他们更倾向于住在偏房，尤其是在冬天，小一些的房子更加暖和。即便如此，晚辈们也不会擅自住进正房里。

对村民们来说，外出打工也意味着与老人的分离。在河东村，空巢老人的群体在不断扩大。据统计，在东庄湾当前的640多口人中，60岁以上的老年人有60多位，男女各占一半。这些老人大多还做着基本的农活儿。由于年轻人都在外打工，老人们通常要承担起自家一二十亩耕地的大部分活计。有些老人还会在附近打工。这些老人的身体状况一般并不是很好，但迫于经济压力，很多老人仍要继续重体力的劳动。

个别家庭的经济条件较好，但缺乏年轻人的陪伴，老人大多比较寂寞。老钱（化名）已经快60岁了，他早年丧偶，子女又在上海和广州工作，过年也不能回家，平日里，他最常做的事情就是蹲在自家的门市前发呆。这种矛盾有时也能缓解。村里有一对 90 后的夫妻，丈夫因为恋家，从上海回到了村庄附近的岩盐矿厂工作，妻子在市区的首饰店工作，每天这一家人都可以团聚。但并不是所有的家庭都这样幸运，对于大多数家庭来说，维持生计与一家团聚仍是两难的选择。很多村民只能两三年才回一次家，平日里只有靠给家里的老人寄钱以尽赡养义务。

在新的经济形势下，老人们的地位逐渐下降，赡养老人在无形中被整个家庭所忽视，青壮年劳动力外出打工，只能在一段时间内缓解家庭的经济压力，年轻人结婚分家后，很少能够有富裕的钱来贴补父母。在河东，大多数村民都参加了社会养老保险，购买商业保险的农户也开始出现，但每月 100 元的养老金在东庄湾也难言"保险"。因此，家里的承包地在事实上承担着保障老人生活的功能。

（四）女性地位

经济社会的发展通常会引起女性家庭地位的变化。在务工大潮打破性别界限后，河东的女性地位也有了显著变化。90 年代以前，儿媳妇往往要负责全家（包括公婆）的家务。这种情况在后来完全翻转了过来。80 后、90 后的媳妇大多只负责在外打工挣钱，她们把孩子、家务都扔给了婆婆。有些 80 后媳妇很"懒"，不打工也不做家务，婆婆们也多不会责骂。在婆婆们看来，娶媳妇的花费太大了。她们害怕惹恼媳妇，闹到离婚的地步。结果，五六十年代出生的婆婆们，已经不能指望儿媳的孝敬了，她们如今仍然要承担起大量的家务活儿。

在东庄湾，80 后、90 后的女性大多在年轻时就有外出打工的经历。在结婚后，她们大多数也仍旧会在外打工。这些年轻女性很早就有了经济收入。而打工的经历又开拓了她们的眼界。相比之前的女性，她们有着明确的劳动价值意识和相对独立的社会关系。尽管她们中的大多数人最终还是回到了固原，婚后的生活也主要以家庭为中心。但她们大多仍然会保留一份工作。因为这些原因，相比于传统女性，年轻女性在家庭中的地位得到了很大的提高。近年来，甚至会有村民选择在春节时回妻子娘家过年。对于东庄湾这个比较传统的西北农村来说，社会的转型和观念的变迁在这里留下了深刻的印迹。

七、乡村治理的变化

（一）村干部的选拔

1. 改革开放之前

集体化时期，大队书记以及生产队队长的选拔，通常会考虑三个标准：政治成分、群众基础与种田能力。政治成分指的是依据土地拥有多少、雇工数量而划分的地主、富农、中农和贫农；群众基础是指个人的威望，安排做事时得到群众响应与服从的程度；种田能力是指个人种田的技术与经验水平，技术好、经验多的村民会拥有更高的个人威望。一般来说，群众基础好、种田能力高的中农和贫农更可能担任大队书记和生产队长。当然，大队书记的人选必须是党员，其权力更大，要求也更严格。

受访谈资料的限制，目前已知在集体化时期曾担任大队书记的村民包括：三队马秀清（50—60年代）、三队杨选庭（50—60年代）、四队张天选（60—70年代）、六队李生财（70年代）。

村民对集体化时期的大队书记评价较高，尤其是四队张天选。张天选担任河东大队书记期间，正逢河东的驻村干部是公社党委书记，凭借这层关系，他和许多乡镇乃至更高层级的干部建立了良好关系；河东村较好的地理位置（距彭堡镇不足2公里），也为一些项目落户河东带来了便利，比如机井建设。后来，张天选调到了乡镇上的集体企业，乡政府就建议之前在河东大队担任过民兵营长的李生财接替他。

李生财是复员转业军人，1973年回到大队做民兵营长，后来接替张天选担任大队书记。在李生财任期内，实行了分田到户，各村民小组把不同等级的土地划分开，然后通过抓阄确定了每户的土地的位置；与此同时，各村民小组为村委会留存20亩地作为集体资产，这些土地后来被各组陆续收回。李生财之后，村支书是李发仁，李发仁任支书期间，人民公社解体。

在50—70年代的三十年间，河东村仅历经约4任村支书，村庄的政治格局相对稳定。人民公社解体之后，村委会成为乡村政治的组织基础，但人们进入村委会的热情并不高；直到村民直选，不但村书记开始相对频繁地被更换，而且村民竞选村主任，进入村委会的热情也逐渐高涨。

表3.10 河东村村民直选后历任村支书与村主任

	村支书	村主任	备注
1993	冀安智（二队）	樊守安（二队）	冀安智任期未满
1994—1995	王余山（一队）		王余山中途接任
1996—1997		杨治平（三队）	杨治平因故离职
1998			王余山一肩挑
1999—2003		吕锦秀（一队）	吕锦秀顺利连任，但第二届任期未满
2003年—2004年初	靳学恭（三队）		王余山离任后，原会计靳学恭书记、主任一肩挑
2004—2005	陆芳琴（四队）		陆芳琴接任
2005—2006		王振云（七队）	王振云任期未满
2007			陆芳琴一肩挑
2008—2011		钱平孝（一队）	钱平孝顺利连任，但第二届任职未满
2012—2013			钱亚伟任村副支书，代行村主任职务
2014—2016	钱亚伟（二队）	刘龙（三队）	
2017—	钱亚伟（二队）	刘龙（三队）	钱亚伟、刘龙双双顺利连任

2. 村民直选之后

河东村的村民直选是从1992年底开始的。在第一次村民直选中，樊守安当选为村委会主任。当时的村支书和村会计分别是冀安智和王福志，他们准备辞职，就找来为人比较热心的樊守安进入村委会。冀安智和王福志离职后，樊守安劝说王余山接任村支书，并找来靳学恭担任村会计。1994—2003年，王余山干了十年的村支书，其间历经三任村主任：樊守安、杨治平和吕锦秀。樊守安干满一届后，不再竞选，之后杨治平被选为村主任，一年多后，杨因故出走，村主任一职由王余山一肩挑。吕锦秀在1998年底被选上，并于2001年底顺利连任，但第二届任期未满。而后，村支书和村主任职务由当时的村会计靳学恭一肩挑起。靳学恭任职未久，妇女主任陆芳琴开始担任村支书。

从 2004 年初到 2013 年底，陆芳琴当了共 10 年的村支书，这十年中，王振云和钱平孝分别担任村主任。王振云在 2003 年底被选为村主任，但只干了两年，因故离职，之后一年由村支书代行村主任职务。2007 年底，钱平孝当选为村主任，并于 2010 年底顺利连任，但第二届任期未满，之后，由村副支书钱亚伟代行村主任职务。2013 年底，钱亚伟和刘龙上任，成为新的村支书与村主任，2017 年初，二人顺利连任。

村民直选后近 25 年间，河东村村支书换了五任，村主任换了六任，其中，三位村主任第一届或第二届任期未满，两位村支书任期出现波动。

根据访谈，时间越往后，村干部候选人越多，村民直选越为激烈。仅以 2016 年底的村民直选为例，有意参与年底竞选的村民就有近十位，其中包括了两次竞选未果的村民。我们分析主要有三个原因：一是在城市反哺农村、工业反哺农业的时代背景下，大量的资源开始进入农村，村主任有机会接触到更多的信息与资源，因此这强化了村民参与政治的意愿。用一位村民的说法："上面项目多，大家都愿意当大队干部。"二是河东村所在地区比较落后，人们的生活内容比较单一，当选村主任能够满足个人声望的需求，获得成就感。三是河东村不存在人口占绝对优势的家族和大户，候选人实力相当，历史上也有小姓村民当选村主任。

我们发现，对竞选比较积极的人有以下几个特点：

（1）熟悉本自然村或村民小队内部情况。大都有过村民小队队长的经历，并且常年在家，对队上的人际关系非常熟悉，对村里的公共事务比较热心。

（2）拥有跨越自然村的人际关系网络。能突破自然村对人际关系的限制，在村干部和本队村民、外队村民和本队村民之间起到联系沟通的作用。

（3）对公共事务拥有更大的影响力。在 90 年代和 21 世纪初的各村民小队队长，通常还会担任队上红白喜事的管事，并参加队上各家各户之间的纠纷调解，因此在队上有一定的威望和影响力，不但能够有效动员村民投票，要票代票，而且能够影响受托人的投票意向。

（4）多出生在 1955—1965 年。90 年代以来各村民小队历任队长中，70% 出生在在这个年龄段。他们彼此熟悉，感情熟络，每次村委会换届选举，都能激发他们的政治热情。还有几个出生在 1974 年左右的，是近几年新担任的村民小队队长，他们在村委会换届选举中也比较积极。

这些积极行动者或者亲自参与竞选，或者帮助竞选者竞选。其竞选过程可以分为"探听虚实 — 组建竞选班底 — 前期组织动员 — 成为候选人 — 现场动员监控 — 选举确认"六个阶段。第一阶段，探听虚实：村民在决意竞选之前，会委托自己熟悉并且在村里有影响力的村民在各个村民小队探探口风、摸摸底，然后依据村民的评价与支持，估计竞选获胜的可能性，进而确定自己是否参选，因为选举败选，或者支持人数太少，是一件"丢脸面"的事情，竞选者不得不慎重考虑；第二阶段，组建竞选班底：摸底之后，决意竞选的村民，会争取各自然村或各村民小队队长等公众人物的支持，组建自己的竞选班底；第三阶段，前期组织动员：在正式选举之前两个月内，由竞选者及其班底成员去组织动员、跑票要票、主动代票；第四阶段，成为候选人：通过自荐（"无候选人"选举方式）或推选（"有候选人"选举方式）成为村主任候选人；第五阶段，现场动员监控：在选举投票现场，主要由竞选者的家族成员动员村民现场投票、要票并主动代票，在确保原有承诺支持自己的村民投票的同时，现场争取其他村民的支持，并在必要情况下现场监控村民投票；第六阶段，选举确认：经过监票、唱票等，计算出候选人所得票数，如果得票最高的候选人符合法律"双过半"原则的规定，并经过村民选举委员会确认，选举一次性成功；如果不符合相应要求，则由得票最高的前两位进入第二轮选举。在这六个阶段中，最为关键的是"前期组织动员"和"现场动员监控"，其动员能力的大小以及动员村民的多少，直接决定了竞选者能否顺利当选。

对于村民来说，选举关心的是什么呢？

首先，在关注焦点上，村民更为关注的不是选举的程序如何规范而是治理的效果如何显著。村民选举导致村干部授权来源的变化：原有自上而下的乡镇党委任命转变为自下而上的村民直选；但是，选举过后，村干部的权力行使方式并没有明显地改变。换句话说，选举改变了村干部产生的方式，但并没有显著改变村干部权力运行的土壤。经过多次的村委会换届选举，村民既熟悉了选举的过程：决意竞选的村民是如何组织动员村民投票，一步步竞选成功的；又经历了治理的效果：选举过后村干部是如何行使权力、分配公共资源、治理村庄的。在有的村民眼里，选举成了一门生意，"选谁都一样"。

因此，有些村民就希望"上面"派下来一个大学生村官。

"（我认为）下一届就不让本村的人当了，就选大学生，就问政府要个大学生。就说大学生办事，给老百姓办下，也不偏谁，不向谁。给配个本村的人，那本村的国家啥项目，人家就给自己偷着弄了嘛。那大学生派着来，人家为了人家的工作，为了人家的名声，能给老百姓闯点路子。"（村民访谈）

其次，在选举规则上，村民更为服膺的并不是选举中"少数服从多数"的原则而是势力格局的平衡。在自上而下的乡镇党委任命村干部时期，会注重各自然村或各村民小队之间的势力平衡；而自下而上的村民选举中，人数较少的自然村或村民小队在村庄势力格局中处于劣势。因此，处于劣势的自然村或村民小队对于村两委中各自代理人的呼声就不断高涨。

"这个官要是在我们家里，肯定这个事情就是偏向我们家，这个道理在这。最少来说，你把这个村上的干部，不能放到一个小队来。你往我们队放一个干部，那里面放一个，或者上面放一点，放开，你两个都放一点。"（村民访谈）

最后，在发展理念上，留在村里的年轻人比老一辈人开拓心、致富心更强。老一辈人眼中，好的村干部就是能为村民办事，上面有什么政策下来，能够给落到实处。多位曾担任村主任的村民提到过这个说法："腿要勤，手要快，嘴要活。"并且年龄越大，对这个说法越为认同。在年轻人眼中，好的村干部就是要熟悉国家政策，能够结合当地实际情况去"上面"要项目，因地制宜发展本村的产业，"有想法、有干劲、敢闯敢拼"。

（二）资源输出与输入

集体化时期，中国社会普遍处于一种总体性支配体制之下；在农村地区，生产队作为基本的生产和核算单位，最重要的任务就是保证国家的粮食征购，支援工业建设和城市发展。因此，集体化时期，河东村政治生活的主要内容就是政治动员[①]与资源汲取。

[①] 这里所谓的政治动员指的是大队为了响应中央的号召而动员广大农民的行动，包括交粮、缴税等。

下面两个表根据部分年份的档案资料刻画了集体时期的利益分配。

表 3.11　河东大队部分年份的农业产量与分配比例

年份	总产量（斤）	国家征购量	占比	社员分配量	占比
1962	507868	58990	11.62%		
1964	696866	113829	16.33%	426810	61.25%
1977	756339	78064	10.32%	488371	64.57%

表 3.12　河东大队部分年份的收入与分配

年份	收入总计（元）	农业收入	占比	社员分配	占比	国家和集体分配	占比	平均劳动日值
1972	123583.45	69085.07	55.90%	73375.86	59.37%	4071.15	3.29%	0.37
1977	191048.03	111302.73	58.26%	95097.2	49.78%	21562.92	11.29%	0.4
1978	202449.83	126480.79	62.48%	103981	51.36%	28997.76	14.32%	0.417

集体化时期的农民负担，有两种统计方法，一种是粮食产量分配法，另一种是收入分配法。上述数据显示，从粮食产量分配来说，国家征购量一般为粮食总量的 11% 左右，社员则分配总产量的约 60%。收入分配上，国家和集体分配的收入占比一般为总收入的 10% 左右，社员分配占比一般为 55% 左右，劳动力平均劳动日值为 0.4 元左右。

实行家庭联产承包责任制以后至农村税费改革之前，村庄仍然是资源输出，主要是公粮与"三提五统"等税费的缴纳，以及计划生育工作，还有一些村民救济以及提供村庄公共品的工作。除了公粮缴纳之外，资料显示，1986 年河东村有军马草任务 1900 公斤，这个任务至少持续到了 90 年代；在税费名目上，1992 年河东村有征收牧业税 304 元和农林特产税 200 元的任务，1996 年开征了教育附加费每人 2 元。即便是在 1995、1996 年连续两年爆发极其严重的旱情，乡政府给县委县政府请示免征 1995 年农业税，县委县政府的答复是征收原来任务的 37.2%。

在第一次村民直选上任的樊守安任内，公粮差不多能收到 70%—80%，"那些没有交皇粮的人有一部分是一时找不到人的或者家庭困难的。但一般来说没有常年不交公粮的人"。对于那些有困难的村民，村干部也会向上反映，镇上通常是让尽量收，然后采取"先交后济"①的方式予以补助；征收方式是"村委三人分组，让组长带着去挨家挨户收粮食"；控制手段主要是组长、村长和乡里人轮番工作动员，甚至是救济粮控制。在计划生育控制工作上，农民由于深受中国传统的"多子多福"等生育观念的影响，对村干部行为的抵制会比较强烈；这就使得身处村庄人际关系网络之中的村干部，同时面临镇上政府和村庄社会的双重压力，受着"夹板气"。

至 2003 年农村税费改革试点在全国范围全面推开，2006 年完全取消了农业四税（农业税、屠宰税、牧业税、农林特产税），之后各种补贴与项目的下乡，国家对农村开始由资源汲取转为资源输入，中国开始进入城市反哺农村、工业反哺农业的新时代。

这可以体现为三方面：一是项目下乡；二是村庄公共品提供；三是扶贫与脱贫。农村工作也相应转为跑项目，以及一小部分的"分配资源"②等。

首先是项目下乡。项目下乡为村庄带来了大量的资源，这给河东村的政治生活带来了两个重要的变化：一是村书记、村主任经手的资源大为增加，这在很大程度上激发了人们参与政治的热情；二是村两委班子开始跑项目，为此主动了解并熟悉相关政策、为项目跑各种关系。河东村 1992 年底开始村民直选，最初十来年，尽管村主任换了几届，但竞争并不激烈；直到最近十来年，竞争村主任的人选才开始增多，过程也更为激烈。这和村主任经手或控制的资源大为增加不无关系。

在项目制的治理逻辑之下，村庄的行为主要是"抓包"。其中河东村最为典型的"抓包"项目就是 2010 年前后的新农村建设。这一项目要求村民从山上搬到山下，由政府和村民共同出资在山下开阔地带建设新农村聚居点；最初，这一项目落在河东村附近的里沟大队，但其村民担心影响风水，不愿搬迁，使得新农村建设项目迟迟不能动工。河东村两委得知此事后，千方百计向上争取，积极动员村民参与搬迁，最终使得新农村建设项目落户河东，并于 2011 年建设完工。此外，利用河东村在外"当官"者的

---

① 意思就是先把公粮交齐，对那些困难户允诺给救济粮。

② 尽管项目下乡带来了大量的资源，但是这些资源大都是"戴着帽子"下来的。事实上村两委并没有资源的分配权，这里所说的只是村两委在资源下放中的酌情裁量部分。

关系，村两委还争取到了一些别的项目。因此，村两委班子是否团结、是否会办事、能否办成事，对于项目"抓包"与"落户"至关重要。河东村新农村建设项目能够从里沟大队改为落户河东，是村两委团结一致、能办事、会办事的结果；而河东美丽乡村建设项目则因一些具体工作难以开展而未竟全功。

其次是村庄公共品提供。河东村的公共品提供严重依赖上级政府的资源下放，尤其是 2008 年以来，村庄公共品提供与项目下乡结合到一起。如 2010 年新农村建设和 2016 年美丽乡村等项目都涉及到村庄道路整修等基础设施建设；一些扶贫项目也直接涉及道路整修、农业生产、文化活动场地、技术培训等各个方面，如 2015 年，水利等部门在河东村铺设了灌溉管道与滴灌设备，2015 年之后，河东村先后修建了戏台子、文化活动室、篮球场等文化娱乐场地，并针对相关村民进行了种植、养殖等技术培训。

最后是扶贫与脱贫。近几年，国家对贫困地区的扶贫力度加大，流入贫困地区的资源也大为增加，贫困户的确定、建档立卡、信息核实、扶助条件的审核等，成为村两委日常工作的重要内容。在确定精准扶贫户的过程中，镇、村领导、包村干部和合作单位代表在各村民小组组长的带领下到访各小组的潜在扶贫户，为后面的政策和名单制定预先摸底，之后河东村召开三次村民会议，以"倒排查"的方式，几经筛选、添补，最终确定了精准扶贫户名单。

然而，在资源发放的过程中，村民对"公平"的诉求日益突出，甚至引发了一些集体行动，如新农村建设与土地流转过程中的集体抗争与干群冲突，不同村民、自然村或村民小组之间因资源分配不均衡而产生的矛盾。这也为村两委工作增加了新课题。

（三）空心化带来的问题

由于青壮年劳动力大量外出务工导致村庄的"空心化"，村两委班子也面临着一系列的困境。首先，作为每月定期处理村务的村民代表大会参加者多为妇女和老人。其次，党委的日常工作受到影响：河东村现有 55 名党员，每次学习党的最新路线、方针、政策都需要村委都给外地务工的党员用短信发学习材料，效果难以保证。再次，村委大院的"空心化"，尽管几年前财政拨款按照统一规格建设了村委大院，但处理事情通常还是去村干部家里。最后是村干部的工资少、任务多，村支书每月只有600元，村主任每月只有540元（2016年前），甚至都难以维持个人家庭的日常开支。

但与此同时，我们也应该看到留守村庄的女性和老人也可以成为村庄治理的重要力量。

八、河东的公共服务

河东村村民在历史上一直非常贫困，没有自发组织的传统，故这里大部分的公共服务都与国家有着密切关系。

（一）教育

中华人民共和国成立初期，东庄湾地区曾在晚上办过扫盲的夜校，教村民写自己的名字等基本文化知识，但参加的人不多，效果很有限。河东有一所小学，始建于20世纪60年代初，当时占地850平方米，教室都是泥土房，课桌是土坯砌的，凳子由学生自己从家里带。学校的民办教师每天记8个工分，每个月还有4元的工资，其中一些民办教师后来"转正"，生活有了保障。尽管当时教学条件、学生和老师都很艰苦，但尊师重教的风气很浓。曾长期担任河东小学校长的退休老师回忆，当时他们夫妻二人都是教师，家里劳动力少，有什么事情左邻右舍都过来帮忙。比如，"1971年，生活非常困难，拉了排子车买洋芋，回来下雪很大，走到固原翻车了，洋芋落了一地，二队和七队来了很多年轻人把一两百斤的口袋往回扛"。

在20世纪80年代，河东小学在周边地区非常有名，老师们的教学水平也比较高，不断有学生顺利进入重点中学、名牌大学，二组在1983年7名参加高考者中有6人考上了大学，1987年出了5名大学生，如今从东庄湾已经走出了为数不少的党政机关干部、国企负责人、专业技术人员、中学教师等。在当时的情况下，教育这一制度化的渠道是农家子弟跳出农门、提升社会经济地位的最主要方式。

到了90年代，受到中国扶贫基金会的项目资助，河东小学重新改造，办学条件有了明显改善。经过西部地区"两基"攻坚计划（1995—2005）（宁夏到2007年才完成），学校已配备图书室、计算机房、卫星电视等现代

图 3.54-55　村小学的学生不断减少

教育手段，目前正在教室内安装空调，学生们可以享受国家实施的"三免一补"①"免费午餐"等许多优惠政策。

　　另一方面，河东小学的生源不断减少。现仅设有学前班和一至三年级，在校生 20 多人，教职工 3 人，教师每月工资 3000 多元。

————————

　　①"三免一补"是宁夏在国家"两免一补"的基础上又增加免除一套教辅资料费。三免指免课本费、免杂费、免一套教辅资料费；一补指给寄宿学生补助生活费。

实际上，河东村处于学龄期的留守儿童并不多，大多数学龄儿童都选择到教育质量更好的彭堡镇或固原市区的小学就读，城镇学校人满为患，而农村小学成了"空壳学校"。我们在访谈中了解到，东庄湾的很多家长都选择在小学时将孩子送到固原市上学，那些低年级的孩子很多都由母亲或祖父母在城市陪读。总的来说，东庄湾的村民对子女的教育越来越重视，也愈发舍得付出和投入，不论是男孩还是女孩。但这对大多数家庭造成了一定的经济压力。比如，一个孩子去市区上幼儿园（大多为私立性质的），每年的各项花费就要近万元。

同时，近年来东庄湾已经很少有年轻人可以通过升学来改变整个家庭的命运了。另一个显著的现象是，在国家对职业教育的鼓励和补贴政策（比如"雨露计划"）下，农村学生选择读技校的情况越来越多。据不完全统计，东庄湾近年来从技校毕业或在读的学生有 20 多人，他们大多选择幼师、美容美发、导游、酒店管理等专业，但毕业后与其他高中毕业生相比并没有明显的优势，有的对技校介绍的工作也不满意，自己也很少能找到对口的工作。现在，上大学这条社会流动渠道已经逐渐让位于务工、经商等市场化的社会流动渠道，后者成为越来越多农民改善个人处境和家庭命运的主要方式。

（二）医疗

生产队时期，东庄湾有一名女保健员，遇到头疼、肚子痛等情况都是开阿司匹林吃。但一般队员都不去看病，小病扛一扛就过去了；当时也很少有得什么大病的，得了严重的病会直接送到上级医院。后来，河东大队走出了 4 位赤脚医生，各负责两个生产队的医疗卫生工作，基本控制了一些传染病的发生。在 20 世纪 80 年代，农村的医疗体系私人化，当时政府也尝试过建立合作医疗的努力，最终失败了。1995 年，农村的医疗体系引入了市场化机制。在 1997 年前后，整个河东村共有 6 个私人诊所，村医多为世代传承，年轻一代接受了一些正规医疗教育。

2005 年，宁夏实行"医改"，卫生部门指定其中一家为定点合作机构，纳入新型农村合作医疗体系。村医以坐诊为主，可以获得生活补贴、处方收费、公共卫生服务经费和绩效考核奖金；同时，其工作内容已增加到 11

类 53 项，涵盖范围广，职能细致。据村医介绍，与以前相比，随着药物与医疗知识的宣传，心血管疾病的致死率降低，而癌症等成为引发死亡的主要病种。现在，卫生室可以提供的报销药品有 300 多种，医疗器械不断升级，方便村民小病及时就诊。村民遇到大病，则一般都会去固原市区或银川、西安就医。

根据我们的观察和了解，目前村里最活跃的医生似乎是一位米姓的私人大夫。米大夫 50 多岁，曾在部队做过卫生员，24 岁来到河东村，与四队的张家女子结婚，定居在了这里。可能是没有乡村医生执业证书的缘故，设立医疗合作点时他被排除在外，后来的数次培训他也没有得到通知，被卫生局说成是非法行医。不过他的医术口碑很好，十里八乡常有过来看的，门口总停着不少车。

2010 年，原州区的医疗保险被并入社会保险体系，村民参加城乡居民医疗保险的各档缴费额分别为每年 70 元、220 元和 440 元。到 2015 年，东庄湾参加新农合的村民比例达到了 98%，不过绝大多数村民参加的都是最低缴费额的一档。参加新农合后，住院可获得相应比例的补贴。但是，随着癌症等大病的患病比例不断上升①，巨额的医疗费成为许多老年人的沉重负担，医疗保险最多补贴 2.5 万元，而民政部门的大病救助很难申请，因病返贫的现象在村里时有发生。

（三）社会保障

1. 低保户与五保户的社会保障

当地政府针对贫困家庭的保障力度很大，农村居民最低生活保障的受益对象主要涉及"三无"特困人群、大病或重残家庭、未成年单亲家庭和突发灾害家庭等，并实行动态管理。2014 年，河东村共有低保户 85 户，覆盖 196 人。其中，东庄湾有将近 30 户低保家庭，低保标准为每人每月平均 85 元。

此外，全村有五保户 6 户；在冬春季节还有临时生活救助，覆盖约 20

---

① 现在彭堡镇有不少稍微上点岁数的人都有腿疼的疾病，河东村的情况尤其严重，而这是原来所没有的情况。有村民怀疑是使用农药的原因（吴兴明）。

户家庭，主要针对贫困、年老丧失劳动力、因病、残疾等情况，每家救助400元。

2. 外出打工人群的社会保障

东庄湾的众多外出打工者长期缺乏流入地的医疗和社会保障等制度性支持。据我们了解，在建筑业、服务业（餐馆服务员、超市售货员、保安等）、商业（开商店）等行业就业的农民，由于没有稳定的工作关系，是没有任何社会保障的。对他们来说，尽管农村户口可以参加新农合，但"急诊不报销"的规定意味着，如果遇到严重的工伤或急病，整个家庭会遭受到家庭收入来源和劳动力的丧失、巨额的医药费用双重打击，这往往是毁灭性的。

在外做建筑工达30多年的老杨2014年5月在工地上干活儿时骨折，在家休养了一年多还不能干重活儿，以后也不能出去打工了。由于这是几位村民合伙承包的私人工程，建筑队没有上任何保险，也没有赔偿。在固原住院花了四五万，新农合报销了1万多（报销比例是50%），不够的钱只能向亲戚朋友借，现在还没还清。医生说如果申请了低保，可以到两年后拆钢板时全部报销，但目前没有进展。

在养老保险方面，户籍制度壁垒就是设置在进城打工者面前的一道无形的障碍，使得他们无法享受城镇职工的退休金标准，这也是固原市区户口对农村户籍的最大优势。少量在正规工矿企业工作的打工者得到了资方"五险一金"的承诺，但频繁地换工作也会面临社会保险很难转移接续的窘境。那些已经积累了一定资本的家庭可以购买高额的商业养老保险，但这毕竟只是少数。可以想象，在现有的社会保障制度下，如果失去了作为最后依靠的土地，外出打工者当面临养老或医疗的现实风险时，将会因缺乏制度性的保障而无法承受。

（四）困境家庭分析

河东村是贫困地区，我们在调研中接触到了不少贫困家庭。河东村有老龄化的趋势，一些老年群体一直缺乏稳定的收入来源。而由于经济形势不景气，大多数村民的收入都减少了。从这些困境家庭面对拮据情况的应对措施，可以映射出贫困地区和贫困群体需要的公共服务。

导致农户陷入困境的主要原因在于收入的不足和支出的迅速增加。从收入方面来看，村民们的收入主要来源于经济作物种植、规模化养殖和外出打工，当遭遇市场波动时，个体抵御市场风险的能力严重不足。特别是遇到严重旱灾和粮价下跌，对种植户（特别是主要依靠粮食种植的留守老人）的收入影响是巨大的，刨除前期已经投入的农资，一些农民几乎剩不下来钱，在下一季的粮食种植时还会犯难。

养羊户面临的形式更严峻，羊价持续低迷已有一年时间，许多养殖户都在缩减规模。比如一组的一位李姓养殖户，去年（2015 年）羊价高时买了 8 只羊，每只 1100 多元；今年被迫以 300 多元的价格在村里处理了。买羊的钱是靠在信用社贷的款，当时贷款很不容易，托了许多关系，还找了个人担保。贷款一年，一分多的利息，一万块钱的贷款每个季度光利息就要 360 多元。贷款夏天到期，只能把羊赔本卖掉来还贷款。为了还贷，李的老婆在村里的树苗地里给人锄草，每天能挣 80 元；李本人由于年龄大了去不了大工地，经常是在市区的小工地或者私人工地上抹灰、砌墙，去年活儿多每天的工资有 260 元，今年活儿少就降到了 200 元，工作日不到两个月；还找在外打工的小女儿借了 2000 块钱。

但像他这样申请到贷款还能及时还清的在东庄湾并不多。我们在村里碰到的另一位农民吴老三，当时正准备去彭堡镇赶集，要卖小羊羔来还去年欠镇上供销社的 100 多元化肥钱，而且由于土地流转，家里种的七亩多玉米不够七只羊和三头牛吃，而喂饲料只会赔更多。这种三四个月大、四五十斤重的能卖三百多元。结果，在集上一上午也无人问津，欠款也只能继续拖。

工作机会的稀缺和收入的减少迫使村民只能降低家庭的各项开支。食品可以主要靠自给，但油盐酱醋、水电采暖、人情礼节等几千元固定开支却是很难压缩的，更庞大的城镇教育开支、医药支出、婚丧嫁娶更是让许多家庭不堪重负，当经历子女教育、生老病死、子女结婚等重大事件后，致贫或返贫乃至贫困的代际传递都极有可能发生。面临着农村社会商品化后不断增加的各项支出，现有的各项保障和救助措施无法解决所有问题，而且难以在机制上打破贫困的怪圈。在现有的低保分配方案中，由于资源稀缺，更多的指标被分配给重病、伤残等弱势家庭，这无可厚非，但教育、生产等改变家庭命运的途径面临的巨大压力也需要正视。

　　在一些低保户那里，我们也看到贫困与"非理性"消费（生活）并存的情况。低保户老黄一家 5 口人，老黄（43 岁）10 年前患淋巴结增生病，妻子患有乳腺增生和腰间盘突出，母亲（85 岁）患甲状腺肿大，大儿子（20 岁）当兵，小儿子（18 岁）在福建打工。老黄夫妻都不适宜从事重体力劳动，但是为了挣钱，他不时还会在建筑工程上干活儿。家里还种着 20 亩地，养着 2 头牛、8 只羊和 2 头猪。我们调研期间，老黄正在拆旧房建新房，他打算先在两侧建 80 平方米的厢房，等有条件再新建正房。他没有将工程包给施工队，而是请村邻帮忙（将来再换工），这样可以减少造价。但即便如此，总成本也不会低于 5 万元，钱不够，只好以养殖的名义从信用社贷款 3 万元。请来的帮工不用付工钱，但是需要伙食招待，老黄家去年养了两头猪，屠宰后都没有卖，放在冰箱里待客。老黄家平时生活拮据，不到节日不会吃肉，不到病重也不舍得到医院做必要的复查，可是为了盖房却付出如此大的成本。他这样做，自然有我们这些局外人体会不到的村庄内部的理性——无论是为了做人的面子，还是为了儿子的未来，但是，这样做的后果却是背负了他难以承受的重担。

图 3.56　低保户老黄正在盖房

九、河东的村庄文化

（一）秦腔

随着生活条件的改善，村民们的娱乐活动也在发生着变化。在集体化时代，村民们几乎每天都要上工。平日里，人们并没有太多娱乐的时间和精力，所以直到岁末，全村才开始唱秦腔、跳社火，热闹起来。河东的秦腔和社火在彭堡一带很有名气，有时一些外地人，甚至机关单位也会邀请河东的村民去表演。依据河东的传统风俗，村民们要从农历正月初登台，一直唱到二月二龙抬头才算结束。当时的村民大多能唱几段秦腔，过年的时候，各组村民轮流登台演唱，十分热闹。但到了二十世纪八九十年代，随着村民纷纷外出打工，这些传统活动便逐渐衰落了。有段时间，一些传统文化甚至面临着后继无人的窘况："当时会唱戏的人（现在）基本上死完了。"（钱家老二访谈）

近些年，随着早期打工人潮的更替和回流，村民们开始重新组织起这些活动。一些秦腔爱好者还自筹资金租借音响设备和戏服，"凑合着耍"了起来（河东村六组秦腔组织者访谈）。他们把爱好秦腔的村民组织起来，成

图 3.57　秦腔"自乐班"

立了各自队里的"自乐班"。"自乐班"表演不需要舞台灯光，也不用打脸化妆、水袖衣裳。村民们伴着铿锵锣鼓、唢呐二胡几件简单的乐器便可演绎人间悲欢。活动的参与者都是喜欢秦腔的村民，他们既是观众，也是演员。他们所表演的曲目既有经典选段，也有村民自编自演的新剧。不过，秦腔活动的参与者主要是一些中老年村民。年轻人平日要忙于生计，没有时间来参加这些活动。而且"秦腔比较难，姿势、腔调都有讲究"，现在的年轻人没有耐性学这个了（河东钱家访谈）。

除了村民自己组织的秦腔活动外，有时村里还会请戏班子来表演，以前一般在村庙附近举办。但是请戏班子烟酒人情花费很大，一天一夜就要一万多，因为费用高昂，举办的很少。2016年4月份，河东村在村委附近建起了一座戏台。为庆祝戏台的建成，在7月份，宁夏剧团还专门给村里安排了演出，当时，附近的回汉村民都聚集到了河东来看热闹。2016年，依据河东村的条件，原州区的文体局还批了一个"秦腔大院"的指标，现在已经落实。

（二）广场舞

在20世纪70年代，生产队常常会在年底组织"唱大戏"。很多公社都有文艺宣传队，通常也会定期举办歌舞比赛，但活动的参与者多为男性。改革开放后，这些带有集体特色的活动也逐渐消失了。

2000年前后，东庄湾开始流行交谊舞。当时，关系较近的村民常常会聚集在一起，跟着录像带跳交谊舞。这种娱乐方式很是流行了几年，如今还有很多村民会回忆起当时的场景。

广场舞是近几年刚刚兴起的，参与者多为女性，其年龄大多在35—55岁。对于很多女性来说，广场舞是每天最重要的娱乐活动了。晚饭之后，很多妇女会连着跳三四个小时的广场舞，跳不动了的村民宁愿坐下聊天也不肯回家。在农闲季节，这种场面就更加热闹了，有时到深夜11点多还不散场。姚大姐要从早上7点工作到晚上7点。虽然工作很累，但她"工作完、吃完饭、洗完碗后就去跳舞"。她觉得，"跳舞是一天工作的盼头，希望赶紧工作完去跳舞。有时比较累，就去坐着听一听、看一看，也会感到很开心"。（广场舞妇女小组座谈）

整个河东村有四个广场舞团体。这四个团体活动的场地，分别在一二组公交站旁的小广场、三四组的村委会大院、五六组村民门口的晒场和七组马路旁边的空地。各个团体平时互不干涉，内聚性却比较强。三四组广场舞的领头人是河东村的妇女主任。2011年国庆，彭堡镇有商家举办了广场舞比赛，她在镇上得知了这个消息，随即动员了亲近的女村民组队参赛，并获得了第三名的好成绩。后来，这个舞团又参加了数次原州区举办的比赛活动。因为表现比较突出，得到了文体局帮扶的音响设备。而且，舞团的领舞也被邀请去市文化馆参加舞蹈培训，学习新的舞风或舞曲，回来教给大家。

不过，大多数舞团的组织都不是那么"正式"的。河东村的几个舞团主要是靠参与者凑钱买音响。参与者通过电话、微信群相约去跳舞。领舞还会在电脑上自学舞蹈。这些团体的功能是扩散性的，一些舞团除了日常的广场舞活动，还会组织集体外出旅游。参与者们非常看重这个圈子，在舞团中结交的好友已经成为她们社会关系的重要组成部分了。钱大姐今年50岁，平时在蔬菜基地打零工，她把平日的收入积攒下来，买了一台移动式播放器，以便于和姐妹们跳广场舞。50多岁的冀大姐并不参加跳舞，但她会在场地旁边看热闹、聊天。她的丈夫和孩子都在外面打工，常年在家的只有她和她的婆婆。和她熟络之后，冀大姐笑着告诉我们，她儿子在市里打工，晚上不回来，她前几天受骗了，见到陌生人就害怕。对于这些孤单的妈妈和婆婆们来说，参与、甚至只是听听看看广场舞，就是她们平日里最重要的消遣了。

村民们组织的广场舞团体得到了村委的大力支持。村委特意向上级财政申请了资金，在村里组织了一场广场舞比赛。而村民们也乐于参与这样的活动。在"美丽乡村"的建设项目中，村委还专门为村民建设了一处文化活动广场，以作为活动的场地。

（三）年俗

从二十世纪到现在，村民的日常娱乐活动已经有了很大变化。但过年的传统习俗却基本被传承了下来。

每逢过年，村民一定不会错过的活动就是"社火"和庙会。到年前，各村派出头面人物担任"会长",招募青年男女扮演戏剧人物,组建游行队伍。腊月二十三,"清庄"开始,各村的队伍围绕整个河东村游行要乐。各家纷纷准备供果、油饼、鞭炮,当社火队伍经过家门时,许多村民都会把烟酒或钱摆在桌上以犒劳游行队伍,讨个彩头。游行直到正月二十三才会结束。

另一个主要的年节活动是庙会。东庄湾的汉民没有明确的宗教信仰,他们平日和年节里供奉的只是民间传说里的神仙。河东过去也有家庙,但它们大都被破坏掉了。2005年,村民们又集资在村里的一块空地上建成了一座村庙,其中供奉着玉皇大帝、土地公公等各式神仙。村庙由一位钱姓的庙倌管理,每逢年节、阴历十五,村庙便会开放,届时常有村民前来烧香和祭拜。每逢过年,到农历二月二,一些年长的村民仍会赶十几里路去挤庙会,凑热闹,听大戏,买东西。

依据传统,东庄湾的村民们要在大年三十中午吃搅团、掺红,除夕晚上吃面、拉红,守岁要吃夜宵、猪骨头。初一早上迎喜神,村民家里常摆上十二个大馒头和瓜果菜。迎了喜神,全家老少连带上家里的牛羊牲畜便都要去旷野拜天地,取彩头。自家拜祭之后,村民还要挨个儿到乡邻家拜年,拜年时要送上"香盒子"。主人家则以核桃、枣还礼。拜年的路上,要逢人便拜。年轻人碰见长辈,还要就地磕个头。拜年之后,就是回家吃饺子汤面。到了大年初八,村民就开始走亲戚了。客人要携带核桃、挂面之类的礼物,主人则要以面条来招待。

这些年俗大部分保留了下来。不过,到每家串门拜年的年俗已经慢慢消失了。

以前,河东的村民过春节时并不需要上坟,现在村民常年在外,平日无暇回乡祭祖,便纷纷开始在除夕当日上坟。

(四)婚嫁

婚礼最能体现出传统与现代交融后发生的变化。过年前后结婚者颇多,我们在冬季的实地调研中有幸目睹了村民的婚礼仪式。

数十辆豪车排成的车队浩浩荡荡,一直延伸到邻近的下河,体现着迎亲之家的诚意和阔气。今天,村民择偶的范围早已不再局限于邻近的村落

图 3.58-59　迎亲与彩礼

了，新郎、新娘来自两县、相隔百里的情况已经很多见，有时迎亲的队伍需要凌晨四五点就出发，才能在仪式前把新娘接到男方家。承担迎亲任务的是新郎的父母和"大"（叔/伯）"妈"（叔母/伯母），他们要涂黑脸，穿上戏服，拿上道具，在村口等待，迎接新人的到来。

在婚礼现场，女方的舅舅需要给新人"披红挂彩"，而男方的各位"大"则需要给新人红包（从 500 元到数千元不等）。到 11 点左右，河东特色的流水席便开始了。参加婚礼的各位宾客依据关系亲疏分为三轮上桌吃喜宴。三轮席面结束后，主家还要设宴款待大厨和前来帮忙的左邻右舍。流水席一直要吃到傍晚时分。以前，按规矩，女方的父母是不能出席婚宴的。近几年，规矩有所松动，如果酒席是在酒店办，女方的父母也都可以参加。

婚礼后的三天时间，新郎的亲朋近邻都会过来闹洞房，耍公公婆婆、"亚辈子"（哥嫂、侄子等）。亲友们在新人和新人父母的脸上涂东西，营造出喜庆、欢快的气氛。所谓"三天没大小"，在这三天里，亲友们不讲辈分、年龄，随便打闹、玩笑，以示喜庆。三天后，女婿要带上"人情"和肉食，上门拜访岳丈。

亲友们参加婚礼要出份子钱。一般而言，近亲要给 500 元，普通亲友给 200 元，一般朋友 100 元，结婚请客要请双数（丧事则是单数）。一户村民在 2012 年的"农户家庭收支账簿"上写道：全年"情钱"支出共计1600 元。对份子钱，村民们颇感负担，毕竟一年一亩土地租金也不过两三百。

新人结婚所需的彩礼十分高昂。男方彩礼早前在 6 万—8 万元，今年已到 10 万元，如女方要求房产，又需要购房款 15 万元以上。算上装修、家居和首饰，还要数万元。一般村民的收入水平很难负担得起这样的礼金。因为这样的经济负担，一些村民到了三十多岁仍然无法成家，结婚成了大龄男青年的奢望。

（五）丧礼

东庄湾的老人一般会要求子女提前给自己置办寿衣和寿材（棺材）。以前，棺材所用的木料主要是杨木和柳木。近些年，更昂贵的柏木棺材开始流行。经济条件较好的家庭，有时甚至会为老人添置金耳环和金戒指，放在棺材中。

与婚礼相比，河东村的丧礼保留了更多传统的仪式内容。在暑期的实地调研中，我们亲身参与了一次村民的出丧仪式。

出丧仪式一般在正式出丧的前一天，在事主自己家中举办。祭堂设在正屋，死者的牌位安置在这里；院落用来放置招待宾客的流水席；走出家门意味着送死者前往另一个世界，出丧仪式最终也在大门外结束。丧礼有三位主持人，一位是司礼，负责指导亲友完成祭拜仪式；一位负责手记礼账，安排席位；一位负责招待流水席的各桌宾客，协调后勤。后两位主持人多由本村村民担任。除主持人外，事主还会邀请乐手来演奏丧乐。队里的村民也会来帮忙。

图 3.60-61　丧礼的礼账与乐手

　　大约在上午 9 点，参加丧礼的宾客便陆续到场了。事主家门外候着几位死者的"本家人"。每来一批亲友，便由一位"本家人"平端一盘香纸，引领宾客进行祭拜。祭拜流程自家门起。领路人引宾客进入大门，伴随着丧乐缓步走向正屋。至正堂前，宾客入屋点香叩拜，焚烧纸钱，并分别以茶、酒致敬，并再行叩首。此时，其余宾客跟随叩首，穿着孝服的孝子则要叩首还礼。祭拜结束后，宾客还要向乐队作揖示意，以表感谢。礼毕时，丧乐也随之而息。参加丧礼的宾客也需要出份子钱，数目和婚礼类似，依远近关系又分多少。有些亲友还会送纸火之类的丧礼用品。

　　河东村有升幡祭奠死者的习俗。幡架多布置在事主的家门外，其前方放置香案，以供亲友祭拜。一般在上午 10 点钟时，升幡仪式便开始了。司礼人引领亡者亲友经正屋门前缓步走出，至香案前停止。随后，队中所有亲友跪下，将正屋祭奠所用的纸房子、纸鹿、纸鹤经每人之手依次传递至幡架之前。祭品放置好后，亲友依长幼顺序、关系远近依次上香案前祭拜。祭拜之后是正式升幡仪式，所有亲友都要经过幡架，拉绳升幡。纸幡缓缓升起，亲友的哀思也由之寄出。

　　丧礼的最后一个环节就是流水席了。近年来村民的生活条件转好，举办丧礼的人家雇两个乡厨，再请村民来帮忙，就能办出不错的席面。不过，参加丧礼的亲友很多，因此常常要大家轮番上桌。客人吃好之后就可以离开，另一批客人接上。席间，孝子需要依次向亲友敬酒，以示感谢。而亲友们也可以在这样的场合聊天叙旧。

　　整个丧礼的仪式严肃悲切，又充满了人情味。当丧乐响起，司礼悲呼，其情其景都令人动容；至席间亲友们交谈叙旧时，人人之间又别有一种亲切温暖。有一个场面让人印象深刻，当大人们在香案前叩头祭拜的时候，孩子们却在院落里耍闹。孔、朱所赞之哀而不伤，大类如此。农村的伦理文化，便在这样的代际流动中传承了下来。

（六）上梁仪式

　　除婚丧外，还有一些仪式是为了庆祝村民生产生活中的重要时刻而举办的。我们亲身经历了村民家盖房上梁的仪式。

　　在传统社会，盖一座新房（尤其是正房），是一个农民毕生辛勤劳作的见证。以前，村民盖房多会请亲朋来帮忙。后来，村里的年轻劳动力多在外打工，村民盖房便多要请外人来做了。目前，东庄湾村民盖房主要还是请附近有经验的泥瓦匠。

上梁是盖房过程中最重要、也最有象征意义的步骤，通常会选择一个良辰吉日进行上梁。被拔上房顶的大梁上往往披红挂彩，上面写着房主美好的愿景。上梁成功后，房主要放鞭炮，发喜糖，还要设宴款待所有的泥瓦匠。待新房完工以后，一些人家还会召集亲朋好友前来庆贺，吃"住房酒"。一般而言，"住房酒"不需礼钱，客人提一瓶酒就算是人情到了。而房主的席面若是少有肉食，便会被嘲笑。所以，一些家庭为了省钱，便干脆不办。

民俗和仪式的变化体现了时代的发展。东庄湾的红白喜事司礼说过，这几年的红白喜事和前几年比，主要是在吃喝和烟酒方面下功夫了。近些年，河东的婚丧仪式愈发追求"好玩""热闹"，仪式原本包含的意义和情感衰竭了。此外还让我们感慨的是：老人们在屋里唱着他们喜爱的秦腔，年轻妇女们在广场上跳着她们的佳木斯，而由于缺乏适合年轻男性的文娱活动，打牌、赌博的风气已经有所抬头，每逢过年时节，小卖部常常人满为患，年轻的男村民多在此聊天打牌。这些现象或许反映着村庄文化面临的困境和危险。随着经济生活条件的改善，我们拿什么来填补村庄文化的断档和空白？这是当代中国农村发展的现实问题。

十、小结

这四十年来，东庄湾发生了一些重要的变化。

在农业种植上，玉米取代小麦，成为主要作物。加之化肥的大量使用，农业产量得到提高，温饱已不成问题。近五年来，土地大规模地流转，用以建设蔬菜基地。2003 年后，因封山禁牧的影响，村里养猪、牛、羊不再兴盛，因为饲料供给受到了极大限制。规模化的养鸡也一直没能流行开来。总之，三十年来，农业畜牧的发展，已可保衣食无忧，但若要致富，眼光还得向外。

改革开放后，非农产业在家庭经济中的重要性在逐渐增加。最初兴起的是小青瓦，各家各户都在河边建造自己的瓦窑。到 90 年代中期，由于兰州机砖厂的冲击，瓦窑经济基本被放弃。70后的年轻人，终于走出村子，来到北京、上海、广州、深圳等大城市寻找机会，21世纪，外出务工更为普遍，政府也组织了多次劳务输出。打工已超过农业成为家庭的主要经济来源。进城成为影响农民生活的主要力量。年轻人进城，老年人留乡，城乡不再外在于家庭，家庭反而成了一种城乡综合体。

四十年来，房屋越来越敞亮，越来越美观，细粮代替了粗粮成为餐桌上的常客。家庭生活发生了巨大变化，自由恋爱成为主流，女性地位极大提升，小孩进城上学成为绝对的主流。由于结婚礼金远超出普通家庭承受的范围，村庄"光棍"越来越多，结婚年龄也普遍推迟到三十岁后。

乡村治理上，税费改革是一个分水岭，从资源汲取转为资源下放。文化上，老人们依然唱着他们喜爱的秦腔，年轻妇女们则爱上了流行的佳木斯。可一到冬天，聊天打牌喝酒才是村庄最主要的娱乐活动。社火等传统习俗还保留着，仪式原本包含的意义和情感衰竭了，但始终不变的是对更好生活的不懈追求。

结语

改革开放给中华大地注入了无限生机与活力。四十年间，分布于我国东、中、西部的三个村都发生了全面而深刻的变化。对这三个村来说，这四十年走过的路，比他们前辈走过的所有的路都要长。

探寻中国崛起的奥秘，认识中国快速发展的规律，这三个村可以给我们不少启示。

一、改革开放创造了近代以来的两个奇迹

第一是社会稳定的奇迹。近代以来的近 200 年间，西方国家正在快速工业化，而我国一直处于外患内乱之中，我们从此落后于人类的现代化步伐。我们党取得政权后，人民得以休养生息，有了安定的生产生活环境，但由于很长时期沿袭阶级斗争思维，没有形成一心一意搞建设的氛围和环境。改革开放确立了以经济建设为中心的重大原则，发展成为执政党和人民群众的共同追求。四十年来，不管国际国内形势如何变化，我们始终坚持两条，一是中国不能乱，乱就不可能有发展，而只有坚定不移加强党的领导，才可以做到这一点。二是不折腾，不争论，始终把发展作为执政兴国的第一要务。一个长达四十年的稳定的发展环境，这是我们党创造的近代以来的奇迹。

第二是经济增长的奇迹。长达四十年的高速增长，在中国历史上没有，

在人类发展史上也罕见。河东人做梦也不会想到，终日为填饱肚子奔忙的他们，可以把小轿车开回家，可以跳广场舞，可以到全国各地旅游。店集人长期受水患困扰，大水一来，抛下家园赶紧逃命，他们没有想到今天可以住到小洋楼里。四十年前，三个村的生产方式和几千年前没有什么两样，生计靠土地，生产靠畜力，日子好不好看老天爷是否帮忙。今天，这一切都已经改变。经济增长的奇迹在三个村体现得最为充分。

二、改革开放的最核心内容是赋权和全球范围配置生产要素

第一，改革赋予劳动者生产经营自主权，劳动者可以根据市场需求确定生产经营的产品和方式。允许劳动力自由流动，使得久困于土地上的农民，可以到效率更高的行业、机会更多的地方，和生产资料相结合，创造更多财富。

第二，对外开放使得中国迅速融入全球市场，在全球市场配置生产要素。通过国际市场，大量引进了资金、技术、设备和先进的管理经验，生产能力显著增强。依托廉价劳动力等比较优势，借助东南亚国家和地区劳动密集型产业转移的机遇，由沿海地区带动，启动了大规模工业化进程。

全球化是人类有史以来的最伟大进步。全球化的实质是人类在更大范围进行分工合作。而通过一定规则进行分工合作，是人类区别于其他动物的最显著特征，也是人类成为万物之灵的根源所在。人类的进化史，就是分工合作的不断细化。全球化不是什么人的发明，而是随着交通、通信等人类沟通能力的增强，人们为实现分工合作的进一步细化而出现的必然产物。反全球化和战争一样，都是人类的不理性表现。

我国的资源禀赋特征，是自然资源相对贫乏，而人力资源相对富集。如果不加入全球的分工合作，以我国的自然资源是难以支撑现代化建设的。对外开放对我们有特别重要的意义。

三、人民群众的积极性创造性是发展的根本动因

根植于需求的动力最强大、最持久。中国经济起飞的第一动力是人民群众为生存、为追求美好生活而焕发的无穷战斗力和创造力。松绑后的农

民，为了摆脱饥饿，为了老人能看上病、孩子能读上书，背井离乡到陌生的生产线上，每天工作十几个小时，吃着"丐饭"（店集人最初在外打工时，经常到饭馆吃别人剩下的饭，他们称之为丐饭），住着窝棚，拿着微薄的工资。世界上没有任何一个国家有这么廉价的劳动，没有任何一个国家有这么勤奋的劳动者，所以中国创造了发展的世界奇迹。中国为什么发展，看看 20 世纪八九十年代的"春运潮"就能找到答案。劳动创造财富。由于广大人民群众为追求美好生活而辛勤劳动的劲头没有减弱，不管发展的外部条件如何改变，未来中国的发展势头也不会减弱。

尊重人民意愿，尊重基层的首创精神，是改革开放的基本经验。家庭联产承包制是由小岗村偷偷摸摸发起，而后被中央承认并推广的。温州地区、深圳特区很多创新举措，都是基层首创的。邓小平在 1979 年对时任广东省委第一书记习仲勋说："中央没有钱，可以给些政策，你们自己去搞，杀出一条血路来。"这个政策，主要是松绑的政策，是给基层自主权的政策。

店集人总结说，店集人的思想（追求）一直在转变，朝更高级的转变。在启东，刚开始只是拿着袋子拾垃圾卖，现在是开店收废品。在上海，原来是进厂打工，现在有搞个小门面自己开饭店的，有开宾馆的。在宁波，最早过去就是建筑工，到后来自己买桩机揽工程，还有人成为包工头，几个月就能挣二三十万。店集人的创业史，生动诠释了人民群众的积极性和创造性。

四、城镇化是不可阻挡的历史潮流

不管是东部的珠垞，还是中部的店集、西部的河东，农民在生存问题解决之后的首要选择，都是想方设法把家安到城市。

珠垞村本身已经从乡村蜕变为一个工业小镇，其人口聚集度、公共服务、文化生活、社会保障等已与城市没有二致，即便如此，最早的有钱人，现在的年轻一代，都在附近的瓯北镇或者温州市区买了房子，回村里来只是上班而已。店集人由于打工地点集中在房价高、落户门槛高的长三角地区，只有少数当了老板的人在大城市买房安家，一般人家，大都在县城买了房。河东村底子薄，但也有不少人在城里买了房子，该村东庄湾自然村

155 户中，有 51 户村民已在城镇购置房产，还有很多人为了孩子上学，在城里租房居住。做个城里人，几乎是所有农民共同的梦想。

城市日益繁荣喧闹，农村日益萧条衰落，不管是好事还是坏事，是进步还是倒退，这都是农民基于自身需求，用"脚"投票的结果。

农民为什么热衷于进城呢？

第一，城市生活对年轻人具有天然的吸引力。乡村生活给青年的困境，不是物质的贫乏，而是精神的无处安放。躁动的青年之心，需要城市那样的熙熙攘攘，需要夜生活，需要浪漫的霓虹灯。即使没有资格享受城市的公共服务和各种保障，甚至不断受到驱赶，仅仅城市的生活方式，就足以让农村的年轻人趋之若鹜。在城里买房，已经成为三个村年轻一代结婚的标配。

第二，让孩子在城里读书是所有农村人的追求。在充分竞争的社会，接受良好教育已经成为提高竞争力的主要手段。城乡教育资源的严重不均衡，驱使有本事的人都要想方设法把孩子送到城里读书。在店集和河东，能否让孩子在城里读书，已经成为衡量是否成功的标志，即便为了"面子"，也要让孩子到城里读书。河东村素来重视教育，也不乏通过教育改变命运的先例，该村有一个硬件条件很好的小学，四十年前有 200 多个学生，现在只有十几个学生，大多数学生已经通过各种办法到四十里外的固原市区上学，一般是父母出外打工，祖母一代在城里租房照料孩子读书。固原市区常住人口不到 30 万，其中学生就有 10 万。教育已经成为基层社会城市化的首要动力。

城市的就业机会也是吸引农村人的重要因素。人多地少是我国的基本国情，总体上说，农村资源无法养活众多人口是一个难以改变也不容忽视的现实。过去的贫穷，根源是众多人口守着有限的土地谋生，低的生产效率只能带来低收入。如果不是大量农民背着行囊离开土地求生存，贫困的帽子永远也摘不掉。非农产业主要集中在城镇，人口向城镇的集中就是必然的，不可阻挡。

五、我国走过了一条非均衡的梯度发展之路

邓小平同志在改革开放初期就指出："让一部分人、一部分地区先富起

来，大原则是共同富裕。一部分地区发展快一点，带动大部分地区，这是加速发展、达到共同富裕的捷径。"三村的发展历程就是梯度发展的实践。

从时间轴线看，浙江珠岙村1985年就开始筹资修路、1997年集资修建中心大街，安徽店集村2005年开始在坝北建新村，而宁夏河东村2004年各组通砂石路、2013年才将砂石路升级为水泥路，比珠岙村落后了将近20年。

从产业发展看，改革开放后，我国主要对接国际市场，所以经济发展从沿海交通便利、商贸发达的地区起步，然后逐步向内地转移。珠岙村在20世纪80年代就成为了"温州童装第一村"，确定了阀门业和童装业两个支柱产业。店集村走出了一条典型的劳务经济之路，因为打工，村里统一规划开发了住宅小区，家家户户住上了洋楼。因为大量劳动力离乡，土地开始流转集中，机械化悄然兴起。农业在劳动力大量减少的情况下，得到前所未有的发展。河东村在20世纪八九十年代一度兴起烧砖瓦产业，几乎所有的劳动力都在砖瓦窑务工，后来机砖替代了人工，传统的砖瓦制造几乎在一夜之间衰落。村民们认为，是砖瓦窑害了大家，其他地方的人出门打工，不是学到了技术，就是见了世面、懂了经营，只有河东人很多年从事没有技术含量的玩泥巴活儿，没有学到本领。2010年后，在地方政府的推动下，开始有企业在村里大量流转土地，从事冷凉蔬菜种植。现代农业开始出现。

与珠岙、店集的自主发展不同，河东村享受了20多年的扶贫政策，今天的水泥路、河道治理、土地整理、教育卫生事业，包括几乎每家都有的危房改造，都是在扶贫的名义下，由政府投入。尽管河东享受了不少扶贫政策，但真正使村民生活改善、摆脱贫困的，是打工机会的增加和收入的提高。其实，这是我国贫困地区改变面貌的共性，即宏观经济的增长为穷人创造了收入机会。

沿海率先发展增强了国家实力，推动了技术进步，国家有能力调节不同区域的发展进程，这在安徽和宁夏的医疗服务和基础教育方面体现得最为明显。工业化进程同时为劳动力创造了大量就业机会，直接增加了农民收入。今天，不管是店集还是河东，盖房子、娶媳妇、上学看病，无一例外都依赖打工收入。工业反哺农业，城市支援乡村，通过市场机制已经悄然实现。

六、中国经济起飞的实质是人力资源的开发

中国多的是人，少的是资源。改革开放使得中国的人力资源在全球范围与其他生产要素组合，从而实现了经济起飞。

中华人民共和国成立以后确立的计划经济体制，使得生产资料完全掌握在政府手中，这一方面抑制了经济活力，阻碍了生产力发展，但同时使得政府有能力优先发展公共服务，教育事业、医疗卫生事业得以超越经济发展水平大幅度改善，较短时间内，婴儿死亡率大幅度下降，人均寿命大幅度提高，人口快速增长。由于人口数量和生产资料不匹配，人成了消极的消费者，成了国家的负担。改革开放后，人们的劳动积极性焕发出来，人们发现两只手养活一张口并非难事，特别是中国加入全球产业分工之后，得以利用外部资源开展经济活动，人口开始成为积极的生产要素，这时候，人口众多的优势开始显现出来。

中国的人口优势不仅体现在量多，同时体现为质高。这方面教育事业功不可没。我国经济不断发展的过程，也伴随着教育事业的不断发展。与发展中人口大国印度、巴基斯坦、印度尼西亚、菲律宾、埃及、墨西哥等国相比，我们的教育普及程度已经远远超过了他们。今天我国的产业工人，基本都是受过初中以上教育的农村青年。近年来职业教育快速发展，受过技能教育的人越来越多。正是大量的低成本、高素质劳动力，塑造了"世界工厂"，促进了国家工业化进程。

今天，不管是东部的珠岙，中部的店集，还是西部的河东，为孩子创造良好的受教育机会都是村民们的奋斗目标，从政府的"再穷不能穷教育"，到老师苦教、家长苦供、孩子苦读，学校已经成为人力资源开发的第一阵地，也成为中国持续发展的动力源。多年来人们普遍感叹，现在最苦的就是孩子，在很多国家的孩子轻松游戏时，我们的孩子背着沉重的书包苦苦求学。事实上，孩子们的付出，已经计入发展的要素投入。付出就会有回报，这个回报，就是国家的快速发展，以及国家持续发展的人力资源保障。

改革开放四十年，改变了中华民族的命运，改变了无数中国人的命运。四十年后再出发，我们还有很多需要解决的问题。珠岙人、店集人、河东

人还有很多诉求，有很多困难。几代农民工长期人户分离，夫妻不能团聚，子女不能照顾。在城市工作居住数十年，仍然不能分享城市福利和保障，不能堂堂正正做个城里人。养老问题、教育问题、医疗问题、社会保障问题等还不能使人民群众满意。但不管有多少困难，不管我们遇到什么样的艰难险阻，与四十年前相比，我们解决问题的条件和能力都有了质的提高。只要我们坚持四十年来行之有效的经验，坚持党的领导，坚持以经济建设为中心，坚持赋权与民，坚持对外开放，坚持发挥基层的积极性和创造性，就一定能实现中华民族伟大复兴的光辉梦想。

王卫民

2018 年 12 月

后记
POSTSCRIPT

本书是"中国农村社会变迁跟踪研究"课题的一个成果。

课题由国务院参事室副主任王卫民策划、资助并推动实施。课题组由北京大学社会学系卢晖临教授、中国青年政治学院讲师温莹莹牵头负责。国务院参事刘志仁、徐嵩龄、汤敏、忽培元、马力，国务院参事室特约研究员尹成杰、张玉香、谢维和、刘奇、吴吟，以及朱泽、叶兴庆、郧文聚、丁元竹、宋林飞、谢立中、麻国庆、查晶、王晓毅、陈涛、李远行、周怡、丁昆仑、张静、周飞舟、黄万盛、刘爱玉、徐家良、吴重庆、郭爱君、张玉林、樊平、林聚任、熊跃根、张浩、崔效辉等许多"三农"领域、社会学界的专家学者参加了课题研讨，给予指导。淮南市王宏市长，凤台县袁祖怀县长，原州区房正纶区长，永嘉县林万乐县长、原副县长陈志斌、政府办公室副主任金家彪，以及温州市、永嘉县、瓯北街道、淮南市、凤台县、杨村镇、固原市、原州区、彭堡镇各级政府，珠岙村、店集村、河东村两委给予了大力支持。

四年来，先后有一大批师生参与三村调查并参与到村史资料的收集、整理和写作中。他们是李丁、陈航英、刘爱玉、佟新、粟后发、陈莹骄、李莉萍、董彦峰、马志谦、魏淑媛、孙泽建、张立、周福波、董海明、彭东建、石云龙、任剑润、邓高远、李永真、王茂峻、叶小根、衣晓辉、陈雅晗、藤田理世、陈映彤、唐金泉、陈忠、扈迪、张春净、刘杰、程令伟、卢晓燕、王星宇、张文军、陈旭。

三村调查期间，课题组在当地结交了不少朋友，得到了他们大量无私的帮助。特别要感谢的有罗天、钱满刚、钱亚伟、刘龙、陈宏斌、苏振杰、朱振标、陈桂彬、吴明辉、谢德怀、余章龙、郑建武、朱旭峰、林莉梅、谢德武。

国务院参事室彭涛副处长在课题组撰写的三村调查报告的基础上，对体例作了规范，对内容作了重新整理，汇编成书，并请对三村情况比较熟悉的北京大学社会学系李莉萍、粟后发、董彦峰同学作了核校。

在此向关心和支持"中国农村社会变迁跟踪研究"课题的同志表示感谢！